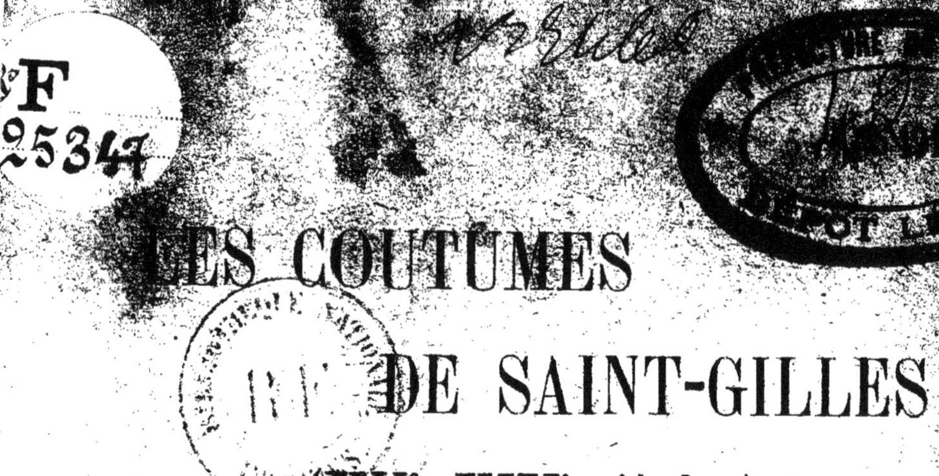

LES COUTUMES DE SAINT-GILLES

(XII° - XIV° siècles)

Texte latin critique, avec traduction, notes, introduction et tables,

PUBLIÉ PAR

E. BLIGNY-BONDURAND

ARCHIVISTE DU GARD

sous les auspices de M. le Ministre de l'Instruction publique et de l'Académie de Nimes.

PARIS
Librairie ALPHONSE PICARD et Fils,
AUGUSTE PICARD, éditeur
Libraire des Archives nationales et de la Société de l'École des Chartes
82, rue Bonaparte, 82

MDCCCCXV

LES

COUTUMES DE SAINT-GILLES

ADDITIONS ET CORRECTIONS

Page 25, l. 5 du bas. Lire « distribution » au lieu de « rémunération ».

Page 34, l. 4 du bas. Lire 1247 au lieu de 1647.

Page 80, l. 13, lire *peregrini* au lieu de *perigrini*.

Page 92, l. 11 du bas, lire *summam* au lieu de *summan*.

Page 101, § 1er. Voir, pour « furioso », le *Digeste*, lib. XXVII, tit. X, *De curatoribus furioso et aliis extra minores dandis*, et le *Code*, lib. V, tit. LXX, *De curatore furiosi vel prodigi* ; pour « ab hostibus capto », le *Digeste*, lib. XLIX, tit. XV, *De captivis et de postliminio*, etc., loi 24 ; pour « in longa peregrinatione posito », le *Digeste*, lib. III, tit. III, loi 23 ; pour « prodigo », le titre du *Code* cité ci-dessus ; pour « curatorem bonis », le *Digeste*, lib. XLII, tit. VII, *De curatore bonis dando*.

Page 107, l. 15, lire *consulatui* au lieu de *consutatui*.

Première page du texte latin des Coutumes de Saint-Gilles, ou texte A.

Copie du xve siècle, conservée aux Archives du Gard (H. 787).

Cette page contient le prologue où un juriste anonyme expose le plan de son travail. C'est un remaniement de textes du xiie siècle, probablement fait dans la première moitié du xiiie.

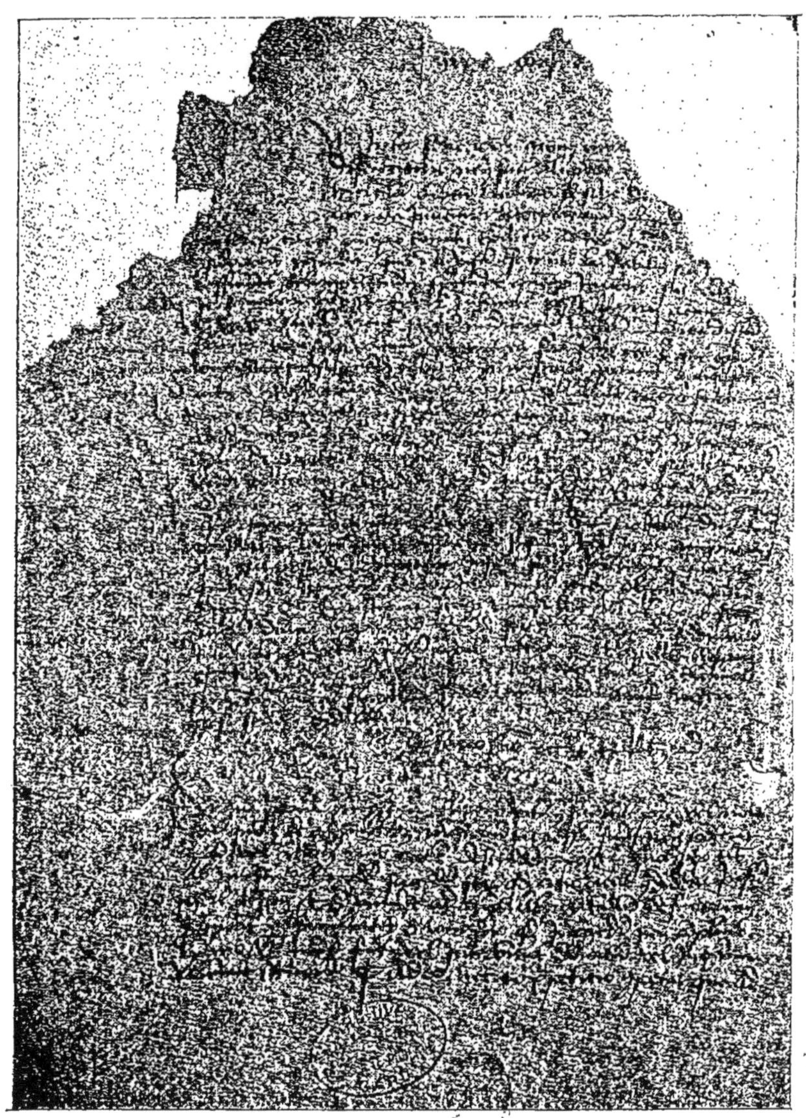

Après le prologue, on voit les premières lignes du chapitre des Églises.

Image réduite.

LES COUTUMES DE SAINT-GILLES.

(XIIe - XIVe siècles)

Texte latin critique, avec traduction, notes, introduction et tables,

PUBLIÉ PAR

E. BLIGNY-BONDURAND

ARCHIVISTE DU GARD

sous les auspices de M. le Ministre de l'Instruction publique et de l'Académie de Nimes.

PARIS
Librairie ALPHONSE PICARD et Fils,
AUGUSTE PICARD, éditeur
Libraire des Archives nationales et de la Société de l'Ecole des Chartes
82, rue Bonaparte, 82

MDCCCCXV

INTRODUCTION

SOMMAIRE :

I

Les sources manuscrites.

Vers 1739, en un temps où les archives de l'abbaye de Saint-Gilles, quoique fort éprouvées par l'incendie de 1562 et le vol particulier de 1663, n'avaient pas encore subi la dévastation à peu près totale que devait leur infliger la Révolution; vers 1739, la *Gallia christiana* (t. VI, col. 491) extrayait du texte de la loi municipale de Saint-Gilles l'indication suivante : En 1214, le XI des calendes d'avril, Pons (Ier), abbé de Saint-Gilles, et les religieux de son monastère, confirmèrent, en la cour de Saint-Gilles, en présence de tout le peuple, les coutumes suivies depuis très longtemps dans la ville et son territoire, coutumes dont la rédaction venait d'être contrôlée par Arnaud, évêque de Nimes, et Bertrand, doyen d'Arles, vicaire de Michel, archevêque d'Arles, juges délégués par Pierre de Vernareti, cardinal diacre du titre de Sainte-Marie de [la Scala (1)], légat du siège apostolique.

(1) Je restitue cette lacune d'après l'abbé Chevin, *Dictionnaire latin-français des noms propres de lieux... ecclésiastiques et monastiques*, p. 347; in-8 de VI-358 p., Paris, V. Retaux, s. d. (1897, épuisé).

Or Arnaud Ier, évêque de Nimes, ancien abbé de Saint-Ruf, assista au concile de Lavaur, tenu en 1212, d'après la *Gallia christiana* (t. VI, col. 444), ou en 1213, d'après le *Dictionnaire des Conciles* (Besançon, 1822). C'est le premier acte connu de son épiscopat.

Michel de Mouriès, archevêque d'Arles, gouverna son église de 1203 à 1217 (*Gallia christiana*, t. 1er, col. 565-6).

Cette mise au point, ce contrôle du texte des coutumes de Saint-Gilles précédèrent donc de très peu leur confirmation par l'abbé Pons 1er, et on peut les rapporter, sans invraisemblance, aux tout premiers mois de 1214.

Voilà peut-être la plus ancienne indication imprimée sur les coutumes de Saint-Gilles.

Elle nous sera très utile pour nous reconnaître dans les sources manuscrites incomplètes qui nous restent.

Ces sources manuscrites sont au nombre de deux principales :

1° le registre H. 787 des archives du Gard ; texte latin inédit.

2° le registre AA. 1 des archives communales de Saint-Gilles ; texte provençal mal publié, avec texte latin partiel.

Le premier se compose de 35 feuillets écrits, papier, interfoliés de feuilles blanches au XIXe siècle. Il mesure, aujourd'hui qu'il est en mauvais état, 28 centimètres de haut, alors qu'il en avait autrefois au moins 30, et 20 centimètres de large. Cette dernière dimension ne semble pas avoir varié. Le registre H. 787, ou manuscrit A pour la simplicité des références, contient une copie incomplète et fautive du texte latin des coutumes et lois municipales de Saint-Gilles, ce texte allant du XIIe siècle à 1305. L'écriture est du XVe siècle. Le haut des feuillets anciens est gravement altéré ou détruit par l'humidité, principalement aux deux angles. Des lacunes plus ou moins considérables reviennent donc à chaque page. Au XIXe siècle, M. Hector Mazer, érudit de Saint-Gilles, recueillit les feuillets, les interfolia, inscrivit sur les feuilles blanches les titres des chapitres en regard des anciens feuillets, et constitua dans son état actuel notre registre, que ses héritiers donnèrent à la fabrique de l'église paroissiale, ou église de l'ancienne abbaye. En novembre 1909, j'ai réintégré aux Archives du Gard, à l'amiable, ce très précieux document.

Les folios 1 à 2 contiennent une rubrique ou liste des chapitres des coutumes, écrite au XVIe siècle et s'arrêtant aux dîmes des agneaux et des chevreaux. Cette liste étant incomplète, et faisant double emploi avec les titres des chapitres, je ne l'ai pas reproduite.

Un certain désordre chronologique, signalé par M. J. Charles-Roux dans son livre : *Saint-Gilles* (1), règne dans le manuscrit. M. J. Charles-Roux est le premier qui ait essayé de porter de l'ordre dans cette confusion.

I. Le folio 3 contient, mutilée, une courte introduction où un juriste anonyme expose dans quel but il présente son choix de textes. Il ne date pas son travail. Ce préambule manque dans la version provençale. Viennent ensuite 28 autres chapitres. Le second concerne les églises, et le dernier la fille dotée. Là se termine le résumé, avec mise au point, des textes les plus anciens des coutumes de Saint-Gilles, textes qui sont du XIIe siècle, et dont les manuscrits antérieurs ont péri.

Les textes suivants ne sont pas tous rangés, nous l'avons dit, dans l'ordre chronologique, mais leur

---

(1) In-16 de 403 pages, Paris, Bloud, 1911, avec illustrations.

intérêt pour l'histoire du droit français ne permet pas de les publier sans rétablir cet ordre. C'est ce que j'ai fait, en indiquant toujours les feuillets.

II. Le premier texte du XIIIe siècle est la solution des différends entre l'abbé et les consuls de Saint-Gilles, au folio 13. Le copiste ne donne du début du texte primitif qu'un résumé sans date, ne figurant pas dans la version provençale. Il s'agit en réalité de l'acte du XI des calendes d'avril ou du 22 mars 1214 v. s., comme on le voit par les initiales des noms des dignitaires ecclésiastiques, noms donnés par la *Gallia christiana*, t. VI, col. 491. Dans le *Catalogue des actes relatifs à l'abbaye de Saint-Gilles*, inséré dans l'*Histoire générale de Languedoc*, édit. Privat, t. V, col. 1704-1725, on trouve, col. 1721, sous le n° LXXXIX, l'indication de l'acte de 1214 : « Pons, abbé de Saint-Gilles, promulgue les coutumes anciennes et nouvelles de la ville de ce nom, par l'intermédiaire des juges délégués par Pierre de « Bénévent », légat apostolique ». Les nouveaux éditeurs mentionnent cet acte comme « traduit en provençal par un auteur du XVe siècle et inséré dans les *Coutumes de Saint-Gilles*, publiées par M. Bessot de Lamothe ; Alais, 1873, pp. 17-56 ».

Cette interprétation est peu exacte. En effet, bien loin d'occuper 39 pages, l'acte de 1214, dont M. de Lamothe n'a pas soupçonné la date, n'en occupe que 4 dans son édition. M. Charles-Roux a suivi le sentiment des nouveaux éditeurs de l'*Histoire de Languedoc*, en datant de 1214 les textes du XIIe siècle, qui ont perdu leur date dans le remaniement que leur a fait subir l'abréviateur du XIIIe siècle. La forme en laquelle ils nous sont parvenus n'a rien d'une confirmation et d'une promulgation nouvelle. Ce n'est que le travail particulier d'un juriste, dont le but est de montrer l'évolution subie par le droit municipal de

Saint-Gilles au moment où il écrit. C'est un traité de droit, et non pas un texte de droit, pour tout ce qui est antérieur à 1214. A partir de 1214 seulement, le copiste donne les textes purs, malheureusement en les écourtant des formules initiales et finales de promulgation. Le texte est de doctrine et de commentaire avant 1214 ; il est d'abréviation à partir de cette date.

Le n° LXXXIX du *Catalogue des actes de Saint-Gilles* correspond à la source B, f° 103 v°, soit au volume 41 de la *Collection de Languedoc* à la Bibliothèque nationale, f°s 99 et suiv. : *Histoire des abbés de Saint-Gilles,* en latin, communiquée à D. Vaissete et consultée par lui. Elle contient en analyse et en extrait de nombreux documents diplomatiques, disent les nouveaux éditeurs de l'*Histoire de Languedoc*, t. V, col. 1704.

En ce qui concerne le cardinal P. qui a délégué les juges, nous avons vu, dans la *Gallia christiana*, t. VI, col. 491, que, le XI des calendes d'avril 1214, Pons, abbé, et ses religieux, approuvent les plus anciennes coutumes de Saint-Gilles, mises par écrit sur l'ordre d'Arnaud, évêque de Nimes, et de Bertrand, doyen d'Arles, vicaire de Michel, archevêque d'Arles, juges délégués pour cette affaire par Pierre de « Vernareti », cardinal diacre de Sainte-Marie de..... L'acte est passé en la cour de Saint-Gilles, en présence de tout le peuple. En marge, la *Gallia* indique sa source : la loi municipale. A ce sujet nous venons de voir, dans l'édition Privat de l'*Histoire de Languedoc*, t. V, col. 1721, que le 22 mars (c'est-à-dire le XI des calendes d'avril) 1214, Pons, abbé de Saint-Gilles, promulgue les coutumes anciennes et nouvelles de la ville, par l'intermédiaire des juges délégués par Pierre de « Bénévent », légat apostolique. Notre cardinal, dans un seul et même acte, prend donc deux noms différents, mais il garde son prénom. Il est évident que les nouveaux historiens de Languedoc ont lu *Bénévent* pour *Vernaret.*

La question du vrai nom est tranchée par M. Charles-Roux (*Saint-Gilles,* p. 315-316), qui a eu sous les yeux un document qu'il ne cite pas, et qui dit : « Le 21 mars (lire : 22 mars) 1214, l'abbé Pons, entouré des principaux dignitaires de l'abbaye (Comenganus, le doyen; Roverius de Fulqueto, le prieur ; Ranco, le chambrier; Pontius de Gardies, le maître de l'œuvre (architecte) ; Guilhelmus Solmerius, l'aumônier ; des sous-prieurs, Guilhelmus Ulterius, Petrus Sylvester, Bernardus, avec l'autorisation d'Armand (lire : Arnaud), évêque de Nimes, et de Bertrand, doyen d'Arles, mandataires et représentants du cardinal légat Pierre « de Vernareti », prit, avec toutes les formes usitées lors de l'hommage féodal, son vassal Bertrand Raoul, représentant de la commune de Saint-Gilles, le tenant par la main, et, lui ayant donné le baiser de paix et de foi, il jura, pour lui et pour ses successeurs, d'observer ces coutumes et d'être toujours un bon et loyal seigneur. »

La fin de l'acte est sacrifiée par le copiste, qui se borne à mentionner la souscription de l'abbé Pons et les confirmations *in globo.* La version provençale est un peu plus explicite, sans donner les noms, toutefois.

III. Au folio 14 est un tarif pour les actes notariés, ou loi du 12 des calendes d'avril (1) 1233. La version provençale résumant en six lignes cette loi, qui tient plus de deux pages dans le manuscrit A, les lacunes de ce dernier ne sauraient être restituées qu'en partie, par l'étude du contexte.

IV. Au folio 10 commence une constitution de

(1) 22 mars.

Pons II de Marguerittes, abbé de Saint-Gilles, datée du 5 des ides de novembre (1) 1246. Après le préambule, viennent 17 autres chapitres. Le second concerne l'authenticité des actes, et le dernier le serment des sergents ordinaires.

V. Au folio 15 commence la solution, par sentence arbitrale, et en date du 18 des calendes de juillet (2) 1257, des différends entre l'abbé Guillaume de Sieure et ses religieux, d'une part, et les syndics de Saint-Gilles, d'autre part. Le préambule est suivi de 41 autres chapitres. Le second concerne le pouvoir de juridiction des prieurs de Sieure, Estagel et Saint-André de Camarignan, et le dernier la restitution des gages.

VI. Au folio 24 est une constitution de l'abbé Eustorge sur les bergers étrangers. Elle est datée des ides de juillet (3) 1280.

VII. Au même folio est une autre constitution de l'abbé Eustorge, datée du 3 des calendes de juin (4) 1283. Elle attribue au monastère de Saint-Gilles un droit de préemption sur les immeubles en vente.

VIII. Au folio 25 se trouve une constitution de l'abbé Raimond II Régis, datée du 13 des calendes d'octobre (5) 1289. Le préambule est suivi de 5 autres chapitres. Le second interdit l'introduction du vin étranger, et le dernier défend de retirer une bête d'un troupeau, sans l'autorisation du maître.

IX. Au folio 26 on trouve le titre d'une transaction de juillet 1305, intervenue entre l'abbé Hugues II de Folaquier et les habitants de Saint-Gilles. Après ce titre, le manuscrit de Nimes laisse en blanc le préambule et les deux chapitres suivants, qui concernent la

---

(1) 9 novembre. (2) 14 juin. (3) 15 juillet. (4) 30 mai. (5) 19 septembre.

dîme des raisins. J'ai suppléé à cette lacune par la transcription de la version provençale. Le préambule est suivi de 14 autres chapitres, dont le dernier se rapporte à l'approbation des anciens statuts, en tant que non contraires à la transaction.

X. Le registre se termine par les *Pedatgia Sancti Egidii*, qui occupent les folios 33 v° à 36. J'ai publié ce curieux texte des péages dans les *Mémoires de l'Académie de Nimes* de l'année 1901, sous ce titre: *La Leude et les Péages de Saint-Gilles au XIIe siècle*, textes en langue d'oc et en latin.

J'ai profité des critiques bienveillantes de MM. Gaston Maruéjol (« Lettre à M. Ed. Bondurand sur la Leude et les Péages de Saint-Gilles au XII^c siècle », contenue en un cahier de 23 pages et datée de Nimes, 22 février 1902); Hermann Suchier, *in* « Literaturblatt für germanische und romanische Philologie », Leipzig, juin 1902, col. 222-3 ; et Paul Meyer, in *Romania*, XXXII (1903) 172; pour améliorer le texte des *Péages* et en donner une analyse équivalant à peu près à une traduction.) Pour l'élucidation de ce texte épineux et mutilé, la longue lettre de M. Maruéjol m'a été particulièrement utile. Notre ami regretté y fait preuve, tantôt d'une merveilleuse sagacité, tantôt de trop d'imagination, toujours d'une érudition consommée. C'est dire que j'ai pris, de ses secours, ce qui m'a semblé indiscutable, et que j'ai laissé de côté tout ce qui m'a paru douteux. J'exprime ici toute ma reconnaissance aux trois savants qui ont bien voulu me favoriser de leurs avis.

Le registre AA. 1 des archives communales anciennes de Saint-Gilles se compose :

1° De trois feuillets non numérotés, que j'ai cotés *a, b* et *c*. Ils contiennent la rubrique ou table des chapitres des Coutumes et lois municipales antérieures à la sentence arbitrale de 1257, puis, d'une main très postérieure, la mention du folio où cette sentence commence. Cette rubrique est intitulée : « Rubrique du présent libure intitulé : *S'en segon las costumas et leys municipalas de Sanct Gily*, traduictes de latin en françoys. »

Ce français est bien plutôt du provençal altéré par des gallicismes.

L'écriture de la rubrique et de tout le registre est de la fin du XVIe siècle. Les titres des chapitres sont en latin dans la rubrique, ainsi que dans le registre.

2° Après les 3 folios de la rubrique viennent 79 feuillets contenant la version provençale des coutumes, ou texte C. Les feuillets 80 à 82 sont restés en blanc.

3° Vient ensuite le texte latin de la sentence arbitrale du 18 des calendes de juillet (15 juin) 1257, ou texte B, contenu dans un vidimus du 20 janvier 1467 v. s., également en latin, et suivi lui-même de divers textes, en latin ou en français, dont le plus récent est du 8 décembre 1481 ; cet ensemble de textes, tous relatifs à la sentence de 1257, occupe les feuillets 83 à 124, après lesquels on trouve un certain nombre de feuillets blancs, non numérotés.

4° Viennent ensuite douze feuillets écrits, que j'ai cotés 125 à 136, et qui contiennent le texte latin d'un bail du 2 février 1488, passé en la cour de Saint-Gilles, par-devant le moine Antoine André, infirmier du monastère de Saint-Gilles. Le moine Antoine de Monteils, doyen de Saint-André de Villeneuve-lès-Avignon, procureur et rentier de l'abbaye de Saint-Gilles, représentant l'abbé ; Guyot Fraissinet, clavaire ; Antoine Farine, notaire, et quatorze autres conseillers, tenant le conseil de la ville dans la cour temporelle, arrentent à Pierre Bacon, baile du troupeau ou *avoir*, « averis », de l'hôpital de Notre-Dame du Puy, des herbages de La Margue, du jour de l'acte à la fin de mai, moyennant 24 florins valant chacun 15 sols tournois.

Ce texte est le dernier du registre. Il est étranger aux coutumes.

Le vidimus du 20 janvier 1467 v. s., contenant l'acte de 1257, a été ordonné par Jean de Brunet, bourgeois d'Avignon, damoiseau, viguier de la cour temporelle de Saint-Gilles pour l'abbé Jean, à la requête de Jean Nadal, moine, infirmier du monastère de Saint-Gilles, agissant en son nom propre, au nom de son infirmerie et au nom des religieux du monastère. L'original est un *grand parchemin* endommagé et percé de six ou sept trous dus aux rongeurs ou à l'humidité. Le vidimus énumère les lacunes. Il les a restituées au mieux en comparant cet original avec un *livre de lois municipales écrit sur parchemin* et renfermant tout ce texte, avec chapitres et rubriques. Le vidimus reproduit la liste des titres des chapitres ou rubriques. Il indique les différents passages qui ont dû être restitués. Il est fait à l'occasion de litiges pendants devant diverses cours ; à l'occasion, entre autres, d'un appel au parlement de Toulouse, entre les habitants de Saint-Gilles, d'une part, l'infirmier et les religieux du monastère, d'autre part. Il est fait à Saint-Gilles, dans le consistoire public de la cour temporelle, par Guillaume Pagès, clerc libre, notaire royal et abbatial de Saint-Gilles.

Après l'éloignement de Saint-Gilles de Guillaume Pagès, Pierre Dufrêne, clerc et notaire apostolique et royal de Saint-Gilles, reçut du sénéchal de Beaucaire et Nimes, Rauffet, seigneur de Balzac (à partir de 1465) l'ordre d'extraire le présent acte des cartulaires et protocoles de Guillaume Pagès, momentanément absent, et de le transcrire à cette place. Ce fut Raimond Dufrêne, clerc libre, fils, substitué et juré de Pierre Dufrêne, qui, sur l'ordre de son père, transcrivit l'acte en cette forme publique, en vertu de lettres compulsoires, à l'instance des syndics et habitants de Saint-Gilles obtenues des généraux députés sur le fait de la justice et des aides à Montpellier par le roi. Le texte de ces lettres, ainsi que des lettres de placet ou *pareatis* de la cour du sénéchal, est reproduit à l'acte. Les lettres des généraux des aides sont en français et datées de Montpellier, 24 novembre 1481. Les lettres d'Antoine de Châteauneuf, seigneur du Lau, sont en latin et datées de Nimes, 5 décembre 1481. Suit un certificat, en français, adressé aux généraux par Antoine Gibert, sergent royal de Saint-Gilles, attestant que, le 8 décembre 1481, leurs lettres patentes et les lettres de placet ont été insinuées à la cour de Saint-Gilles, avec commandement fait aux notaires Pierre Dufrêne et Michel Rasteu de délivrer sous huit jours divers actes d'acapte émanant du monastère de Saint-Gilles ; et aussi commandement fait à divers habitants de bailler les livres des tailles par eux levées. Pierre Dufrêne termine en latin son acte, par l'énumération de ratures et de corrections qu'il approuve. Tous ces éclaircissements postérieurs occupent les feuillets 118 à 124 du registre AA. 1 des archives communales de Saint-Gilles. L'ensemble de cette copie de la sentence arbitrale de 1257 n'est pas en forme. L'écriture est, comme celle de tout le registre, de la fin du XVIe siècle.

II

Distribution et numérotation des textes.

I

XIIe siècle. Remaniement du XIIIe.

I Prologue.
Incipiunt consuetudines.

II Des Eglises.
De sacrosanctis ecclesiis et rebus ad eas pertinentibus.

III De la dette d'église.
De debito ecclesiastico.

IV De l'office du doyen et du viguier.
De officio decani et vicarii.

V Du chancelier.
De cancellario.

VI Du viguier de la prison.
De vicario carceris.

VII De la création des notaires.
De creacione notariorum in villa S. Egidii.

VIII Du serment du chancelier ou juge.
De sacramento cancellarii seu judicis.

IX De quelques lois tombées en désuétude.
De quibusdam legibus desuetudine sublatis.

X Des compromis.
De compromissis.

XI De l'assignation par libelle.
De libello convencionali.

XII Du tribunal compétent.
De competenti foro.

XIII De la servitude des murs.
De servitute parietum.

XIV Des témoins.
De testibus.

XV De l'intérêt.
De usuris.

XVI Des chepteliers.
De captalariis.

XVII De la vente.
De vendicionibus.

XVIII De l'emphytéose.
De jure emphyteotico.

XIX Du vol ou du ban.
De furto seu banno.

XX De la publication des testaments.
De testamentis publicandis.

XXI De l'argent des pupilles.
De peccunia pupillari.

XXII De la cession de biens.
De cessione bonorum.

XXIII Des prises de possession non autorisées par sentence.
De intrantibus possessionem sine sentencia.

XXIV De la vente des gages.
De distractione pignorum.

XXV Des cautions.
De fidejussoribus.

XXVI Des accusations et des inscriptions.
De accusacionibus et inscripcionibus.

XXVII De la correction des inférieurs.
De corrigendis minoribus.

XXVIII Du droit du fisc.
De jure fisci.

XXIX De la fille dotée.
De filia dotata.

1214. **II**

Solution des différends entre l'abbé et les consuls de Saint-Gilles.

Diffinicio controversiarum domini abbatis Sancti Egidii et consulum.

19 paragraphes.

1233. III

Ce que les notaires doivent prendre pour leurs actes et notes.

Quantum accipere debent notarii de instrumentis et notis.

11 paragraphes.

1246. IV

I Constitution de Pons de Marguerittes, abbé de Saint-Gilles.

Constitucio domini Poncii de Margaritis, abbatis Sancti Egidii.

II De l'authenticité des actes.

De fide instrumentorum.

III Noms des tabellions.

Nomina tabellionum.

IV Noms des viguiers.

Nomina vicariorum.

V Noms des juges.

Nomina judicum.

VI De l'obligation des témoins.

De testibus cogendis.

VII De la vente des revenus des mineurs.

De redditibus minorum distrahendis.

VIII De la reconnaissance des redevances.

De recognicione canonis.

IX De la peine des joueurs blasphémateurs.

De pena ludencium jurancium.

X Défense aux notaires d'être avocats.

Ne tabelliones sint advocati.

XI Des quittances des mineurs.

De acquitacionibus minorum.

XII Du délai d'outre-mer.
De dilacione ultramarina.

XIII De la restitution de la possession.
De restituenda possessione spoliatis.

XIV Des débiteurs livrés aux créanciers.
De debitoribus reddendis et qui excipiuntur creditoribus.

XV L'avocat ne doit plus donner de conseil après le serment de calomnie.
Ne advocati dent consilium post sacramentum calumpnie.

XVI Des copies des testaments.
De transcriptis testamentorum.

XVII Des cartulaires des notaires défunts.
De cartulariis notariorum defunctorum.

XVIII Serment des sergents ordinaires.
Juramentum serviencium ordinariorum.

1257. **V**

I Litige entre le monastère et les syndics de la ville, et son apaisement par sentence arbitrale.
Discordia sopita que fuit inter monasterium et scindicos ville et eorum sentencia.

II Du pouvoir de juridiction des prieurs de Sieure, Estagel et Saint-André. Ce qu'ils doivent prendre pour le ban et la justice.
De potestate jurisdictionum priorum de Sieura, de Stagello et Sancti Andree ; et quantum debent accipere pro banno et decima litis.

III Solution de la première question.
Solucio ad primam questionem.

IV Des lods.
De laudimiis.

V Des filets de porc et des langues de bœuf.
De lumbis porcorum et linguis boum.

VI Des bans et de la création du clavaire et des banniers.
De bannis et creacione clavarii et banneriorum.

VII De la pêche des fossés et des ponts de Vierne.
De piscacionibus fossatorum et poncium de Vierna.

VIII De la restitution des spoliés.
De restitucione spoliatorum.

IX De l'institution du viguier et du juge.
De institucione vicarii et judicis.

X Du ban non payé par l'abbé et les siens.
De banno per dominum abbatem et suos non solvendo.

XI De la pêche dans les fossés.
De piscacione fossatorum et vallatorum.

XII Des marais des Corrèges supérieure et inférieure.
De paludibus Corrigie superioris et inferioris.

XIII Des murs, tours et fossés de la ville.
De muris, turribus et fossatis ville Sancti Egidii.

XIV De l'abreuvoir du Versadour.
De abeuratorio de Versatorio.

XV Que les notaires soient autorisés à passer des actes pour les habitants en conflit avec l'abbé.
Quod non prohibeantur notarii facere notas vel instrumenta, ex parte domini, pro universitate Sancti Egidii, quando requirentur.

XVI Des réserves de lapins et de pigeons.
De devesis cuniculorum et columborum.

XXXII Des pâturages du tènement de Sieure.
De pascuis tenementi de Syeura.

XXXIII De la chasse dans lesdits tènements.
De venacione tenementorum predictorun.

XXXIV Des réclamations de l'abbé contre l'université de Saint-Gilles.
De peticionibus et questionibus domini abbatis contra universitatem Sancti Egidi.

XXXV Du droit de setier.
De sextaralagio.

XXXVI Des possessions tenues sous la directe du monastère.
De possessionibus que tenentur a monasterio.

XXXVII De la dîme des porcs et autres animaux.
De prestacione decime porcorum et multorum aliorum animalium.

XXXVIII Des coutumes abusives.
De pravis consuetudinibus.

XXXIX Des emphytéotes et feudataires.
De emphiteotis et feudatariis.

XL Des saisies.
De pignoracionibus.

XLI Des cautions.
De fidejussoribus.

XLII De la restitution des gages.
De restitucione pignorum.

1280. **VI**

Des bergers étrangers.
De pastoribus extraneis.
3 paragraphes.

1283. **VII**

Défense de vendre à d'autres lieux reigieux qu'au monastère de Saint-Gilles.

Quod nemo vendere audeat locis religiosis, nisi monasterio Sancti Egidii.

3 paragraphes.

1289. **VIII**

I Préambule de la constitution de l'abbé Raimond.

[Praemium]

II Défense de faire entrer à Saint-Gilles du vin ne provenant pas de sa dîmerie et juridiction.

Quod nemo audeat ponere vinum, infra territorium Sancti Egidii, natum seu factum extra decimariam et jurisdictionem Sancti Egidii.

III Défense d'acheter du vin à d'autres que les habitants de Saint-Gilles.

Quod nemo audeat emere vinum, nisi ab incolis ville Sancti Egidii.

IV De la prescription des commandements de la cour.

De tempore et prescriptione preceptorum curie Sancti Egidii.

V De ceux qui troublent les mariages à l'église ou chez les contractants.

De prestantibus impedimentum nubentibus in ecclesia vel in domibus contrahencium.

VI Défense de retirer une bête d'un troupeau sans la licence du propriétaire.

Quod nemo audeat amovere de grege vel armento bestiam sine licencia domini.

1305. **IX**

Solution des difficultés survenues entre l'abbé et l'université de Saint-Gilles.

Diffinicio questionis habite inter dominum abbatem et universitatem ville Sancti Egidii, super diversis questionibus.

I Préambule.
[Praemium].

II De la dîme des raisins.
De decima racemorum.

III De la manière de prendre la dîme.
De decimacione racemorum.

IV De la dîme des jardins.
De decimis ortorum.

V De l'encan à Saint-Gilles.
De inquantu ville Sancti Egidii.

VI De la leude du pain au regard des gens de Marseille, Bellegarde et Saint-Gilles.
De leuda panis inter homines Massilie, Bellegarde et Sancti Egidii.

VII De l'arrestation des habitants de Saint-Gilles.
De captione hominum ville Sancti Egidii.

VIII Que le viguier, le juge ou le greffier ne reçoivent rien pour donner les curatelles et les tutelles. Taxation des écritures pour le greffier et les sergents.
Quod vicarius, judex aut notarius nichil recipiant de dandis curis et tutellis ; et taxacio scripturarum pro notario et servientibus.

IX Que nul n'exerce un office de la cour séculière, qui ne puisse être puni par elle.
Quod nullus exerceat officium curie secularis, qui non possit puniri per eamdem.

X De la contrainte pour payer la dîme.
De cohercione decime solvende.

XI Que le viguier et le juge soient annuels et fréquentent la cour.

Quod vicarius et judex sint annales et curiam frequentent.

XII De la dépaissance dans les Corrèges supérieure et inférieure.

De pascendis animalibus hominum Sancti Egidii in Corrigiis superiori et inferiori.

XIII De la justice de l'abbé.

De justicia domini abbatis.

XIV Que le clavaire ne s'immisce pas dans l'exercice du droit de l'abbé, autrement qu'il n'est réglé dans la transaction de 1257.

Quod clavarius non se intromictat de jure pertinenti ad dominum abbatem, aliàs quam contineatur in composicione antiqua.

XV Approbation des anciens statuts, en ce qu'ils n'ont point de contraire à la transaction de 1305. Celui qui violera celle-ci paiera 100 marcs d'argent. Serment des syndics.

Approbantur antiqua statuta quathenus premissis non adversantur, et firmantur predicta de tempore domini Hugonis, per scindicos et per eum, sub pena centum marcharum argenti, solvenda per inobedientem obedienti, et per juramentum dictorum scindicorum, sub aliis obligacionibus.

XIIIe s. X

I Les péages de Saint-Gilles.

Pedatgia Sancti Egidii. 9 §§.

II La leude de Saint-Gilles.

Leuda Sancti Egidii. 32 §§.

III Les usages de Pella-Morgues.
Aysso son li usatge de Pella Morgues. 8 §§.
IV Les usages de La Fosse.
Aisso son li usatge de La Fosse. 5 §§.
V Les usages du port du Ra.
Aiso son ly usage del port del Ra. 5 §§.

III

Le droit.

Les coutumes de Saint-Gilles, dans leur dernier état, se composent principalement de règles du droit de Justinien et de droit canonique, transformées par l'évolution historique et les besoins locaux. Le droit romain est à la base de l'ensemble. La puissance de l'abbé le teinte de droit canonique, et les nécessités de la vie municipale, agricole, maritime, commerciale, y introduisent lentement des éléments nouveaux, malgré la résistance et même la victoire du tout puissant abbé.

L'auteur anonyme de la mise au point des textes du XIIe siècle est familier avec le droit romain et le droit canonique. Il écrit au XIIIe siècle. Il a certainement connu le texte provençal ou latin de cette curieuse somme du Code de Justinien, appelée : *Lo Codi*, et qu'ont ressuscitée les beaux travaux de MM. Hermann Suchier et Hermann Fitting (1) ;

(1) *Fünf neue Handschriften des provenzalischen Rechtsbuchs Lo Codi*, von Hermann Suchier, Halle a. S., Max Niemeyer, 1899; auch als Hallisches Universitaets programm ausgegeben ; in-4° ;

Die Handschriften der castilianischen Uebersetzung des Codi, von Hermann Suchier, Halle a. S., Max Niemeyer, 1900 ; auch als Hallisches, etc. in-4° ;

Bekanntmachung der Ergebnisse der akademischen Preisbewerbung vom Jahre 1904, und der neuen für das Jahr 1905

mais il ne s'est pas dispensé de pratiquer à fond les textes mêmes de Justinien. Cela se voit à la netteté juridique avec laquelle il indique les transformations du droit. Comme *Lo Codi*, il emprunte à Justinien son premier titre de chapitre : *De sacrosanctis ecclesiis et rebus ad eas pertinentibus.*

Justinien avait écrit : *De sacrosanctis ecclesiis, et de rebus et privilegiis earum.*

Quant au *Codi*, le texte critique provençal de M. Suchier donne : *De las saintas gleisas e de lors privilegis e de totas lors causas ;* tandis que le texte latin du manuscrit de Tortose donne : *De sacrosanctis ecclesiis.*

Droit romain.

Nous le trouvons dès le chapitre des *Églises*, inspiré du *Code* de Justinien et de trois *Novelles* du même empereur, mais sans les hypothèses des enfants ou du conjoint de la personne entrée en religion. Dans le chapitre de la *Dette d'église*, on voit qu'un long usage a supprimé, quand il s'agit d'une petite aliénation de bien d'église, les peines contre ceux qui ne paient point la pension ou canon pendant deux ans, contre les contractants, les juges et les notaires. Dans le chapitre de *Quelques lois tombées en désuétude,* sont mentionnées les lois romaines imposant le serment aux avocats ; réglant leur équitable rémunération ; interdisant aux conseillers ou assesseurs des juges de fonctionner hors de leur province, d'occuper plusieurs fois la même charge ; réglant leur temps de charge ; réglant les peines contre les infractions ;

---

gestellten Preisaufgaben. Voran geht die Abhandlung : *Eine weitere Handschrift der lateinischen Uebersetzung des Codi, von Hermann Fitting*, Halle a. S., Buchdruckerei des Waisenhauses ; 1905 ; in-4° ;

Lo Codi, ancien livre de droit provençal, par Ed. Bondurand, in *Revue du Midi*, 1899, Nimes.

interdisant aux magistrats ou juges temporaires ou perpétuels d'acheter ou de contracter dans la province où ils exercent, d'attaquer ou d'être cités en justice pendant la durée de leur charge (I, IX).

Sont encore tombées en désuétude l'assignation par libelle et la caution fournie par le demandeur (I, XI) ; l'action *furti* dans certains cas (I, XIX) ; la loi contraignant les tuteurs à employer l'argent des pupilles en acquisitions de terres, surtout quand les pupilles sont des filles, car elles se marient beaucoup mieux avec de l'argent (I, XXI) ; la loi *Unde vir et uxor* (I, XXI) ; les peines édictées, contre les envahisseurs de la possession, par les trois constitutions impériales : *Si quis in tantam ; Non ab re ; Cum quaerebatur* (I, XXIII) ; l'inscription de l'accusation par l'accusateur (I, XXVI).

Le profit des confiscations, tel que le droit écrit l'avait règlementé, a subi des retranchements et des additions (I, XXVIII). L'interdit *Unde vi* et les actions accordées en remplacement, ou à l'exemple, ou en supplément de cet interdit, subsistent pour régler ce qui est exigé, dans les jugements au possessoire, sous le nom de *justice* (I, XXVIII).

Subsiste également cette règle de « l'antiquité », que la fille dotée par le père est exclue de la succession du père et de la mère, s'il survit des frères nés du même père, ou des sœurs non dotées (I, XXIX).

La solution des hypothèses envisagées par ce curieux chapitre de la coutume de Saint-Gilles emprunte en partie ses éléments au *Digeste*, lib. XXIII, tit. III : *De jure dotium* ; aux *Institutes* de Justinien, lib. III, tit. I : *De hereditatibus quae ab intestato deferuntur* ; au *Digeste*, lib. XXXVIII, tit. XVI : *De suis et legitimis heredibus ;* au *Code*, lib. VI, tit. LV : *De suis, et legitimis liberis, et ex filia nepotibus ab intestato venientibus* ; à la *Novelle* 118 de Justinien : *De heredibus ab intestato venientibus, et de agnato-*

rum jure sublato. Mais elle suppose aussi l'influence du droit germanique. Nous y reviendrons plus loin.

L'acte de 1214, le second du recueil, se confond si peu avec les plus anciennes coutumes, remises au point par notre remanieur, qu'il fait allusion au droit écrit et aux coutumes approuvées, rédigées dans un autre instrument, à propos de la cour abbatiale. Le viguier et le juge prêteront serment devant le peuple, entre les mains de l'abbé, suivant les formes édictées par Justinien pour les juges et les administrateurs (II, 13).

L'acte de 1246 contient, comme souvenir du droit romain, le titre : *De fide instrumentorum* (IV, II). Le chapitre : *De testibus cogendis* se réfère à l'incapacité et aux excuses du droit écrit en matière de témoignage (IV, VI). Dans le chapitre : *De redditibus minorum distrahendis*, il est question des tuteurs et des curateurs du droit écrit (IV, VII). Le chapitre : *De restituenda possessione spoliatis*, prescrit d'enquérir sans *libelli oblatio* ni *litis contestatio* (IV, XIII). Le chapitre : *De debitoribus reddendis et qui excipiuntur creditoribus* interprète avec humanité l'ancienne loi municipale ordonnant que le débiteur insolvable sera livré à son créancier. On sait qu'avant Justinien, d'après la loi des Douze-Tables, le débiteur insolvable était attribué à ses créanciers et vendu comme esclave *trans Tiberim.* La loi Petilia Papiria dispensa l'*addictus* de l'esclavage ; il dut simplement travailler pour son créancier jusqu'à l'acquittement de sa dette. Justinien (loi 12 du titre X du livre IV du *Code*, et Novelle 124, chap. 7) affranchit le débiteur de cette contrainte (IV, XIV).

Au chapitre suivant il est question du serment de calomnie (IV, XV).

L'acte de 1257 parle de la *decima litis*, mais en donnant à cette expression un sens différent de celui du droit romain. A Rome la *decima litis* était une peine infligée au plaideur téméraire. A Saint-Gilles elle est devenue un droit normal perçu par l'abbé pour les frais des causes solutionnées. Cette évolution est intéressante (V, XXIV).

Le chapitre *De fidejussoribus* parle de la caution juratoire (V, XLI).

L'acte de 1305 parle encore de la *decima litis* avec son nouveau sens (IX, VIII).

Droit canonique.

Les racines du droit canonique sont dans la Bible et le droit romain.

Les canons des conciles et les lettres ou décrétales des papes en constituent les principales sources.

On sait que la collection dite des Fausses décrétales, apparue dans l'empire franc au IXe siècle, fut considérée en France comme la véritable *Collectio Isidoriana ou Hispana* jusqu'au XVe siècle, et que les papes la reçurent comme authentique. Elle est d'origine franque, et non romaine.

Le *Corpus juris canonici* se compose du Décret de Gratien, ou simplement *Décret* ; des *Décrétales* de Grégoire IX, du *Sexte*, des *Clémentines* et des *Extravagantes*.

D'autres documents, les *Compilations*, les *Institutes* de Lancelot, le *Liber septimus* de Pierre Mathieu, les gloses, les règles de la chancellerie apostolique, les pragmatiques sanctions et les concordats, les commentaires des auteurs, constituent l'immense matière des sources du droit canonique.

Le seigneur de Saint-Gilles étant un abbé, les textes des coutumes de Saint-Gilles se trouvent particulièrement imprégnés de droit canonique.

En effet, le droit canonique est l'ensemble du droit

par lequel se régit l'Église catholique (1). A Saint-Gilles, dont la prospérité est fonction d'un pèlerinage, le droit canonique a tout envahi. Saint-Gilles est l'image d'une petite théocratie. Il n'est pas de chapitre des coutumes qui n'ait une teinte ecclésiastique. Je ne puis donc signaler ici que les points les plus saillants de la matière purement canonique à Saint-Gilles.

Le remanieur des textes du XIIe siècle déclare, nous l'avons vu, qu'il ne saurait commencer la série de ses chapitres par un objet plus digne que les églises, et traite d'abord *De sacrosanctis ecclesiis* (I, II), puis *De debito ecclesiastico* (I, III). A propos de l'assignation par libelle, nous trouvons la mention de la présentation du libelle. Or un livre des Décrétales, le second, est intitulé : *De libelli oblatione* (I, XI). Le titre *De competenti foro* (I, XII) se retrouve dans le titre *De foro competenti* du canoniste *Panormitanus*, commentant le second livre des *Décrétales.*

La constitution III, § 11, contient un précieux renseignement sur un canon du concile de Latran, à propos de l'intérêt et des Juifs.

Cette constitution n'existe que dans notre texte latin, mais celui-ci est mutilé. J'ai pu néanmoins combler les lacunes du § 11, que voici :

« Rursum severissime prohi[bemus ne aliquis] tabellio, de contractu usurario qui expressam usuram continet, [modo] quolibet faciat vel recipiat instrumentum.

» Sed nec pro in[teresse ulla] summa excedat summam in Lateranensi concilio tolleratam, [scilicet pro] libra IIII denariorum, quam tollerat Ecclesia, licet non approbet, in Judeis. »

---

(1) Cf. sur toutes ces questions Paul Viollet, *Précis de l'histoire du droit français. Sources. Droit privé.* Paris, 1886, in-8°.

Je traduis :

« Interdiction sévère de dresser un contrat qui contienne usure expresse.

» Pour l'intérêt, qu'aucune somme n'excède celle de 4 deniers par livre, tolérée par le concile de Latran. L'Église tolère ce taux, quoique ne l'approuvant pas, chez les Juifs. »

En 1233, date de notre statut, le dernier concile de Latran avait été celui de 1215, célèbre par plusieurs de ses canons. Les conciles de Latran de 1139 et de 1179 condamnent formellement l'usure, nom que portait alors l'intérêt. C'est ce qu'indiquent Laurent Brancat de Laurea dans son *Epitome canonum omnium*, Rome, 1659, et Grégoire de Rives dans son *Epitome canonum conciliorum*, Lyon, 1663.

La livre tournois valait 20 sols et le sol tournois 12 deniers. Il y avait donc 240 deniers à la livre. Si l'on en prend 4, cela fait le $\frac{1}{60}$ de la livre, soit 1,666 pour 100. Ce taux est très faible. Le commerce de Saint-Gilles était incompatible avec les lois de l'Église sur l'intérêt, et l'abbé, qui vivait de ce commerce, était bien obligé d'adoucir la rigueur des prohibitions, de présenter la nécessité de l'intérêt comme une tolérance, non comme une approbation. La nuance est jolie, et tout cela montre que rien ne prévaut contre les lois économiques.

On trouve, dans l'*Analyse des Conciles* du P. Richard, t. 2, p. 162, que le canon 67 du concile de Latran de 1215 défend aux Juifs les *usures excessives* envers les Chrétiens. Cet ouvrage est plus complet que les *Epitome* citées plus haut. Il se compose de 4 vol. in-4°, Paris, 1772-3. Dans le tome 4, pages 884-5, il cite en entier les canons des conciles de Latran condamnant l'usure ou intérêt de l'argent. Ce sont le canon 13 du concile de 1139 et le chapitre 25 du concile de 1179. Richard proscrit absolument l'intérêt de l'argent, et dit : « Toutes les explications que l'on donne aux canons des conciles qui condamnent l'usure, ne sont autre chose que de vaines subtilités et d'artificieuses chicanes, à la faveur desquelles on s'efforce, quoique inutilement, de justifier l'usure, qu'ils ont proscrite absolument et sans aucune restriction, comme un très grand mal, *teterrimum usurae crimen* ; un mal comparable au vol, à l'homicide, à la simonie, à l'adultère, etc. » (Page 888, *ibid.*). Cette rigueur théologique de notre dominicain est en contradiction avec le terme d'*usures excessives* du canon 67 du concile de 1215, qu'il nous fait connaître lui-même, et qui est évidemment le fondement de la tolérance forcée constatée par le statut de Saint-Gilles.

Le renseignement donné par notre constitution, au sujet du concile de Latran de 1215, est d'autant plus précieux, qu'il ne nous reste rien d'authentique de ce concile, ainsi qu'on peut le voir dans le *Traité de l'étude des conciles et de leurs collections*, attribué à Salmon, Paris, 1 vol. in-4°, Gabriel Amaulry, 1724, p. 313. Il ne faut pas oublier non plus que ce qui nous reste du concile de Latran de 1139 est tiré de différents auteurs et de quelques chroniques, surtout de celle de Morigny ; et que dans les actes du concile de Latran de 1179 il y a des capitules de l'appendice qui n'appartiennent pas à ce concile et ne sont pas même uniquement d'Alexandre III, mais de quelques autres papes ses prédécesseurs ou successeurs (*Op. cit.*, p. 312).

Nous avons donc, avec le renseignement donné par notre texte, une précision nouvelle et de grand intérêt.

A titre documentaire, je donne ici le texte latin du canon 67 du concile de Latran de 1215, d'après Labbe (*Sacrosancta concilia ad regiam editionem exacta*..... studio Philip. Labbei et Gabr. Cossartii,

S. J. presbyteris, Paris, in f°, 1671, tom. XI, pars 1, col. 220) :

« De usuris Judaeorum.

» Quanto amplius Christiana religio ab exactione compescitur usurarum, tanto gravius super his Judaeorum perfidia inolescit, ita quod brevi tempore Christianorum exhauriunt facultates. Volentes igitur in hac parte prospicere Christianis, ne a Judaeis immaniter aggraventur : synodali decreto statuimus, ut si de caetero quocumque praetextu Judaei a Christianis graves et immoderatas usuras extorserint, Christianorum eis participium subtrahatur, donec de immoderato gravamine satisfecerint competenter. Christiani quoque, si opus fuerit, per censuram ecclesiasitoam, appellatione postposita, compellantur ab eorum commerciis abstinere.

» Principibus autem injungimus, ut propter hoc non sint Christianis infesti, sed potius a tanto gravamine Judaeos studeant cohibere.

» Ac eadem poena Judaeos decernimus compellendos ad satisfaciendum ecclesiis pro decimis et oblationibus debitis, quas a Christianis de domibus et possessionibus aliis percipere consueverant, antequam ad Judaeos quocumque titulo devenissent : ut sic ecclesiae conserventur indemnes. »

Le texte grec correspondant (*Ibid.*, col. 219) présente deux lacunes au dernier paragraphe.

IV

Les juristes.

La première renaissance du droit de Justinien, qui rejeta dans l'ombre le droit de Théodose, eut lieu au XII° siècle.

De ces deux « blocs de droit romain », comme les

appelle M. Paul Viollet (1), ce fut le *Code théodosien* qui représenta la loi romaine pendant la période barbare. Son influence fut profonde sur les époques mérovingienne et carolingienne. Mais le désir de remonter aux sources vives du droit romain, aux textes antérieurs à Constantin, finit par dominer dans l'École, et de là se répandit dans le monde. Les plus anciens textes ne se trouvant, dépecés, il est vrai, que dans le recueil de Justinien, celui-ci reprit, au XIIe siècle, une vie nouvelle, par l'initiative de l'école de Bologne. Le droit romain intégral pénétra irrésistiblement, à cette époque, le droit coutumier. Des maîtres illustres vinrent d'Italie enseigner la loi romaine à Montpellier : Placentin, à la fin du XIIe siècle, et Azo, au commencement du XIIIe.

Ne soyons donc pas surpris des nombreuses traces du droit de Justinien que nous trouvons dans les coutumes de Saint-Gilles, principalement dans leur partie la plus ancienne, celle du XIIe siècle, qui nous est parvenue dans un remaniement du XIIIe siècle.

Le remanieur est anonyme. Il aime Saint-Gilles, puisqu'il consacre au peuple de cette ville le fruit, longtemps attendu, d'un travail de mise au point destiné à prévenir ou à terminer les procès. C'est un savant, rompu à toutes les difficultés du droit civil et du droit canonique. C'est un homme pieux, car il ne saurait commencer la série de ses chapitres par un objet, dit-il, plus digne que les églises. Si la mise au point des plus anciens textes de Saint-Gilles est de la première moitié du XIIIe siècle, ce qui est fort probable, étant donnée la double citation, très exacte, des premiers mots du chapitre XVIII du remaniement, dans la sentence arbitrale de 1257

(1) *Précis de l'Histoire du droit français. Sources. Droit privé*, Paris, 1886, in-8°.

(Cf. V, IV et XXXVI) ; alors je ne vois qu'un homme qui ait été capable de l'entreprendre et de l'exécuter avec cette maîtrise, c'est Gui Fulcodi, enfant de Saint-Gilles, futur pape et inspirateur des constitutions municipales de 1233, 1246 et 1257. Son dernier historien, M. le chanoine Nicolas (1), m'a fourni la plupart des indications suivantes.

Gui Fulcodi, le futur pape Clément IV, né à Saint-Gilles vers 1190 ou 1195, élevé à l'école de l'abbaye, embrassa la carrière des armes et combattit les Maures pour Ferdinand, roi de Castille, y renonça par suite d'une blessure très grave, et vint étudier la jurisprudence à l'université de Toulouse. L'Inquisition demandant trop de discipline, il se rendit à Bourges, puis à Orléans, et enfin à Paris, où il fut reçu docteur en droits romain, féodal et canonique. Il devint avocat. Saint Louis le maria avec la fille de son argentier, Simon de Malboë. Il venait souvent dans le midi de la France. Vers 1230, la reine Blanche l'envoya régler un différend en Languedoc. En 1234 il arbitra un litige entre la veuve de Bermond d'Uzès et l'évêque d'Uzès. Il fut arbitre entre l'évêque de Viviers, qui prétendait n'être soumis qu'à l'Empire, et le sénéchal de Beaucaire. Après la longue enquête nécessitée par ce procès, Gui Fulcodi entra au service de Raimond VII, comte de Toulouse. On trouve sa souscription au bas d'une donation de 1237 faite par Douce de Mormoiron aux Hospitaliers d'Orange. En 1241, il est présent à l'entrevue de Lunel, entre le roi d'Aragon et le comte de Toulouse. Conseiller de saint Louis depuis 1236 ou 1237, Gui Fulcodi était encore, en 1647, dans la condition d'un juriste renommé. Son mariage subsistait peut-être encore à cette époque. En 1249, quand le roi était à la croisade, Gui Fulcodi fut un des

(1) *Un pape saint-gillois, Clément IV, 1195-1268,* Nîmes, Impr. générale, 1910, in-8 de XXI-651 pages.

commissaires envoyés à Toulouse, à la mort de Raimond VII, pour prendre possession de sa succession au nom d'Alphonse de Poitiers, frère de Louis IX et gendre du comte défunt. Gui Fulcodi assiste en 1251, dans le château royal de Beaucaire, à la prise de possession du marquisat de Provence par Alphonse de Poitiers. La même année, à Toulouse, il est un des vingt jurisconsultes qui déclarent nul pour défaut de forme le testament de Raimond VII. Clerc enquêteur de saint Louis à cette époque, Gui Fulcodi le fut aussi d'Alphonse de Poitiers, et on le retrouve dans beaucoup de grandes affaires. Il n'est donc pas étonnant que nous le voyions inspirer, à Saint-Gilles, les constitutions municipales de 1233, 1246 et 1257. Sa participation dans ces travaux n'a pas été, jusqu'ici, complètement connue, en raison de la perte des originaux des coutumes de Saint-Gilles et du mauvais état du texte latin. M. le chanoine Nicolas ne mentionne que l'intervention de 1257 (*Op. cit.* p. 66-7). A la date de cette intervention, 18 des calendes de juillet ou 14 juin 1257, Gui Fulcodi venait d'être élu évêque du Puy, le 11 juin, par le chapitre de Notre-Dame du Puy. Il fut élu archevêque de Narbonne en 1259, créé cardinal-évêque de Sabine en 1261, et élu pape en 1265. M. J. Charles-Roux (*Saint-Gilles*), ne mentionne également que la dernière intervention de Gui Fulcodi dans nos coutumes, celle de 1257.

V

L'histoire.

La transaction II, dont la version provençale ne donne pas le début, et dont le texte latin ne donne qu'un début résumé et sans date, mais que j'identifie, pour des raisons exposées plus haut, avec l'acte du 11 des calendes d'avril 1214 v. s., mentionné par la *Gallia christiana* ; cette transaction contient des renseignements historiques sur les luttes politiques survenues entre l'abbé et les habitants de Saint-Gilles, à la fin du XIIe siècle et au commencement du XIIIe. On y voit que les consuls avaient usurpé la juridiction de l'abbé, exilé des habitants, noué des intrigues avec les cités voisines, excité le peuple à prendre les armes, pillé les maisons de quelques gens de bien. C'est du moins ce que disait l'abbé, qui saisissait l'occasion pour demander la suppression du consulat et des assemblées communales, outre le montant des dommages que les troubles lui avaient causés et le rétablissement de sa domination intégrale. Les consuls, tout en reconnaissant que la pleine seigneurie et l'intégrale juridiction appartenaient à l'abbé, s'opposaient à la suppression du consulat et des assemblées communales, parce que, la même année, le consulat, promulgué pour vingt-neuf ans par le prédécesseur de l'abbé, avait été de nouveau confirmé par lui, puis par l'abbé P[ons] lui-même.

La promulgation du consulat par l'abbé de Saint-Gilles (Ermengaud II) daterait donc de 1184 environ. Mais il n'en faudrait pas conclure qu'il n'y eût pas de consuls à Saint-Gilles antérieurement à cette date. En effet, les consuls de Saint-Gilles sont mentionnés en 1165 dans le *Chronicon Pisanum*, p. 117 et seq., et le *Chronicon Genuense*,, p. 305 et seq., dans *Scriptores rerum italicarum*, t. 6, cité par les nouveaux éditeurs de l'*Histoire de Languedoc*, t. VI, p. 14-17. L'acte de la promulgation a péri, avec tant d'autres monuments intéressant l'histoire intérieure de Saint-Gilles.

A cette époque, la maison de Toulouse, représentée par le comte Raimond V, était à l'apogée de sa puissance. Le Languedoc, bien qu'éprouvé, comme le reste du royaume, par les guerres privées, était plus prospère ; et dans le milieu saint-gillois, enrichi par le pèlerinage, l'aisance générale avait enfanté, comme ailleurs, le désir des libertés municipales.

La transaction de 1214, v. s., ménagée par de puissants ecclésiastiques, abolit le consulat et ruina les institutions municipales à Saint-Gilles pour tout le reste du moyen âge et tout l'ancien régime.

En 1789, le cahier de doléances de cette ville contient un article 15 ainsi conçu :

« La ville de Saint-Gilles, une des sept principales de la sénéchaussée, ne jouit d'aucune prérogative des autres villes. Elle n'a point de consuls, bornée à un syndic-clavaire sans marque distinctive ; elle n'a point entrée aux États de la province, ni aux assiettes diocésaines ; elle n'a pas même un hôtel de ville, et est obligée de s'assembler dans une salle de l'hôpital. » (1)

L'abolition du consulat de Saint-Gilles fut la conséquence de l'issue de la guerre des Albigeois.

Au concile de Saint-Gilles, le 18 juin 1209, on avait vu Raimond VI, de l'illustre maison des comtes de Toulouse, conduit, nu jusqu'à la ceinture, dans le vestibule de l'église de l'abbaye, où se trouvait Milon, légat du pape, entouré de trois archevêques et de dix-neuf évêques. Là, il avait prêté un serment imposé, reçu les ordres du légat ; entendu seize barons, ses vassaux, prêter serment entre les mains du légat, suivant le commandement de ce dernier. Enfin le légat avait fait mettre une étole au col du comte de Toulouse, et en ayant pris les deux bouts, l'avait introduit dans l'église en le fouettant avec une poignée de verges. (2)

---

(1) Bligny-Bondurand, *Cahiers de la sénéchaussée de Nimes en 1789*, t. II, p. 228.

(2) *Histoire générale de Languedoc*, édit. Privat, t. VI, p. 277-9.

La ville qui avait assisté à cette humiliation tragique pouvait bien perdre ses consuls.

Il ne s'était pas écoulé un siècle et demi depuis Canossa.

VI

Les coutumes voisines (Arles).

C'est dans la région du Midi qu'on trouve les premières coutumes officiellement promulguées, dit M. Ad. Tardif, professeur de droit civil et canonique à l'École des Chartes (*Le droit privé au XIIIe siècle* d'après les coutumes de Toulouse et de Montpellier, Paris, Picard, 1886, in-8°, p. 6); et il ne faut pas oublier que les coutumes de La Réole, *Consuetudines et jura monasterii Regulae*, sont du Xe siècle (977). M. Ch. Giraud, inspecteur général des études de droit, les a publiées dans son *Essai sur l'histoire du droit français au moyen âge*, t. II, p. 510. Paris et Leipzig, 2 vol. in-8°, 1846.

Pour ne pas trop allonger ce travail, je me bornerai à rapprocher les coutumes de Saint-Gilles de celles d'Arles, dont le seigneur était ecclésiastique, comme à Saint-Gilles.

Au XIIe siècle, l'éloignement des rois d'Arles, qui étaient les empereurs d'Allemagne, laissa l'autorité aux archevêques d'Arles. Mais cette autorité connut des vicissitudes. Les citoyens d'Arles, par leur intelligence et leur énergie, parvinrent à partager l'administration municipale avec l'archevêque et obtinrent des consuls, à l'imitation de ceux qui existaient en Italie. On se dispensa de l'autorisation de l'empereur. L'agrément de l'archevêque Raimond de Montredon fut suffisant. Dès 1131 fut rédigée la charte du consulat d'Arles, avec cette formule : « Hic consulatus erit pacis, restaurationis et reformationis. » Elle renferme l'abrégé des anciennes lois politiques de la ville d'Arles, le code fondamental du droit public et privé d'une sorte de république (Cf. De Noble Lalauzière, *Abrégé chronologique de l'histoire d'Arles*, in-4°, Arles, 1808, p. 126-127).

Le savant Anibert, de l'Académie royale de Nimes, dans ses *Mémoires historiques et critiques sur l'ancienne république d'Arles*, Yverdon, 4 vol. in-8°, 1779-1781, nous apprend, en 1780, t. II, p. 6, qu'on venait, à cette époque, de découvrir la charte du consulat d'Arles, dans les archives du grand prieuré de Saint-Gilles, armoire de la commanderie de Trinquetaille, cartulaire de Trinquetaille, f° 5 v° et f° 75 v°. On sait que l'hôtel du grand prieuré avait été transféré à Arles depuis les troubles de la Réforme. C'est là que la Révolution trouva les archives du grand prieuré. Voilà pourquoi cet immense fonds, non encore classé, est conservé aux archives départementales des Bouches-du-Rhône.

M. Giraud a publié, ouvrage cité plus haut, les coutumes d'Arles dans leurs deux plus anciens monuments, la charte du consulat de 1131 et les statuts ou lois municipales de 1162 à 1202. Mais il a daté de 1142-1155 la charte du consulat.

Anibert, dans le tome II de sa *République d'Arles*, en a donné une analyse et des extraits intéressants, d'après la leçon du *Livre noir* des Archives de l'Hôtel de Ville d'Arles.

La charte du consulat d'Arles de 1131 est l'abrégé des anciennes lois politiques de la cité, comme la mise au point du juriste anonyme de Saint-Gilles donne la moelle de ses textes du XIIe siècle. Malheureusement les textes originaux, sur lesquels on avait travaillé à Arles en 1131, et à Saint-Gilles au XIIIe siècle, ces textes ont péri des deux côtés. Combien nous aimerions à les avoir dans leur saveur archaïque! Mais Justinien avait depuis longtemps donné le déplorable exemple de la destruction par ordre de tous les textes de droit romain qui n'avaient pas pris place dans son vaste recueil. (1)

La condition géographique de Saint-Gilles était identique à celle d'Arles. Bords du Rhône, marais, voies navigables, péages, pêche, culture, ciel, tout cela était semblable.

En 1165, les Pisans se trouvant en guerre avec les Génois, leur avaient capturé des galères sur les côtes de Provence. Les Génois, ayant armé une flotte nouvelle, forcèrent les galères de Pise à se réfugier dans le port de Saint-Gilles en remontant le Petit-Rhône. Eux-mêmes remontèrent le Grand-Rhône, passèrent devant Arles et redescendirent vers Saint-Gilles en doublant la pointe de la Camargue. Les Pisans avertis prirent la fuite et les Génois ne trouvèrent à Saint-Gilles que cinq navires de Pise abandonnés, qu'ils incendièrent. Revenus à Arles, ils conclurent avec cette ville un traité d'amitié. Ceci se passait en juillet. En septembre de la même année 1165, la flotte de Pise vint à la foire de Saint-Gilles. Les Génois passèrent de nouveau par le Rhône d'Arles pour aller l'attaquer. Mais leurs galères s'engravèrent entre Fourques et Saint-Gilles. Ils parlementèrent avec les consuls de Saint-Gilles, que les Pisans avaient attirés dans leur parti. Un combat eut lieu, favorable aux Pisans (2).

Saint-Gilles était donc, pour ainsi dire, dans le même champ de bataille navale qu'Arles, comme dans le même milieu géographique et commercial.

Pour aller au pèlerinage de Saint-Gilles, on passait

---

(1) Cf. l'art. 189 des statuts d'Arles de 1162-1202 : *De statutis veteribus delendis.*

(2) *Histoire de Languedoc*, édit. Privat, t. VI, p. 14-17.

plus volontiers par Arles qu'on ne remontait le Petit-Rhône, comme avaient fait les navires génois.

Le port d'Arles contribuait largement au transport des pèlerins, comme en témoigne l'article 140 des ***Statuta sive leges municipales Arelatis*** de 1162-1202, intitulé : ***De navibus transfretandis*** (Giraud, *op. cit.*, t. II, p. 232-233).

Les relations continuelles entre Saint-Gilles et Arles, ne pouvaient manquer d'entraîner certaines analogies dans leurs statuts municipaux. Je me bornerai à signaler la plus intéressante de toutes. Elle concerne la fille dotée. J'ai déjà parlé de ce curieux chapitre des plus anciens textes de Saint-Gilles. Nous en retrouvons l'analogue dans la charte du consulat d'Arles de 1131. Anibert (*Op. cit.*., t. II, p. 21-23) en donne, avec le texte, un bon commentaire. Les filles dotées par leurs pères et mères, dit-il, n'étaient point admises, après la mort de leurs parents, à partager la succession paternelle ou maternelle avec leurs frères ou leurs autres sœurs. Il en était de même de celles qui avaient été dotées par leurs frères du consentement des maris. Au XIIe siècle cette coutume était déjà très ancienne dans Arles, « secundum antiquum morem Arelatensis civitatis ». Nous reconnaissons l'écho de cette expression dans le texte de Saint-Gilles : « Sicut antiquitas utile fore longo tempore indicavit » (I, XXIX, *De filia dotata*). Anibert montre que cette coutume était généralement reçue dans tout le reste de la Provence, et qu'elle y régissait également la succession des princes et celle des particuliers. Il en trouve un exemple dans le traité de paix fait à Arles, en 1150, entre les comtes de Provence de la maison de Barcelone et la princesse Étiennette de Baux et ses enfants. En effet, le préambule du traité fait savoir qu'Étiennette demandant une part héréditaire sur le comté de Provence, les princes catalans, fils de Douce, sa sœur, lui opposaient que son père Gilbert et sa mère Gerberge l'avaient mariée et dotée. Anibert distingue soigneusement cette disposition, d'un autre statut provençal observé de son temps, et par lequel les frères excluent leurs sœurs de la succession ab intestat des parents, sous la réserve de la légitime. Ici, c'est uniquement la concurrence des mâles qui donne l'exclusion aux filles, tandis que dans l'ancienne coutume c'est la simple acceptation de la dot, présumée équivalente à tous les droits éventuels.

Ajoutons qu'à Toulouse, comme à Montpellier, à Carcassonne et au Châtelet de Paris, la fille dotée n'avait point de légitime et ne pouvait rien réclamer dans la succession de ses père et mère (Art. 117). (Ad. Tardif, *Le droit privé au XIII siècle,* p. 69).

VII

Le port du Ra.

Lorsque j'ai publié, dans les *Mémoires de l'Académie de Nimes* de l'année 1901, mon étude sur *La leude et les péages de Saint-Gilles au XIIe siècle*, je ne connaissais pas les mentions du port du Ra contenues dans le texte latin des coutumes de Saint-Gilles. D'un autre côté les mêmes mentions, contenues dans la version provençale de ces coutumes, y étaient tellement masquées par de mauvaises graphies, que je ne les connaissais pas davantage.

Les mentions que j'ai trouvées, au cours de mon travail d'édition, dans les coutumes, sont plus explicites que celles qui existent dans les péages, et ont complètement modifié ma manière de voir sur la situation du port du Ra.

Ce port a conquis, dans l'érudition, une certaine célébrité, depuis qu'il a été mêlé philologiquement à la question du débarquement traditionnel des premiers évangélisateurs des Gaules, en un lieu dit les *Saintes-Maries-de-la-Mer*, primitivement nommé *Sancta Maria de Ratis*. En 1910 M. J. Gazay a publié dans les *Annales du Midi* un article *Sur l'origine des traditions hagiographiques des Saintes-Maries-de-la-Mer* (p. 293-9). On y rencontre les indications suivantes.

M. C. Jullian a trouvé dans Festus Avienus (édit. Holder) ces trois vers :

« Gens hinc Nearchi, Bergineque civitas,
Salyes atroces, oppidum priscum *Ra*,
Mastrabalae paludes, terga celsum prominens.... »

Il a proposé d'identifier cet *oppidum priscum Ra* avec le *Ratis* des textes de 542, 992, 1061, 1084, etc.

M. Gazay n'admet pas cette identification, parce qu'il faudrait quelque peu malmener le vers, et il pense au document provençal publié par moi dans *La leude et les péages de Saint-Gilles au XIIe siècle*. Il a connu mon tiré à part grâce à l'obligeance de Miss Ethel-C. Jones, de l'université d'Oxford, qui était venue travailler sur la légende de saint Gilles aux Archives du Gard, et à qui j'avais fait hommage de ma plaquette. Dans ce texte provençal, que je réédite aujourd'hui avec de meilleurs éléments, il est question d'un port du *Ra*, important encore au moyen âge, et que je supposais, en 1901, avoir été le port de Saint-Gilles même.

Les Archives du Gard possédant la collection des auteurs latins de Lemaire, j'ai facilement retrouvé, dans l'*Ora maritima* d'Avienus, v. 690-3, le même passage, mais défiguré sous prétexte de corrections :

« Gens hinc Veragri, Bergineque civitas,
Salyes atroces, oppidum Mastramelae
Priscum paludis, terga celsum prominens,
Quod incolentes Citharistium vocant... »

L'édition de Venise de 1488 et l'édition de Pithou, qui s'en inspire, donnaient le texte adopté par Holder et par M. C. Jullian (v. 690-2). Dans le vers 693 elles donnaient *Cecylistrium*. Lemaire, adoptant des corrections de Vossius, a bouleversé tout cela. C'est un exemple du danger de trop corriger les anciens textes.

La trouvaille de M. Jullian est du plus haut intérêt, non pas pour les Saintes-Maries, mais pour le port du Ra, en établissant que ce nom topographique désignait, au IVe siècle, un antique oppidum du voisinage des marais des estuaires du Rhône.

Le nom de *Ra* ne semble pas permettre un rapprochement avec *ratis*, nom celtique de la fougère qui a passé dans le vocabulaire toponymique sous les formes *Retz, Ré* en français, *Rads* en provençal, d'après M. C. Jullian. On ne saurait non plus le rapprocher de la forme *ratz* ou *rads* de *radelh*, en français *radeau*. En effet il manque de la lettre essentielle *d* ou *t*.

Au surplus, ma préoccupation n'est pas d'ordre philologique, mais simplement d'ordre géographique. Il s'agit de savoir où pouvait être situé le port du Ra.

Il faut d'abord établir un relevé complet des passages où il en est question dans les coutumes et péages de Saint-Gilles.

Ces passages, les voici.

Le texte latin de la transaction du 18 des calendes de juillet 1257, entre l'abbé Guillaume de Sieure et les habitants de Saint-Gilles, tel que le donne le registre H. 787 des Archives du Gard, folio 17 r°, contient le passage suivant :

« Et quod dicimus de furto in dicto nemore commisso, idem dicimus de furto seu defraudacione pedagii de *mirepeis* sive *elra*, si illud pedagium subripiatur ab aliquo, vel eciam defraudetur » (V, III).

Ce passage décisif identifie le péage de ***Mirepeis*** avec le péage d'***El Ra***.

Ces noms géographiques ont disparu depuis longtemps, et aucune carte ne les donne.

Au XVIe siècle, nous l'avons vu, le registre AA. 1 des Archives communales de Saint-Gilles donne 1° une version provençale, 2° un vidimus en latin de la transaction de 1257. Dans la version provençale, ***El Ra*** est devenu *eura*, et ***Mirepeis*** est écrit *mirapeys* (f° 40, v°). Dans la copie du vidimus on lit : « pedagii de mirapeis sive *alia* » (f° 90 v°). Le copiste ne comprenait déjà plus. M. de Lamothe, éditeur de la version provençale (*Mémoires de la Société scientifique et littéraire d'Alais*, année 1872, p. 121-215), comprend encore moins et imprime : « lo peage de Mirapeys, hou *en ça* » (p. 173).

On trouve ensuite (V, XVIII) :

« Decima septima questio scindicorum est super leudis, pedagiis et portanagiis in villa et Rodano, et *Mirepeis*, et in quibusdam aliis locis... » ;

V, XXIX : « Sane in tenemento Sperani, quantum protenditur a fronteria bosci Sperani citra versus villam S. E., in tota parte tenementi ejusdem que est inter viam qua itur ad ***El Ram*** a villa, et usque ad tenementum infirmarii..... »

IX, XII : « ..... in quadam parte de Sperano, contigua tenemento ville S. E., videlicet in tenemento quod est inter viam qua itur ad ***El Ram*** et dictum tenementum ville S. E. et de Cambono....., videlicet a capite nemoris de Sperano, quod est versus villam S. E. In quo capite concordatum est apponi et apponetur unus terminus qui respiciet et limitabit recta linea ad terminum coopertum, videlicet plantatum in capite de Cambono; et inde sequendo, de termino in terminum, terminos dividentes tenementa de Cambono et ville S. E.; et inde a dictis terminis usque ad paludes, seu tenementa de Camarinhano et de *El Ra*... »

X, I : « Item, de sardinis venientibus per *Ram* in barca..... »

« Item, de anguillis, mugolibus, variatis et aliis sa[rguis] venientibus in barca per *Ram*..... »

X, V : « Aiso son ly usage del port del *Ra.* »

« Et totz avers que venga per aiga et ten à Monpeslier per *El Ra*..... ».

De ces passages il résulte que le port ou péage du Ra ou de Mirepeis, ce qui est la même chose, doit être cherché dans les marais avoisinant immédiatement Espeiran.

En effet, le chemin de Saint-Gilles au port du Ra traverse le tènement d'Espeiran (V, XXIX). De plus la limite convenue dans IX, XII, entre les tènements de la ville de Saint-Gilles et du Cambon, part de la tête du bois d'Espeiran, côté de Saint-Gilles, de là va en droite ligne au terme couvert, planté à la tête du Cambon, c'est-à-dire au sommet qui le domine, suit la ligne divisoire des tènements du Cambon et de Saint-Gilles, et redescend jusqu'aux marais des tènements de Camarignan et du *Ra.*

Or l'emplacement de Saint-André de Camarignan est bien connu, à l'ouest du Cambon, à moins de deux kilomètres.

La carte de Cassini du diocèse de Nimes fait voir les traces manifestes d'une ancienne voie navigable qui, partant de Beaucaire, passait dans les marais de Bellegarde, de la Castagnotte, de Saint-André et de Scamandre; de la même manière que le canal de la Fosse passait dans les marais de la Souteyrane et de Larmitane. Le canal d'Aiguesmortes à Beaucaire n'a fait qu'emprunter l'ancien thalweg du bras de Beaucaire à l'étang de Mauguio par le nord d'Aiguesmortes. Le bras de la Fosse, ou bien rejoignait le bras de Beaucaire au Nord-Est d'Aiguesmortes, ou bien se jetait dans les étangs d'Aiguesmortes.

Le bras de Beaucaire passait au pied de Bellegarde, de Saint-Gilles, d'Espeiran et de Franquevaux, rasant le diluvium alpin qui a formé la Costière. Ces eaux mortes étaient un vestige de l'ancien golfe d'Ugernum, et communiquaient avec la mer par les *gradus* ou *graus* des cordons littoraux successivement formés au cours des siècles.

Voilà comment les sardines, les anguilles, les muges, les veirats ou maquereaux et autres sargues venaient de la mer à Saint-Gilles par bateaux et par le port du Ra (X, I).

Le bras de Beaucaire communiquait donc avec l'étang de Melgueil ou Mauguio, prolongé par l'étang de Maguelone ; et Lattes, port de Montpellier, se trouvait alors au bord de ces étangs. On s'explique ainsi aisément que les marchandises vinssent par eau de Montpellier à Saint-Gilles en passant au port du Ra (X, V).

Serrons de plus près les données du problème.

Nous savons que le Ra est la même chose que *Mirepeis* ou *Mirapeys* (V, III).

Qu'est-ce donc que *Mirepeis* ?

Les Archives du Gard possèdent, dans le bullaire de Saint-Gilles (H. 785), une bulle originale d'Innocent III, adressée à l'archevêque d'Arles et à Rainier, légat du Siège apostolique. Le comte de Toulouse Raimond (VI), entre autres graves sujets de plainte pour l'abbaye de Saint-Gilles, a osé construire, dans l'intérieur des limites fixées par les prédécesseurs du pape, le château de *Mirapetra*, malgré une dénonciation de nouvelle œuvre. Les religieux et leurs hommes en souffrent de grands dommages. Le comte a oublié que son aïeul Alphonse reçut du pape Calixte l'ordre de démolir un château construit, non à l'intérieur des limites fixées, mais seulement près de ces limites. Il a oublié aussi l'ordre à lui donné par le pape Célestin de démolir sans retard son fort. Innocent a mandé au comte de préférer le salut de son âme à un avantage temporel, en démolissant le château et en donnant satisfaction à l'abbaye. S'il dédaigne d'obéir, l'archevêque et le légat le contraindront par une nouvelle sentence d'excommunication et d'interdit. En outre, ils connaîtront des autres différends entre l'abbaye et le comte. Donné au Latran, le 3 des ides de juillet, 2me année du pontificat (13 juillet 1199).

La tradition rapporte que le château de Mirapetra était à Espeiran, propriété de l'abbé de Saint-Gilles.

Mirepeis ou *Mirapeys* est un souvenir de *Mirapetra*, qui renferme le nom latin de « pierre », comme Espeiran en contient le nom provençal.

D'ailleurs il est constant, par la délimitation citée plus haut (IX, xii), que le tènement de Camarignan était limitrophe de celui du Ra, que leur ligne divisoire pouvait passer au pont actuel de Repiquet, sur le canal d'Aiguesmortes à Beaucaire, et que le port du Ra ne saurait être placé ailleurs qu'au pied du château d'Espeiran, successeur du château de Mirapetra, entre le pont de Repiquet et le pont d'Espeiran, sur le canal d'Aiguesmortes à Beaucaire.

Puisque j'en suis aux rectifications d'anciens sites pour les péages de Saint-Gilles, je ne dois pas négliger l'occasion de situer le péage de Pella-Morgues également sur le tracé du canal d'Aiguesmortes, vers le pont de la gare d'eau ou port de Saint-Gilles (X, iii). Cet endroit était encore marécageux au temps de Cassini. Le bras de Beaucaire y passait au moyen âge, y laissant toute l'eau nécessaire à la navigation. Je rappelle aussi que, d'après M. le chanoine Nicolas, le territoire de Pella-Morgues commençait aux enclos de l'Ordre de Malte et des Templiers, près de la ville même. Saint-Gilles avait donc deux ports, l'un sur le bras de Beaucaire, au pied de ses murailles, l'autre sur le Petit-Rhône, à 2 kilomètres, où abordaient les navires de mer, témoin les luttes navales des Génois et des Pisans au XIIe siècle.

VIII

Conclusion.

Au XIIe siècle, le droit romain était à la base des coutumes de Saint-Gilles.

A cette époque, une somme du *Code* de Justinien, en latin, en provençal ou en catalan, était lue sur nos rivages méditerranéens.

L'originalité des coutumes de Saint-Gilles résulte de cette empreinte du droit romain, plus marquée que dans les coutumes voisines. Elle vient encore du caractère théocratique du gouvernement de la ville, dont le seigneur était un abbé, rendu puissant par la prospérité d'un pèlerinage célèbre.

Elle vient enfin de la collaboration d'un enfant illustre de la cité, Gui Fulcodi, le futur pape Clément IV.

En outre, le curieux texte des péages nous fait connaître les voies navigables que suivait le commerce derrière les cordons littoraux, sur les eaux paisibles des étangs, des bras du Rhône et de l'ancien canal romain de la Fosse.

LES

COUTUMES DE SAINT-GILLES

I

L'évolution des textes du XIIe siècle, par un juriste anonyme (XIIIe siècle) (1)

I

Prologue.

La vérité, où l'esprit aspire de ses forces intimes, ne peut être ordinairement découverte sans un peu d'attention et de discernement. Mais, lorsque tout s'est déroulé devant lui, ce qu'il trouve d'inspiration, s'échappant avec effort de la prison des pensées, il l'étend aux choses publiques par la subtilité de l'observation. Il a paru d'autant plus louable en cette matière d'exercer à l'étude les restes d'un esprit défaillant, que plus rares sont ceux qui laissent leurs affaires privées pour servir fidèlement le public. Méditant un livre court, l'auteur ne donnera que les textes éprouvés par une longue coutume, dont l'ancienneté a fait une sorte d'équité préférable au droit écrit, et dont elle impose la conservation. De la sorte, il subviendra aux souvenirs fuyants, et aux plaideurs, qui mettent l'espoir du triomphe dans la négation, toutes les fois qu'ils peuvent faire naître l'incertitude. En même temps il supprimera toute matière à contradiction. Sans cependant comprendre toutes les coutumes dans ce traité, il s'attachera aux plus utiles pour prévenir les procès ou les terminer. Les autres coutumes seront sauvegardées

(1) Très probablement Gui Fulcodi, le futur pape Clément IV.

par le recours fréquent et continu du peuple. Quant aux lois tombées totalement ou partiellement en désuétude, il sera bon de les insérer, avec les interprétations introduites par la coutume sur quelques divergences des docteurs du droit civil. Que tous recueillent donc le fruit, longtemps attendu, d'un tel travail ; qu'ils développent ce qui renaît après avoir presque péri ; qu'ils le conservent comme le précieux trésor du peuple. L'auteur ne saurait commencer la série de ses chapitres par un objet plus digne que les églises.

Folio 3. I

Incipiu[nt] Consue[tudines.]

I

Verum, inter secretiores animi cura[s, animadversionis vel] discrecionis non sine aliquanto ex[seri plerumque potest.] Nichilominus, omnibus evolutis, quod sibi, du[m quesierit,] actonite inveniret, de cogitationum profundo [ac] tenebroso carcere, maximo conatu exiliens, ad res publicas acu[mine] consideracionis extendit. Qua in re visum est tanto laudabilius sui i[ngenii] defficientis reliquias studio (1) exercendas, quanto rariores qui communibus, re familiari omissa, fideliter inservirent, posse reperiri agnovit.

Sane, nedum (brevem scribere meditamur libellum) in latum diffundamur tediosumque volumen, placuit ea sola stillo conterere que consuetudine longissima, quasi quamdam equitatem juri scripto praeponens, antiquitas fore servanda decrevit ; ut per hoc, et labentis memorie subveniremus vicio, et litigantibus, qui spem victorie tociens in negacione constituunt, quociens aliquod dubium fieri posse competerint vel incertum, omnis in hac parte contradicendi materia tolleretur.

Non tamen omnes consuetudines sub hoc comprehendi

(1) Ms. : *studii.*

pollicemur tractatu, sed quas plurimum necessarias vidimus ad exterminandos jurgiorum strepitus et refrenandas litigantium (1) querelas, aliis quas quadam continuacione vulgus frequentat, suo robore duraturis.

Illas et leges quas dissuetudo in solido vel in parte amputavit, non erit absurdum diligenter inserere cum interpretacionibus quas, super quibusdam discencionibus doctorum juris civilis, morum observancia introduxit.

Suscipiant itaque universi hunc nostri laboris fructum diucius expectatum, et quod fere perierat exinde reddivivum enutriant, ac velut preciosum populi custodiant et appellent thesaurum.

Nos vero, exequendo premissa, et ab ecclesiis, tanquam a digniori, sumentes inicium, singulis congruos titulos adnotando, nostri proposi[ti] (2) seriem ordinemus.

II

Des églises.

Si une personne est entrée au couvent du vivant de son père, ou de sa mère, ou d'un ascendant quelconque, ni elle, ni le monastère à son occasion, ne pourront leur succéder ab intestat ou attaquer leur testament. Mais tous les biens des ascendants défunts appartiendront à leurs autres enfants, le monastère ne devant rien avoir de plus que par donation entre vifs ou acte de dernière volonté. Ne sera pas admise la demande d'hérédité échue à une personne civile avant son entrée au couvent, à moins que, avant d'y entrer, elle n'ait déclaré vouloir que la dite hérédité fût transférée au monastère. De même, sera exclue de la succession du frère ou de la sœur, et le monastère à son occasion, toute personne entrée au couvent; ou, si elle meurt, la donation du frère ou de la sœur lui survivant profitera au monastère. Mêmes solutions pour les ermites. L'usage les a confirmées (3).

(1) Ms. : *litigatorum*. (2) Ms. : *prepositi*. (3) Ce chapitre est inspiré du *Code* de Justinien (*De sacrosanctis Ecclesiis*), l. 1, tit. 2, § 13, et des *Novelles* 5, 76 et 123 du même empereur, mais sans les hypothèses des enfants ou du conjoint de la personne entrée en religion.

II

De sacrosanctis ecclesiis et rebus ad eas pertinentibus. (1)

(XIIe siècle. Remaniement du XIIIe.)

Si qua persona, monastica[m] eligens vitam, superstite patre vel matre, seu quolibet de ascendentibus, monasterium ingressa fuerit, non poterit ipsa, vel monasterium ejus occasione, decedente (2) postea quolibet ex eis, ab intestato succedere, seu quod moriens condiderit infringere testamentum. Sed universe ad alios liberos talium defunctorum pertineant facultates, monasterio quod ingreditur non amplius habituro, quàm (3) si fuerit vel inter vivos donatum, vel in extrema voluntate relictum.

Adeo nec eorum peticio competat que ad [civi]lem personam, qualitercumque fuerat, ante[quam intraret monasterium, perventorum, nisi] illud ad monasterium voluisse transferri [prius ipsa declaraverit.] Similiter, a

(1) Cf. le *Code* de Justinien, lib. I, tit. II, *De sacrosanctis ecclesiis, et de rebus et privilegiis earum*, § 13; les Authentiques ou Novelles de Justinien, Novelle V, *De monachis*, chap. V, *De viro vel muliere qui quaeve solitariam vitam appetit;* Novelle LXXVI, *Haec constitutio interpretatur priorem constitutionem, de iis qui ingrediuntur monasterium, et de substantiis eorum, et ex quo tempore oporteat eam valere*, chap. I; Novelle CXXIII, *De sanctissimis episcopis et Deo amabilibus et reverendissimis clericis, et monachis*, chap. XXXVIII, *Ut qui monasteria ingrediuntur, se suaque dedicent monasterio.* Ce chapitre commence par les mots : « Si qua mulier ». Cf. aussi les chap. XL, *Si vir aut uxor ingrediatur monasterium*, et XLI, *Ne liceat parentibus exheredare filios qui ingrediuntur monasteria, velut ingratos*, de la même Novelle. Au XIIe siècle l'esprit général étant devenu un peu plus laïque, on ne voit plus figurer, dans les hypothèses de notre chapitre, les enfants ni le conjoint de la personne entrée en religion. L'inaptitude du religieux à succéder à un ascendant ab intestat ou à faire tomber le testament quand il est entré en religion du vivant de l'ascendant, est une disposition étrangère au droit de Justinien, et introduite par la coutume. (2) Ms. : *descendente*.

(3) Ms. : *eciam*.

successione fratris vel sororis [excludatur ipsa, vel monasterium ejus occasione]; vel, decedente (1), seu fratre vel sorore superstitibus, d[onatio valeat.

Eadem] obtinent in hiis qui (2), renunciantes seculo, quemlibet d[eligunt locum ubi], sub (3) habitu religionis, regulariter vivant, jugiter orando.

Igitur hec omnia moribus sunt firmata firm[iter.]

III

De la dette d'église.

Si quelqu'un a prêté de l'argent à une église, il peut en exiger le remboursement, même sans prouver que son prêt a été utile à la maison de Dieu. Il y a créance quand le prêt a été fait à celui qui a le gouvernement de l'église ou du lieu saint, et que cet administrateur est économe et à l'abri du soupçon. Si le remboursement est urgent, sans que l'administrateur puisse l'effectuer au moyen de meubles, il peut engager des immeubles. Si l'on refuse un gage immobilier, qu'il vende pour payer. Que la dette presse ou non, l'administrateur peut, sans solennité de droit, inféoder un immeuble, moyennant une diminution convenue du revenu habituel, pourvu que l'immeuble soit peu important et que l'emphytéote ne soit pas trop puissant. Dispense de jurer qu'il n'y a pas lésion pour la maison divine. Un long usage a supprimé, dans une aliénation de ce genre, les peines contre ceux qui ne paient point la pension ou canon pendant deux ans, contre les contractants, les juges et les notaires. Ces deux coutumes seront observées rigoureusement pour les actes déjà passés ; mais pour les actes futurs, elles le seront dans les limites fixées par l'abbé ou le monastère. Cependant elles sont confirmées à l'égard des étrangers.

III

De debito ecclesiastico.

Si ecclesie vel loco venerabili religiosove, quelibet persona peccu[niam detulerit,] exhigere creditum potest,

---

(1) Ms. : *descendente*. (2) Ms. : *que*. (3) Ms. : *super*.

tum eciam si creditum non probaverit in [utilitatem] divine domus processisse.

Ecclesie vero vel aliis locis religiosis creditum sic accipimus, si ei cui res ecclesiastica gubernanda man[data est] creditum fuerit, dum tamen et ipse talis qui peccunias non jactet et circa administracionem sibi comissam nullathenus macula suspicionis gravetur.

Itaque, si debitum urget, quod ex mobilibus non posse solvi ab ordinatore domus asseritur, poterit res inmobiles dare (1) pignori. Quod si non inveniat qui pignori velit accipere de rebus inmobilibus usque ad summam debiti, vendat, precio modis omnibus creditori prestando.

Sive autem urgeat debitum, sive non, potest ordinator domus, nulla juris sollempnitate servata, rem soli in feudum vel in emphitheosim perpetuam dare, solito redditu, non solum in terciam vel sextam, sed in quamcumque contrahentes concenserint, diminuto, dum tamen talis res non sit de melioribus, nec magnos redditus habens, sed mediocris inter alias, et parvos redditus habens, et persona in quam transfertur non sit, propter potenciam vel alias, ex difficultate conveniendi, minus ydonea seu minus dampnosa.

In omnibus vero casibus (2) supradictis, jurandi nichil ad lesionem divine domus fieri, est neccessitas relaxata.

Penas quoque non solventis canonem per biennium, necnon alias quas tam contrahentibus quam judicibus et tabellionibus, pro hujusmodi alienacione, qualicumque occasione leges irrogant, longevi usus auctoritas reprobavit. (3)

Due proxime consuetudines in praeteritis negociis serventur illese ; in futuris vero eathenus locum habeant quatenus ab abbate vel conventu fuerit constitutum.

---

(1) Ms. : *dari.* (2) Le ms. répète encore *casibus* après *supradictis.* (3) Cf. la Novelle 7 de Justinien : *De non alienandis aut permutandis rebus ecclesiasticis immobilibus, aut in specialem hypothecam dandis creditoribus, sed sufficere generales hypothecas.* Voir aussi la Novelle 120 : *De alienatione, et emphyteusi et locatione, et hypothecis, et aliis diversis contractibus in universis locis rerum sacrarum.*

Illas tamen quantum ad extraneas personas laudo et confirmo. (1)

IV

De l'office du doyen et du viguier.

Dans les affaires de la cour, après le seigneur, le doyen et le viguier tiennent le premier rang. Assistés du juge juré, qui s'appelle chancelier, il leur appartient d'entendre les causes civiles ou criminelles, et de rendre exécutoires les décisions du chancelier dans les affaires qui requièrent connaissance de cause. Dans les publications de testaments ou de témoins, comme en toute autre occasion, ils ne doivent rien prendre aux parties, jusqu'à transaction ou sentence. Alors, si aucun des plaideurs ne tire un profit de l'autre, la cour n'exigera rien. Mais s'il en tire un avantage, la cour peut en prendre le tiers. Cette part est appelée *justice*. S'il ne s'agit que de possession, point de droit de *justice*. Si le débiteur, avant paiement, a cité son créancier hypothécaire, (2) et que le débiteur soit condamné à payer, comme le créancier à rendre le gage, point de droit de *justice*, à moins que le créancier n'ait refusé l'argent à lui offert en temps et lieu convenables. Alors il paiera la *justice*, même en l'absence de dépôt ou de consignation. Mais si le créancier nanti d'un gage exige le paiement de la dette, et qu'il n'ait rien été convenu sur ce point, quand même le créancier et le débiteur soient condamnés, l'un à rendre le gage et l'autre à payer, il n'y a point de droit de *justice*. De même, il n'y a point de prestation de *justice* quand on est cité, par n'importe quelle action, au sujet d'une chose mobilière qu'on a offert à temps de livrer, avant la plainte, quand même, sur le refus du créancier de recevoir, il n'y aurait eu ni dépôt ni consignation. En toute cause pécuniaire, le doyen et le viguier ne doivent rien prendre de plus, sous prétexte de *justice*. Ils peuvent par eux-mêmes,

(1) Ces deux phrases, dans A seul.

(2) C. à d. : nanti d'un gage.

sans aucun jurisconsulte, expédier les affaires ne requérant pas connaissance de cause. Ces règles s'appliquent au seigneur et à toutes les personnes préposées en la cour par lui, son doyen ou son viguier.

IV

De officio decani (1) et vicarii (2).

De promiscuis actibus [quibus] turbentur officia, quid cuique conveniat volumus facere manifestum (3).

In negociis itaque curie, primum locum optinent, post dominos, decani atque vicarii, ad quorum sollicitudinem spectat, assidente sibi judice jurato, qui cancellarius nuncupatur, (4) omnes causas, tam civiles quam criminales, per se vel per alium audire, et omnia que cause *Folio 4.* [cognici]onem desiderant, postquam can[cellarius et judex (5) pronunciaverit [quomodo a]gendum sit [et] decreverit, auctorite sua firmare et per apparit[ores ex]sequi judicata.

Pro testamentorum vero seu testium publi[cationibus], vel alia occasione quacumque, nichil a partibus, qualibet arte vel m[achinatione], extorquere presumant, sed gratis et sine dispendio cuncta [pro]cedant, donec causa per transhactionem vel sententiam finem accipiat. Quo in

(1) En l'absence d'explication du texte sur la qualité du doyen, il faut y voir un ecclésiastique. Il vient après l'abbé, le seigneur, dans les affaires de la cour. Primitivement, dans les monastères, les doyens commandaient à dix moines. Au XIIe siècle il n'y a plus qu'un doyen à Saint-Gilles. (2) J'incline à croire que le viguier était un laïque. *Vicarius* vient de l'inusité *vix*. C'est celui *qui vicem alterius obtinet*. Cf. le *Code* de Justinien, lib. I, tit. L : *De officio ejus qui vicem alicujus judicis vel praesidis oblinet.* (3) Cette phrase, dans A seul. (4) Ce nom de chancelier remonte au droit romain, comme les noms de *decanus* et de *vicarius*. Le *cancellarius* primitif écrivait dans une cellule munie de grillages, pour éviter le vol de ses documents. Dans le *Code* de Justinien, lib. I, tit. LI : *De adsessoribus et domesticis et cancellariis judicum,* le chancelier est un scribe. Il est devenu à Saint-Gilles un juge instruit. (5) C'est le même personnage.

casu, si neuter ex litigatoribus aliquid ab altero fue[rit] consequtus, nichil exigat curia.

Si vero, vel uterque vel alter aliquod consequitur, tunc curia tantum ab eo qui dederit accipere poterit, quantum facit tercia ejus quod adversario dederit sive reddiderit vel restituerit. Et hec porcio vulgo justicia appellatur (1).

Verum, si sola possessio est adjudicata, nichil (2) justicie nomine exhigetur.

Similiter, si debitor, nondum soluto debito vel de eo satisfacto, creditorem yppothecam tenentem convenerit, licet et ipse debitor solvere, et creditor rem pignori obligatam reddere jubeantur, a neutro justicia exhigetur; nisi forte creditor peccuniam sibi opportuno loco et tempore a debitore oblatam accipe[re] recusaverit. Tunc enim a justicia liber non erit, quamvis quod oblatum fuerit non sit depositum nec consignatum.

Sed et creditore qui possidet pignus, creditum pro quo pignus tenebatur exigente, si nichil super eo exigendo convenerat, quamvis et creditor ad reddendum pignus, et debitor ad solvendum, fuerit condempnatus, justicie cessat exactio.

Illud quoque constat omnem qui qualicumque (3), super qualibet re mobili, actione convenitur, quam, ante querimoniam, in curia expositam loco et tempore oportuno obtulerant, tam et si, creditore nolente (4) accipere, nulla fuerit deposicio seu consignacio subsequta, justicie prestacioni non esse subjectos.

Suprascripti itaque tam decani quam vicarii, in qualibet peccuniaria causa, non aliter quam supradictum est, sub pretextu justicie, accipere debent; scituri quod, ea que cause cognicionem minime desiderant, per se, sine ullo (5) eciam jurisperito poterunt expedire. Universa vero que supra diffinita sunt, eciam in dominis locum habeant, et in omnibus personis que ab ipsis dominis vel eorum decanis et vicariis curie preponuntur.

---

(1) Voilà un sens très particulier du mot *justice*, et on ne le trouvera pas dans les ouvrages de droit. C'est le tiers du profit retiré par le gagnant. La cour peut le prendre à titre de *justice* ou droit de justice. (2) A : *Vel*, faute du scribe. (3) A : *calicumque*. (4) A : *volente*. (5) A : *nullo*.

V

Du chancelier.

Le chancelier ou juge doit être un jurisconsulte, en état d'expédier par lui-même ce qui requiert connaissance de cause, en présence, pourtant, de ceux qui administrent les affaires de la cour. Il lui appartient d'enquêter avec soin sur les notaires à nommer, et de les nommer, après examen, en présence du doyen et du viguier, qui ont la confirmation des nominations. Le chancelier ou juge est tenu de connaître de tous les crimes, publics ou privés, d'absoudre les innocents, d'ordonner la punition des coupables. Si l'abbé concède une bulle, le juge en conserve la teneur, et aussi le profit, en observant de ne corroborer que les actes notariés réguliers.

V

De cancellario.

Cancellarium seu judicem oportet esse jurisperitum qui per se, non per alium, omnia que cause cognicionem desiderant, debet cognicionaliter expedire, presentibus tamen hiis qui curie negocia administrant.

Ad hujus eciam sollicitudinem pertinent instituendorum tabellionum diligens inquisicio et inquisitorum nominacio, coram decanis et vicariis facienda, et ab eo nominatos per eos confirmandum.

Cancellarius vel judex eciam de omnibus criminibus, tam pri[vatis quam] publicis, tenetur cognoscere; i[nnocentes quos videbit] absolvere; quos vero nocentes, qua pena p[uniendos jubere.] Ipsum quoque spectat, si abbas concesserit, bulle te[norem servare, et eciam] questus, eo scilicet observando ut nullum instrumentum [roborari debeat] quod per manum publici notarii non fuerit scriptum,..... absolutum et completum. (1)

---

(1) Ici le chancelier remplit, toutes proportions gardées, sa fonction étymologique, qui était d'examiner les rescrits, les réponses ou les instructions de l'empereur, de *canceller* ce qui était mal écrit et de contresigner ce qui l'était bien.

VI

Du viguier de la prison.

Il doit, sur l'ordre des magistrats de la cour, faire les saisies diverses. En vertu de son office, il est également crieur public et en a le profit, sans pouvoir prendre plus que le taux habituel. Il a la garde des prisonniers que la cour fait incarcérer. Il les gardera au moyen de chaînes de fer ou autrement, suivant les dispositions de la cour. Sur l'ordre de la cour, il les mettra à la torture, pour la manifestation de la vérité, et les interrogera sur leurs complices. Il pourvoira soigneusement à ce qu'ils ne périssent pas de faim. Chaque jour il leur donnera autant de pain et d'eau qu'il faudra pour soutenir leur vie. Il leur fournira une literie vile jusqu'à leur condamnation ou absolution. S'ils sont condamnés, il retiendra leurs dépouilles, soit leurs vêtements quotidiens au moment de leur arrestation. S'ils sont absous par miséricorde ou sentence, il ne retiendra rien, à moins qu'il ne soit démontré que leur libération a été obtenue à prix d'argent. Alors il prendra leurs dépouilles ou leur estimation.

VI

De vicario carceris. (1)

Vicarius carceris, mandantibus curie magistratibus, [debet] pignorationes facere quas variis ex causis curia [jusserit] facere. Hujus eciam officio convenit preco et questus pre[conis], prout cum ipso convenerit, dum tamen tali occasione non plus soli[to] accipere possit, pro rebus voce preconia nunciatis seu palam factis.

Ejusdem sollicitudini incumbit custodia incarceratorum, ut, quoscumque curia capi fecerit, ipse fideliter custodiat, vel in vinculis ferreis, vel aliter, secundum quod curia disposuerit.

---

(1) Ce nom singulier de viguier, donné au gardien de la prison, est digne de remarque.

Item, ad mandatum curie, torquere eos debet, ad eruendam veritatem, et interrogare de sociis.

Illud tamen caute provideat ne pereant fame, sed singulis diebus tantum eis panis et aque tribuat quantum ad sustentacionem (1) vite sufficere possit; et stratum vilem eis subministret, donec dampnentur vel absolvantur. Quibus dampnatis, spolia retineat, scilicet vestimenta quibus cothidie (2) utebantur quando capti fuerunt.

Si vero misericordia vel gracia, vel per sentenciam fuerint absoluti, nichil de spoliis est retinendum, nisi forte peccunie interventu certum fuerit esse liberatos. Tunc enim, vel spolia, vel eorum justam extimacionem consequatur.

VII

De la création des notaires.

Ils ne sauraient être mineurs de 25 ans, de nation infâme, de mœurs reprochables, ni assez vils pour sembler capables de tout pour de l'argent ; ni adonnés au vin, trop cupides, prodigues, infâmes, trop livrés à la luxure ou au jeu. Tout cela est à redouter, parce qu'on ne trouve jamais, parmi de tels vices, le haut degré d'honneur et de fidélité indispensable aux hommes investis d'un office aussi nécessaire. Ils seront nommés après enquête du chancelier ou juge, en présence du doyen, du viguier, et de nombreux hommes de bien convoqués dans ce but, s'ils en sont dignes, puis confirmés par le doyen et le viguier. Après quoi ils prêteront serment, sur les évangiles, de dresser en forme publique les testaments et autres actes, seulement d'après ce qu'ils auront vu et entendu ; de ne rien écrire sciemment dans une charte qui ne soit intelligible pour leurs clients, de ne consentir à aucun mensonge, par addition, retranchement ou changement, et de ne point révéler de secret honnête. En matière de prêt ou d'association, ils ne donneront qu'une seule expédition à chacun des contractants. De même,

---

(1) A : *sustantacionem.* (2) Pour : *quotidie.*

pour tous les contrats non perpétuels. Car, pour les contrats perpétuels, ils peuvent en délivrer aux intéressés autant d'expéditions que ceux-ci en voudront. Mais si, pour un contrat non perpétuel, le juge, ayant connu de la cause devant de nombreux témoins cités, a des raisons d'ordonner qu'il en sera délivré plusieurs expéditions, on lui obéira. Le serment des notaires contiendra encore qu'ils garderont par devers eux les originaux des inventaires de tutelle ou de curatelle, de peur qu'au moment de la reddition des comptes, la vérité ne périsse par dissimulation des inventaires. Les notaires jureront aussi de ne différer la rédaction et la remise des actes, ni pour argent, ni par faveur ou haine. L'office de notaire étant perpétuel, ceux qui en seront investis n'en pourront être dépossédés sans cause légale.

VII

De creacione notariorum in villa S. Egidii. (1)

Notariorum creacio taliter fieri consuevit. In primis oportet eos esse perfecte etatis, non minoris XXV annorum.

Et est providendum ne sint infamate nacionis, nec moribus reprobi, nec adeo viles ut verisimile sit eos lucri causa aliquod facile admictere posse.

Non sint ebriosi, non nimium cupidi, non prodigi, non infames, non luxurie seu ludo nimium dediti.

Omnia ideo sunt cavenda, quoniam exuberancia fidei et fidelitatis que maxime tam neccessarii officii viros stabilire debet, nunquam inter talia vicia reperiantur.

Facta itaque inquisitione diligenti a cancellario vel

(1) Cf. la *Novelle* 44 de Justinien : *De tabellionibus et ut protocolla dimittant in chartis ;* et la *Novelle* de l'empereur Léon : Περὶ πολιτικῶν σωματείων διατάξεων, citée dans le *Lexicon* de Kahl, mais qui n'est pas traduite dans le *Corpus juris civilis*. Les tabellions étaient nommés par décision de leur corporation ou collège, après examen de moralité, de style, d'élocution et de droit.

judice, presentibus tam decanis quam vicariis, multisque honestis viris ad hoc convocatis, nominentur et determinentur (1) creandum (2), si facta inquisicio eos ostenderit fore dignos. Deinde confirmentur a decanis et vicariis. Quo facto, tactis corporaliter sacrosanctis evangeliis, jurent quod, et testamenta et omnia alia instrumenta, super hiis tantum que viderint et audierint, faciant cum publica forma, nec aliter scribent scienter in carta quam intelligunt qui mandant fieri instrumentum, nec aliquid falsitatis, plus *Folio 5.* [minus]ve scribendo, seu [mutationem quamcumque facient vel consen]cient; nec secreta sibi commissa super re honesta [revelent.]

Nec, super mutuo vel societate, cuilibet contrahencium, unum solummodo instrumentum tradent.

Idem jurent (3) de omnibus si[militer facere] contractibus qui tempore finiunt.

Nam, de perpetuis contractibus, [quantum] voluerint scribant et reddant ei ad quem res pertinet.

I[n] temporalibus quoque eatenus ex[c]ipitur quod, si judex, causa cognita coram [testibus] multis ad hoc convocatis, quia forte aliqua urgens ratio hec postula[verit], decreverit plura fieri instrumenta, quomodo diximus parendum erit ei.

I[n] eodem sacramento contineri oportet ut de inventariis que tutores ve[l] curatores minorum seu aliarum personarum (4), pro suscipienda administra[tione] confecerint, exemplaria retineant, ad utilitatem minorum et aliarum personarum servandam, ne, tempore reddende racionis, occultatis inventariis, veritas pereat.

Illo eciam in sacramento, non omisso quod instrumenta facere et statim reddere, nec precio, nec amore vel odio, different.

Hoc officium perpetuum est, et ideo qui semel illud fuerint nacti, sine causa legibus cognita non sunt removendi.

---

(1) A : *determinantur.* (2) L'abréviation peut se lire aussi : *creandi.* (3) A : *jurant.* (4) A : *personaliter.*

VIII

Du serment du chancelier ou juge.

Dès qu'il sera institué, il jurera d'accomplir les devoirs de son office de son mieux, et d'observer l'impartialité.

VIII

De sacramento cancellarii seu judicis.

Cancellarii seu judices, mox ut fuerint ordinati, se omnia que ad officium suum spectant juste et legitime, secundum leges et consuetudines hujus fori, juxta periciam sibi a Deo concessam facturos, et quod nec precio vel amore seu odio, [in] alterutram partem declinabunt, jurare oportet.

IX

De quelques lois tombées en désuétude.

Ce sont les lois imposant le serment aux avocats; ordonnant une équitable distribution d'avocats aux parties ; interdisant aux conseillers ou assesseurs des juges de fonctionner hors de leur province ; d'occuper plusieurs fois la même charge ; réglant leur temps de charge ; les peines contre les infractions ; interdisant aux magistrats ou juges temporaires ou perpétuels d'acheter ou de contracter dans la province où ils exercent ; d'attaquer ou d'être cités en justice pendant la durée de leur charge.

IX

De quibusdam legibus desuetudine sublatis.

Hic illud adnotandum puto quod in desuetudine abiit :

Lex que jubet advocatos jurare quantum ad sacramentum. (1)

(1) Cf. le *Code* de Justinien, lib. II, tit. IX, *De jurejurando propter calumniam dando*, loi 2.

Et que dicitur de advocatorum equa distribucione facienda. (1)

Et quod sancitum est de consiliariis judicum, ut in sua tantum provincia assideant, nec sepius ad idem accedant officium, et tempus eis prefinitum, et penam contra temeratos illarum legum statuta. (2)

Item, in desuetudine abierunt leges que magistratus sive judices temporales sive perpetuos emere seu alias contrahere prohibent in provinciis quibus magistratu vel judicandi potestate funguntur. (3)

Et que (4) magistratus sive judices durante officio agere vel conveniri non posse statuerunt. (5)

X

Des compromis.

Avant la sentence arbitrale, dans un compromis qu'on veut fortifier par des gages ou une clause pénale, aucune des parties ne pourra demander de gage ou de peine, si le compromis n'a été confirmé par serment, ou s'il n'y a dépôt des gages entre les mains de l'arbitre ou d'une autre personne, les gages déposés demeurant concédés à l'une ou l'autre partie à titre de précaire. Alors les parties peuvent demander efficacement des gages. De même, si la sentence arbitrale n'est pas obéie, la demande de gage ou de peine est accueillie, malgré le défaut de confirmation par serment, le défaut de dépôt des gages et de concession en précaire, car, après la sentence,

(1) Cf. le *Code* de Justinien, lib. II, tit. VI : *De postulando*, loi 7. Voir encore le *Digeste* de Justinien, lib. I, tit. XVI : *De officio proconsulis et legati*, loi 9, § 5. (2) Cf. le *Code* de Justinien, lib. I, tit. LI, *De adsessoribus, et domesticis, et cancellariis judicum.* (3) Cf. le *Code* de Justinien, lib. I, tit. LIII: *De contractibus judicum vel eorum qui sunt circa eos, et inhibendis donationibus in eos faciendis; et ne administrationis tempore proprias aedes aedificent sine sanctione pragmatica.* (4) A : *qui.* (5) Cf. le *Digeste* de Justinien, lib. XXVII, tit. VIII : *De magistratibus conveniendis*; et le *Code* de Justinien, lib. V, tit. LXXV : *De magistratibus conveniendis.*

la coutume ne tient plus en échec le droit écrit. La coutume dispense les arbitres ou les juges ordinaires de donner la sentence par écrit. (1)

X

De compromissis. (2)

Consuetudo invaluit ne, ante s[ententiam arbitralem, in compromissis] que pignoribus aut stipullatione penali [firmanda erint, suscipiatur] pignorum peneve (3) peticio, nisi fuerint per [sacramentum] firmata, vel pignorum penes arbitrum, ve[l aliumvis, fieret] deposicio, pignoribus semper in causa depositi ma[nentibus alterutri] parti precario concessis. Quibus casibus competit p[artibus pignorum] peticio cum effectu.

Similiter, si sentencie arbi[trali] d[efinitive non] pareatur, datur pignorum peneve (3) peticio, licet, prou[t dictum est, non] fuerat sacramento firmatum, nec pignorum deposicio, [nec in] precarium concessio subsequta ; quia post sentenciam arb[itrorum definitivam] consuetudo non obviat juri scripto.

Sentenciam vero in scripto [dandi] neccessitatem, tam arbitris quam judicibus ordinariis, consue[tudo] relaxat.

XI

De l'assignation par libelle.

Elle est tombée en désuétude, comme la caution fournie par le demandeur, à moins que celui-ci ne soit l'objet d'une action reconventionnelle. Le défendeur, quelle que soit sa fortune, doit donner bonne caution à la cour, s'il le peut, ou du moins caution juratoire, sous l'hypothèque générale de tous ses biens. Dans ces cas, réglés, non par les lois, mais par l'usage, le défendeur et les cautions promettent, non seulement de comparaître,

---

(1) Cf. le *Code* de Justinien, lib. VII, tit. XLIV, *De sententiis ex periculo recitandis*, loi 1. (2) Cf. le *Digeste*, lib. IV, tit. VIII : *De receptis, qui arbitrium receperunt, ut sententiam dicant.*

(3) A : *pene ne.*

mais encore de payer les frais éventuels. Après les cautions fournies et la demande formulée, le juge accorde très rarement le plein délai de vingt jours, excepté dans les procédures d'outre mer.

XI

De libello convencionali. (1)

In desuetudine abiit libelli oblacio (2) et statuta in actoris persona satisdationum observancia.

Quippe satisdationum modus alius jura scribentibus placuit, et alius est diuturnis moribus introductus.

Proinde actor suo nomine agens nullo casu, nisi fuerit reconventus, satisdare cogatur aut cautionem.

Reus vero, qualicumque substancia dominus, suo vel alieno nomine conventus, qualicumque actione pulsetur, fidejussoribus ydoneis curie, si potest, datis, alioquin juratoria exposita caucione, sub generali omnium bonorum ypotheca litiget responsurus.

Quibus casibus non per leges, sed per mores concensu utencium approbatos, tam ab ipso quam a fidejussoribus, non solum judicio sisti, sed eciam judicatum solvi intelligitur esse promissum.

Post satisdationem itaque expositam et editam actionem, perraro (3) XX dierum spatium ad deliberandum, seu testium vel instrumentorum causa, dilationes inte-

---

(1) Il est question du *libellus conventionis* dans les *Institutes* de Justinien, lib. IV, tit. VI, *De actionibus* § 24 : « Tripli vero, cum quidam majorem verae aestimationis quantitatem in libello conventionis inseruit, » etc. Cf. la note 2. (2) *De libelli oblatione* est un titre du second livre des Décrétales où est exposée toute la théorie de la citation en droit canonique (Cf. *Panormitani Prima super secundo Decretalium*, Lugduni, 1550, in f°, folios 93-95).

Le libelle est une demande écrite contenant le nom du demandeur et celui du défendeur, l'objet et le motif de la demande, la juridiction saisie :

« Quis, quid, coram quo, quo jure petatur et à quo » (Cf. *Lexicon juridicum* Johannis Kahl, aliàs Calvini, Genevae, 1673, in f°).

(3) A : *pro raro*.

gras judex indulget. Sed preter transmarinam, quam non esse minuendam cothidianus usus indicat, aliarum tempora quamvis nunquam proroget, causa tamen cognita sepe coar[c]tat.

XII

Du tribunal compétent.

En toute cause pénale ou pécuniaire, indépendante d'une accusation publique de crime ou d'une question d'immeuble, personne, d'origine ou de juridiction quelconque, ne peut décliner la compétence de la cour, à moins d'être marchand, négociant, voiturier de marchandises ou pèlerin, car alors, à cause de l'éloignement de son patrimoine, il ne pourrait donner caution. Il en est ainsi ordonné pour obvier aux vexations et extorsions dont pourraient être victimes les marchands induement cités, et réduits à composer, plutôt que d'entamer leur patrimoine par les frais d'un long séjour. Mais il en serait autrement en cas de mauvaise foi évidente de ces étrangers, ou de négligence manifeste de leur juge. Si ces marchands déploient leur marchandise pour la vendre, ou si ces voituriers demeurent pour trouver un chargement, alors ils devront répondre en justice et satisfaire à la décision des juges de la cour. En matière immobilière, le juge de la situation des biens est seul compétent, à moins de commun consentement des parties.

XII

De competenti foro (1)

Super qualibet causa criminali sive peccuniaria que non ad publicam criminis accusacionem nec ad immobilis rei (2) questionem pertinere videatur, nulla potest opponi prescriptio fori a quacumque persona, undecumque oriunda et cujuslibet juri[s]dictioni subjecta, nisi forte sint

(1) *De foro competenti* est un titre se trouvant dans un commentaire des Décrétales (Cf. *Panormitani Prima super secundo Decretalium, Lugduni, 1550,* in f°, folios 48-93. (2) A : *rey.*

mercatores sive negociatores vel vectores, qui vehendis mercibus animalia sua locant, necnon peregrini. Quibus omnibus, propter longe positum patrimonium, impossibilis *Folio 6.* [erit s]atisdatio.

Ne vel hoc modo detur materia dolo [aliquorum in vexati]ones injustas et indebita sepius extorquenda, dum inde[bite mercatores] sperant sic conventos, male qualitercumque evadere, quum lo[ngi] temporis ag[g]ravari sumptibus et cepte rei (1) familiaris conditio d[ebeat]. Hec ita, nisi evidens talium personarum calumpnia doceatur, v[el] judicis qui eis preest volentis jus reddere negligentia manifesta.

Preterea, si jamdicti negociatores, dissolutis sarcinis, vendenda[rum] forte causa mercium, vel vectores, querende vecture, moram hic v[el] alibi aut procul hinc facturi sint, nichilominus agencium intenciones suscipere, et ejus ut nostri judices cognoverint satisfacere tenean[tur.]

De re inmobili semper judex cognoscat sub quo res ipsa fuerit constituta, nec ratione domicilii vel contractus seu alia qualibet occasione alius omnino judex, nisi partes consenserint, adeatur.

XIII

De la servitude des murs.

Si une poutre est engagée dans un mur depuis longtemps, celui à qui est due cette servitude peut appuyer autant de poutres qu'il voudra dans le mur existant lors du premier appui, sans péril, toutefois, pour la chose du débiteur de la servitude. Si, postérieurement à l'appui, le maître du mur assujetti l'élève plus haut, ce que l'autre ne peut faire sans son congé, le bénéficiaire de la servitude ne peut appuyer plus haut sans payer la moitié de l'exhaussement. Mais il ne peut forcer le maître du mur à des réparations, ni se faire rembourser des frais de réparations. Le bénéficiaire de la servitude peut réparer

(1) A : *rey*.

le mur assujetti, en cas de refus ou de trop long délai du maître. Si ce dernier impose au mur une charge nouvelle, il remboursera la moitié des frais de réparation. Le maître du sol de la muraille assujettie peut seul y faire des égouts ou chéneaux pour l'écoulement des eaux naturelles ou non, à moins qu'il ne doive la servitude de stillicide. Alors il recevra l'eau du toit voisin, que le bénéficiaire de la servitude n'accroîtra d'aucune autre eau, en s'abstenant de rien effectuer dans le mur que de conforme à la servitude. Dans un mur commun, l'un des co-propriétaires peut, malgré l'autre, charger, réparer, refaire et rehausser, mais non percer des fenêtres ou des chéneaux. Il est permis d'étendre la saillie de son toit au-dessus du toit voisin, s'il est plus bas, ou au-dessus d'un terrain voisin, libres de servitude, à condition de n'y introduire ni stillicide, ni autre chose. Si le voisin veut élever, il a le droit d'enlever tout ce qui le surplombe et de le retenir jusqu'à indemnité de ses frais d'enlèvement.

XIII

De servitute parietum. (1)

Quotiens in pariete unum tantum tingnum quis inmissum longo tempore habuerit, poterit qui hanc servitutem sibi esse debitam asserit, per totum parietem qui eo tempore quo illud tingnum inmissum fuerit hedifficatus erat, quotque tigna voluerit immittere, vel aliter, sine periculo tamen rey servientis onerari nullo dato.

Si vero, post tingnum primo inmissum, dominus parietis servientis altius hedifficaverit, quoniam alii hoc facere volenti omnino sine ipsius voluntate non licet, non poterit qui servitutem sibi vendicat, altius onerare, nisi medietatem impense altius hedifficando facte domino reddiderit.

Non tamen ad reffectionem parietis dominum compel-

(1) Cf. le *Digeste*, lib. VIII, tit. II : *De servitutibus praediorum urbanorum.*

lere poterit, nec ab eo petere partem aliquam sumptuum quos in refficiendo pariete serviente fecerit, is qui sibi servitutem asserit.

Permittitur enim ei refficere, domino hoc agere vel nolente vel differente, nisi quando de novo dominus parietis aliquid onerare voluerit, vel inmictere ; quo in casu medietatem sumptuum in refficiendo pariete florenis dominus reddat.

In pariete qui, ut dictum est, servit, soli domino licet cloacas facere vel aquarias ad recipiendas aquas que naturalem causam habent vel non naturalem, nisi et eam servitutem stilliscidii recipiendi debeat.

Tunc enim stilliscidium capere super ipsum debebit, cui nullam aquam aliam adjungat qui servitutem vendicat, nec aliquid in pariete faciat quam secundum formam servitutis eum facere posse diximus.

In communi autem pariete uterque sociorum, invito altero, onerare potest et refficere et rehedifficare et altius tollere, sed fenestras seu cloacas vel aquarias neuter sine voluntate alterius faciat.

Illud non ab re est hic adjungere, quod vicinus supra vicini edes inferiores, vel supra aream, licet servitutem non debeant, potest protectum suum extendere, dum tamen nec stilliscidium, nec aliud inmictet ; sed inferior, altius hedifficando, poterit [tollere quod pendet super se et] retinere, donec de sumptibus in eo tollendo factis [satisfactus fuerit.]

XIV

Des témoins.

Selon la coutume, dans les causes pécuniaires dépendant de crimes ou de délits publics, les témoins ne sont contraints de témoigner que s'ils ont assisté à l'affaire ou s'ils ont promis de déposer. Dans les causes pécuniaires ne dépendant pas de crimes privés ou publics, le témoignage unique est admis jusqu'à deux marcs d'argent fin, à condition que le témoin soit honnête et ne tombe sous le coup d'aucune exception majeure des lois.

XIV

De testibus. (1)

Usus decrevit ut in peccuniariis tantum causis que [a delictis aut] criminibus publicis originem trahunt, testes ita dem[um ad prebendum] testimonium compellantur, cum negotio eos constiterit inter[fuisse, aut de causa] se testifficaturos promiserint.

Preterea, in pecc[uni]ariis [tantummodo] causis que nec ex privatis neque ex publicis criminibus oriuntur, u[nicum admittitur] testimonium usque ad duas marchas argenti purgati atque prob[ati.]

Si tamen talis testis sit honestus et omni exceptione major[i non sit] legibus reprobandus.

XV

De l'intérêt.

L'intérêt est abominable, qu'il soit stipulé avec ou sans serment, et la perception en est nulle, parce que le demandeur n'est pas écouté par le juge à ce titre. De même, la caution n'est point citée, ni le gage demandé, à moins peut-être qu'il ne s'agisse de jugement au possessoire. Toutefois, le créancier nanti d'un gage peut le retenir, si l'intérêt est de telle nature qu'il soit dû en droit civil.

XV

De usuris. (2)

Usurarum sunt abhominanda contagia, quarum, sive sint debite cum sacramento, sive sine sacramento, cessat exactio, quia non auditur eo nomine agens apud

---

(1) Cf. le *Digeste*, lib. XXII, tit. V: *De testibus*; le *Code*, lib. IV, tit. XX: *De testibus*; la *Novelle* 90: *De testibus*. (2) Cf. le *Digeste*, lib. XXII, t. I: *De usuris et fructibus, et causis, et omnibus accessionibus, et mora*; le *Code*, lib. IV, tit. XXXII: *De usuris*; lib. VI, tit. XLVII: *De usuris et fructibus legatorum seu fideicommissorum*; lib. V, tit. LVI: *De usuris pupillaribus*; lib. VII, tit. LIV: *De usuris rei judicatae*.

judicem; similiter nec fidejussor pro eis datus convenitur, nec pignus datum petitur, nisi forte possessorio judicio agatur.

Creditore vero possidente, non aufertur ei pignus in eam causam astrictum, cum sibi possit consulere per retentionem, si tales erant usure ut jure civili deberentur.

XVI

Des chepteliers.

Sur les biens des vendeurs que le vulgaire appelle chepteliers, quelle que soit leur condition, le maître (des marchandises) est préféré jusqu'à concurrence du capital, à tous les autres créanciers, ayant ou non hypothèque tacite ou expresse, spéciale ou générale, sur les biens acquis après la réception du capital, indépendamment de la date des contrats d'acquisition. Le maître des marchandises est préféré aux créanciers précédents nantis d'hypothèques générales, même s'ils sont privilégiés, comme l'épouse, (1) que ces hypothèques soient tacites ou expresses. Mais le créancier précédent nanti d'une hypothèque spéciale, doit être préféré, en vertu du gage qu'il détient, au maître du vendeur, jusqu'à concurrence du principal de sa créance seulement. Dans tous les cas ci-dessus, sont exceptés les propriétaires des navires transportant les marchandises, et les propriétaires des locaux où séjournent les vendeurs ou facteurs, car ils sont préférés au maître du cheptelier pour le fret et le loyer. Autre exception : les créanciers qui ont contracté avec le facteur avant qu'il fût préposé à la vente des marchandises, et qui sont nantis, dès leur contrat, d'hypothèques encore subsistantes sur les biens du facteur ou de tout autre, recourront au droit écrit pour être préférés nonobstant la coutume. Si les créanciers des facteurs trouvent des marchandises aliénées de n'importe quelle façon par ces derniers, ils seront préférés, sur elles, au maître demandeur. Afin qu'à l'avenir il n'y ait aucun

(1) Pour sa dot.

doute, à l'occasion de ces privilèges, sur les personnes que la coutume désigne sous le nom de facteurs, il faut entendre par elles seulement les préposés à un négoce quelconque, n'ayant donné à leur maître, pour le capital, aucune caution ou garantie. Le gain appartiendra au maître, en entier, ou tout au moins pour neuf parts sur douze. Toute la perte sera supportée par lui, à moins de faute du cheptelier.

XVI

De captalariis. (1)

In bonis institorum, quos captalarios vulgus apellat, cujuscumque sint condicionis, prefertur dominus, usque ad summam captalis, omnibus aliis creditoribus, habentibus seu non habentibus ypothecas, tacitas vel expressas.

Item, speciales sive generales super bonis, post receptum captale, aquisitis, in quibus non distinguitur quando fuerit celebratus contractus.

Si vero ante contraxerant, habentibus generales prefertur, licet sint privilegiati, ut uxor, sive habeant tacitas, sive expressas.

Eum vero qui ante contraxerat et specialem ypothecam acceperat quam possidebat, preferri domino institoris quoad pignus quod tenet certum est, usque ad sortem dumtaxat.

In omnibus autem suprascriptis casibus, ex[c]ipiuntur magistri navium et domini locatarum edium in quibus habitant institores.

Hujusmodi enim persone pro naulo, pro pencionibus, domino institoris preferuntur.

---

(1) Ce mot figure au singulier dans les Coutumes de Montpellier de 1204 (art. 34). Cf. Giraud, *Histoire du droit français*, t. Ier, p. 57. La signification en est donnée par le latin *institor* de notre texte. L'*institor* est un agent commercial, préposé à l'achat ou à la vente d'une marchandise qui ne lui appartient pas. Le *Digeste*, lib. XIV, tit. III : *De institoria actione*, donne la définition d'Ulpien : « *Institor* appellatus est ex eo quod negotio gerendo instet ».

Preterea, eatenus ex[c]ipitur, ut creditores qui ante prepositionem contraxerant, et de tunc acquisitis pro credito ypothecas habebant adhuc apud institorem seu alium quemlibet constitutas, non obstante consuetudine, ad juris scripti decurrant vigorem.

Preterea, si creditores aliquid de hiis que institores, quolibet alienationis genere transtulerant, invenerint, in eo agenti domino preferantur.

Et ne imposterum dubitetur que persone nomine institorum per consuetudinem designari (1) intelligantur, quantum ad predicta privilegia, *Folio* 7. [intelligen]dum est eas solas tali nomine designari, que cuilibet negocio [preponuntur, n]ullo ydoneo fidejussore, mandatore seu sponsore [preposito, seu] alia sufficienti satisdatione interposita super captali. Cujus luc[rum integrum], aut ad minus pro dodrante, pertineat ad preponentem, et omne dampnum, [nisi culpa] captalarii contingens.

XVII

De la vente.

La vente n'est point parfaite dès que l'on est convenu du prix, mais seulement, dans la coutume, lorsque la chose a été livrée, ou une partie quelconque du prix payée. Dès la réalisation de l'un de ces deux faits, il n'est plus permis à l'un des contractants de se dégager de la vente, à moins que la vente ne pèche par un autre motif. Le prix est dit payé, soit par la tradition d'argent compté, soit par une délégation civile. La livraison des marchandises à l'acheteur n'est réalisée que par leur enlèvement du magasin ou de la maison où elles étaient, en vue de l'exécution. Si non, il n'y a pas livraison à l'acheteur, même si les marchandises sont comptées ou pesées dans la maison ou la boutique. Dans la vente judiciaire ou licitation, le droit écrit est toujours observé. Si une chose mobilière, même enlevée par violence ou vol, a été ensuite achetée de bonne foi, ouvertement, d'un vendeur

(1) A : *designare.*

non suspect, ou acquise de bonne foi par tout autre genre d'aliénation, hormis à titre lucratif, le maître qui la réclame n'est pas écouté, à moins de rendre le prix, ou l'équivalent de ce qui a été donné pour elle. Il en est ainsi quand l'auteur de la spoliation demeure inconnu, ou quand, reconnu, il se trouve insolvable. Mais s'il est connu et solvable, et que la cause soit du ressort de la coutume, l'acquéreur en possession qui est cité rendra la chose au maître qui la réclame, et qui ne paiera rien pour la ravoir. Puis il dirigera son recours contre l'auteur de la spoliation, même si la chose a passé successivement, par contrat, entre les mains de plusieurs personnes. Mais si l'acquéreur n'est plus en possession, la coutume cesse, et l'on recourra au droit écrit. Sur le quantum du prix, l'estimation de la chose donnée pour la chose réclamée, la bonne foi et le lieu du contrat, le serment de l'intimé, à défaut d'autre preuve, fait foi contre le maître demandeur ou son ayant droit. Si quelqu'un achète un objet mobilier ou se mouvant par soi-même, tous ceux qui ont été présents au contrat ont le même droit que l'acheteur sur la chose acquise, en payant chacun sa part du prix en fonction du nombre des personnes. Si la chose peut se diviser commodément, on la divisera. Sinon, elle sera licitée entre les intéressés, et demeurera au plus offrant. Le prix offert sera partagé entre les colicitants, la personne de l'adjudicataire comptant avec les autres et retenant sa part virile, à moins que la licitation n'ait affecté d'autres modalités. Les pèlerins ou *romieux*, venus de leur pays pour l'acquittement de leurs vœux, peuvent rescinder un contrat, même après avoir reçu tradition de la chose et en avoir payé le prix. En rendant la chose achetée ils peuvent en recouvrer le prix, au point que, même si elle a été séparée de ce à quoi elle était unie, (1) la rescision du contrat peut être obtenue sans indemnité pour le vendeur. De même, pour les choses vendues par les pèlerins, s'ils ont regret de la vente. Mais les acheteurs qui ont contracté avec eux ne peuvent rompre le contrat. Les

(1) Au moment de la vente.

pèlerins jouiront de ce privilège pendant leur séjour dans la ville, et dans les deux jours de leur départ. La coutume déroge aux lois prohibant l'exportation en Barbarie du vin, de l'huile, des liqueurs, de l'or, de l'argent, des cocons de soie, des flocons de laine ou de toute autre marchandise. En effet, il est favorable et permis à tous les particuliers de porter leurs marchandises et de commercer en tous pays, toutes lois contraires étant formellement abolies par la coutume. Ce qui a été dit plus haut du droit égal au droit de l'acheteur, attribué à ceux qui ont assisté au contrat sans contracter, n'est vrai que si l'égalité est réclamée sur-le-champ. Mais celui qui contracte pour son usage ou celui des siens, ou pour sauvegarder son patrimoine, et non par pure spéculation, évite cet inconvénient, car alors cesse la coutume. Elle n'a lieu qu'à Saint-Gilles. Elle confère le privilège en question aux seuls contractants qui y habitent, d'où qu'ils soient. Mais elle ne lie point les pèlerins, s'ils achètent. Ce qui a été dit de l'acheteur de bonne foi, tenu de restituer la chose seulement si le prix donné par lui, suivant son serment, lui est rendu, doit s'entendre également de celui qui a reçu en gage, de bonne foi et publiquement, un objet mobilier ou se mouvant par soi-même. On s'en rapportera à son serment pour le quantum du prêt, le lieu et la bonne foi.

XVII

De venditionibus (1)

Non statim ut convenit de precio intelligitur perfecta venditio, sed t[um] demum, per consuetudinem, cum, vel res tradita fuerit, vel pars quantumcumque precii soluta.

Altero itaque istorum sequto, neutri contrahencium licet, inibito altero, emptione discedere, nisi contractus alia ratione defficiat.

---

(1) Cf. les *Institutes* de Justinien, lib. III, tit. XXIII : *De emptione et venditione;* le *Digeste*, lib. XVIII, tit. I: *De contrahenda emptione, et de pactis inter emptorem et venditorem compositis, et quae res venire non possunt;* lib. XIX, tit. I : *De actionibus empti et venditi;* plus de nombreux titres au *Code*.

Quod si vel res minime tradita, vel nichil de precio solutum fuerit, contrahentes non obligantur.

Precium autem solutum dicitur, sive naturaliter peccunie numerate tradictione, sive civiliter delegatione fuerit facta solutio.

Tradictio vero mercium emptori ita demum facta videtur, cum, de apotheca seu domo in qua erant, fuerint, propter executionem, exportate vel extracte.

Quo non (1) sequto, etiam si in ipsa domo vel apotheca annumerate seu appense (2) fuerint, emptori non videntur tradite.

Quod si per licitationem quelibet res venit, secus est : in licitatione, in omnibus casibus, consuetudine cessante, jura scripta servantur.

Adhuc si quis rem mobilem, etiam vi vel furto ablatam, emerit bona fide, non clam, sed palam, non a persona suspecta, seu alio genere alienationis acceperit bona fide, excepta causa lucrativa vel pro se lucrativa, dominus petens non auditur, nisi reddat totum, vel ejus estimationem, quod pro ea datum fuerat.

Hec ita, si auctor non comparet, aut, si comparet quidem, non est solvendo.

Si vero comparet et est solvendo, nec in ea causa est ut consuetudine non juretur, si possidens conveniretur, rem reddat domino agenti et nichil pro ea solventi, et contra auctorem actiones suas dirigat, quod locum habebit etiamsi per plures personas contractus ambulaverit.

Et hec omnia vera sunt, eo possidente qui emit, vel aliter, ut dictum est, accepit.

Enim si a possessione ceciderit, cessat consuetudo, et ad juris scripti decurritur vigorem.

Preterea sciendum est quod de precii quantite, de estimatione rey date pro re petita, deque bona fide et de loco celebrati contractus, sacramento ejus qui convenitur, fides, non exacta alia probatione, habetur contra dominum agentem, vel alium ex persona domini, se jus in ea habere proponentem (1).

(1) Ms. : *vero*. (2) Ms. : *aprehense*. (3) Ms. : *preponentem*.

Illo etiam non omisso quod si quis rem mobilem vel se moventem emerit, omnes qui interfuerunt presentes dum contractus celebra[ba]tur, perinde ac sic contraxissent pares erunt emptori in re empta, et singuli, pro numero personarum, de precio solvent. Et pro rata precii soluti partes habebunt. Et si com[m]odam divisionem recipit, divident. Si vero com[m]ode dividi non possit, facta inter eos licitatione, plus offerens eam habebit. Et illud pretium (1) inter eos qui licitando fuerint juncti (2) dividatur, persona licitantis aliis communicata, et partem illius pluralitatis retinente, nisi sub alia forma facta fuerit licitatio.

Idemque non est pretermictendum quod perigrini (3) quos romevos dicimus, qui voti red[d]endi Deo causa a propriis laribus peregrinantur, etiam post rem sibi traditam et precium a se numeratum, possunt contractum rescindere, et, eo quod emerant restituto, precium recuperare quod dederant, adeo ut, quamvis ab eo quod erat unitum, quod emerant abscisum vel aliter separatum fuerit, nichilominus per [se]ntenciam possint rescindere [contractum et precium a se numeratum] recuperare, nulla, propter abscisionem vel separationem, [facta de precio deductione per venditorem.] Eadem obtinent in rebus a se venditis, si ipsi peniteant. [Sed emptores qui contraxerunt cum] ipsis, quamvis peniteant, non possunt recedere a contractu.

[Quod privilegium] peregrini, dum fuerint in villa, vel infra biduum post[quam a villa discesserint,] poterunt exercere.

Per consuetudinem vero derogatum est [legibus que in Barba]riscum prohibebant exportari vinum, oleum, liquorem, a[urum, argentum, omne] vellus in serico vel in lana, seu quaslibet alias m[ercedes. Secundum est enim et] licitum omnibus privatis, in omni loco, in omni regione, res su[as et mercedes portare] et negociationem exercere, omnibus legibus que talia prohibebant penitus per [consuetudinem] amputatis. (4)

---

(1) M. : *prius*. (2) Ms. : *victi*. (3) Ms. : *peregrinis*. (4) Ces lois prohibant l'exportation dans les Etats barbaresques paraissent

Quod autem supra diximus, eos qui i[nterfuerunt] contractui, quamvis non contraxerint, pares esse emptori, verum est, si hic sta[tim fuerit petitum.] Sed (1) qui contrahit ad usus suos, suorumve, vel (2) rey familiaris [neccessitate] probabili inminente, nec (3) negociandi tantum vel lucrandi causa, talem rem ev[itat]: quibus casibus consuetudo cessat. Que similiter locum habet solummodo in hac villa. Contrahentibus privilegium predictum et solis hic habitantibus praestat, undecumque sint contrahentes. Sed nec peregrinos talis consuetudo ligat, si quid emerint sibi.

Illud etiam nullus ambigat ea que dicta sunt in bona fide emente, ut non aliter rem restituat, nisi re[d]dito precio quod se dedisse juraverit, locum habere etiam in eo qui rem mobilem, vel se moventem, pignori bona fide accepit, non clam sed palam; cujus sacramento stabilietur de quantitate crediti, de loco, deque bona fide.

XVIII

De l'emphytéose.

L'emphytéote qui de longtemps n'a point payé sa redevance, ou qui, sans demander au préalable le consentement du seigneur, a transféré son droit à une autre personne, non prohibée en matière de contrats emphytéotiques, cet emphytéote n'est pas déchu de son droit. Le seigneur ne peut repousser le nouvel emphytéote qu'en lui rendant le prix ou l'estimation de la chose qu'il aura donnés. Mais si, dans l'année de l'achat et de la mise en possession, l'acheteur ne déclare pas son acquisition au seigneur, le lods sera doublé. Autrement, le seigneur

---

avoir été promulguées très anciennement par les abbés de Saint-Gilles. Le texte en a péri d'autant plus facilement que la coutume, plus libérale, a de bonne heure prévalu sur elles. Ce passage libre échangiste est fort intéressant, et caractérise bien la conception commerciale d'une ville qui doit sa prospérité à une circulation intense des richesses, après en avoir amassé par le fait du pèlerinage. (1) Ms. : *Nec*. (2) Ms. : *nec*. (3) Ms. : *sed*.

acceptera le nouvel emphytéote. Il ne pourra exiger de lui plus du vingtième du prix, ou du quarantième, si la chose est donnée en gage. Cette partie du prix est appelée lods. Le lods n'est exigé du créancier (1) ou du nouvel emphytéote que lorsqu'ils ont commencé de posséder, ce qu'ils peuvent faire sans le consentement du seigneur, par la volonté de l'aliénant. Si la chose emphytéotique est transférée à titre lucratif à une personne non prohibée, le seigneur ne peut, ni exiger de lods, ni repousser le nouvel emphytéote en lui offrant l'estimation du prix. Il en est de même pour la chose donnée en dot par quiconque à quiconque, avec ou sans estimation, et pour la chose donnée en gage au mari pour la sûreté de la dot. De même, en cas de transfert en vertu d'une sentence ou d'une transaction, encore qu'il intervienne de l'argent, à condition qu'aucune fraude envers le seigneur ne puisse être soupçonnée. Une fois accompli, entre les cohéritiers ou coassociés, le partage d'une chose commune par la licitation, le seigneur exigera le lods de la chose, restée entre les mains de l'adjudicataire. Mais il ne pourra la retenir par prélation. Dès que le partage se fait d'une autre manière que par licitation, cessent le lods, l'offre de l'estimation et toute opposition du seigneur. A titre de précaution, si tout moyen d'être payé de la censive paraît échapper au seigneur, il peut enlever les portes des immeubles et en chasser les habitants. Il peut aussi chasser des biens suburbains et ruraux les colons mercenaires, tous les serviteurs et empêcher toute culture. Il peut saisir encore les outils agricoles, les récoltes engrangées, et les retenir en gage, tant que tout l'arriéré des censives ne lui sera pas payé. En ce qui concerne le paiement des censives, si l'arriéré est d'un an, la dénonciation étant faite la première année, et si le paiement cesse encore la seconde année, la pension sera doublée. En sorte que, pour 12 deniers la première année seront payés 2 sols ; la seconde année 4 sols ; la troisième 8 sols ; la quatrième 16 sols ; la cinquième 32 sols. Si, au

(1) Qui a reçu la chose en gage.

moins la cinquième année, l'emphytéote, au sujet de la totalité de ces augmentations, n'a point satisfait le seigneur, celui-ci pourra, d'autorité de la cour, prendre possession de la chose emphytéotique et en faire les fruits siens pour cinq autres années. A leur expiration, de plein droit, le seigneur acquerra la chose par commise, l'emphytéote en demeurant exclus. Si l'emphytéote, pendant les dernières cinq années, veut recouvrer la chose, il ne l'obtiendra qu'en payant les pensions avec les augmentations. Le seigneur gardera les fruits de la période intermédiaire. Si, au sujet de la dénonciation de l'achat au seigneur, ou du non paiement de la redevance, il s'élève un débat entre le seigneur et l'emphytéote, on s'en tiendra au serment de ce dernier, s'il est honnête et de véracité reconnue. Tout ce qui précède s'applique à plus forte raison en matière féodale, si le feudataire cesse de remplir les devoirs attachés à son fief. Du reste on n'use point du droit écrit en matière de fief, mais seulement de la coutume.

XVIII

De jure emphitheotico. (1)

Emphitheota qui canonem longo tempore non solvit, vel jus suum in quamlibet personam, exceptis hiis qui solent in emphitheoticis contractibus prohiberi, transtulit, non requisito prius domini consensu, jure suo minime cadit.

Nec potest dominus novum emphiteotam repellere, nisi precium quod dederit, vel estimacionem rey pro tali alienatione date, novo emphiteotice red[d]at.

Verum si, intra annum emptionis facte et tradite possessionis, emptor emptionem a se factam domino non denuntiaverit, laudimium duplicetur ; alioquin novum emphiteotam admictat, nec ab eo plus vicesima parte precii possit exhigere, vel quadragesima, si pignori data fuerit. Quam partem vulgus laudimium ap[p]ellat, quod tamen tunc demum exigitur a creditore sive novo emphi-

(1) Cf. le *Code* de Justinien, lib. IV, tit. LXVI : *De jure emphyteutico.*

teota, cum possidere ceperint, quod facere poterunt sine consensu domini, voluntate alienantis.

Illud tamen sciendum est quod, si rey emphiteotice fiat in personis non prohibitis translacio ex causa lucrativa, nec laudimium exigendi, nec, oblata estimacione precii, novum emphiteotam repellendi habet dominus potestatem.

Idemque est in re data in dotem a quacumque persona pro qualibet persona, sive fuerit res estimata, sive non, et in pignore obligata pro dote marito.

Eadem obtinent quando per sentenciam vel transhactionem, etiam interveniente peccunia, in quamcumque personam fuerit facta translacio, si tamen nichil in fraudem domini actum intelligi potest vel doceri.

Preterea facta, inter coheredes *Folio 8.* [sive cons]ocios, rerum communium per li[citationem divisione, de re, uni ex illis restante, a domino laudimium] quidem exigitur. Sed offerendi precium, et partem sic [totaliter inter eos] venditam retinendi, nullam habet dominus potestatem. Ubi vero alibi [aut alio modo] fit divisio, tam laudimium quam estimationis oblatio et omnis contradictio [domini cessant.]

Sane, ne omnis, conditione provisionis, via circa solucionem canonis extorquendam dominis videatur exclusa, potest dominus ab [ipsis] prediis fores asportare, inquilinos expellere auctoritate sua.

Similiter [potest] dominus de suburbanis et rusticis prediis colonos mercenarios et [totam] familiam expellere, et totam agriculturam impedire.

Instrumenta quoque ruralia et fructus quos invenerit collectos poterit accipere, et in causam pignoris retinere, donec tocius temporis quo cessatum fuerit canones sibi solvantur.

De solucionibus pensionum statuimus quod, si cessatum fuerit in solucione pensionis per annum, facta primo anno (1) denunciacione, secundo anno [iterum solutione cessante,] duplicatur solucio, ut pro XII denariis solvan-

(1) A : *adnon.*

tur II solidi; secundo anno, IIII[or] solidi; tertio, VIII solidi; quarto anno, XVI solidi; quinto anno XXXII solidi. Et si, in quinto saltem anno, in omnibus hiis predictis augmentis emphiteota non satisfecerit domino, in fine quinti anni liceat, auctoritate curie, ingredi possessionem rey emphiteotice, et suos fructus facere usque ad alios quinque annos. Quibus finitis, dominus pleno jure rem imperpetuum jure commissi habeat, emphiteota penitus excluso.

Si vero infra ultimos quinque annos emphiteota rem recuperare voluerit, non eam recipiet, nisi solutis pensionibus cum augmentis, et medii temporis fructus dominus ei non reddat.

Si vero, de denunciacione emptionis facta domino, aut de canone non soluto, questio mota fuerit inter dominum et emphiteotam, sacramento emphiteote stetur, si sit ejus persona honesta et note veritatis.

Hec omnia multo pocius in feudo valebunt, si a feudatario in hiis que per ipsum pro feudo facere oporteat fuerit cessatum.

Etenim de feudo jure scripto non utimur, sed de ipso secundum consuetudinem solummodo judicamus.

XIX

Du vol ou du ban.

Si, de jour seulement, et non de nuit, quelqu'un, de n'importe quel âge, par amusement, ou pour manger, ou pour tenir à la main, cueille des fruits aux arbres ; ou bien si un chasseur prend en cachette une poule ou un objet de ce genre pour nourrir ou rappeler son faucon, il ne sera point poursuivi par l'action de vol et ne sera point puni comme voleur, s'il ne tire pas de son geste un gain honteux. Que ceux qui veulent éviter les lacs des lois sur le vol ne prennent pas une quantité de fruits pour les vendre ou les conserver plusieurs jours en vue de leur usage quotidien ; qu'ils se gardent de rien prendre violemment, contre le gré du propriétaire ou de ses serviteurs. S'ils le font, ils subiront la rigueur des peines du droit écrit. Quoique la coutume écarte *l'actio furti* dans les cas envisagés ci-dessus, le dommage causé sera réglé par la loi.

XIX

De furto (1) seu banno. (2)

Si quis, cujuscumque etatis, per lasciviam, vel vescendi forte, seu in manibus gestandi causa, fructus de arboribus, interdum de die tantum, non de nocte, decerpserit ; vel venator pascendi seu revocandi aucupicem (3) causa, gal[l]linam seu simile clam ceperit, non convenitur actione furti (4), nec quasi fur mul[c]tabitur aut punietur.

Non tamen ad turpe lucrum stipemque deformem hic arripiatur occasio.

Sed caveant universi qui non in legum que de furtis loquuntur laqueos incidere voluerint, ne in magna quantitate fructus, vel cetera que sunt dicta superius, capiant, vendituri forte vel in dies plurimos servaturi ad cotidianum usum. Sed ne, presentibus hiis quorum interest, aut eorum mercenariis contradicentibus et invitis, extorqueant aliquid violenter.

Quod si fecerint, competentibus pro [legum] penis [juris scripti vir]ibus submergentur.

[Et quamvis, in casibus] supradictis, furti actionem usus abstulerit, illi [qui dant aut faciunt dampnum] vel interesse seu aliter, legibus dantur in eis casibus.

---

(1) Cf. le *Digeste*, lib. XLVII, tit. II : *De furtis ;* le *Code*, lib. VI, tit. II : *De furtis et servo corrupto.* (2) Le ban, dans les statuts de Provence, est une peine municipale ou coutumière, encourue à cause du dommage causé, dans l'héritage d'autrui, soit par homme, soit par bête (De Ferrière, *Dictionnaire de droit et de pratique*, Toulouse, 1779). (3) A : *ancipitem.* (4) L'action *furti* est une action pénale dont le but est d'infliger au voleur une peine pécuniaire, une amende au profit de la personne à qui le vol cause préjudice. Elle se cumule avec les actions civiles nées du vol : l'action en revendication et la *condictio furtiva.*

XX

De la publication des testaments.

Les testaments sont publiés devant ceux qui président la cour, en présence du chancelier ou juge, qui interroge les témoins. Mais si le chancelier ou juge ne peut venir, par suite d'absence, de maladie ou d'un autre empêchement, l'affaire pourra se régler par l'assistance d'un autre jurisconsulte. Cette solution est admise depuis longtemps dans toutes les affaires qui requièrent connaissance de cause.

XX

De testamentis [publicandis.] (1)

Testamenta apud eos qui curie presunt pu[blicantur, presente] cancellario seu judice et testes examinante.

Si vero [cancellarius seu judex non] habet (2) copiam, propter absenciam forte vel infirmitatem, seu aliquam occ[asionem, res supradicte], alio jurisperito assidente, poterunt explicari.

Quod, in o[mnibus negociis que cause] cognicionem desiderant, vidimus longo tempore obtinere.

---

(1) Cette publication des testaments n'est autre chose que l'équivalent de leur insinuation ou enregistrement. L'insinuation, moyen de publicité des actes, précaution prise pour en conserver la teneur, devint, chez les Romains, obligatoire pour les testaments et les donations. La transcription des actes avait lieu dans les *gesta municipalia*, registres publics. Cf. la *Novelle* 73 de Justinien : *De instrumentorum cautela et fide*, etc. Dans le § 3 du chap. VII, il est question de l'insinuation : « ..... ut insinuent instrumenta et profiteantur ea sub gestis monumentorum ipsi contrahentes..... ». Dans le Midi de la France le mot de *publication* représenta, pendant tout le moyen âge, une forme spéciale de publicité donnée aux testaments.

(2) A : *habent*.

XXI

De l'argent des pupilles.

Est tombée en désuétude la loi contraignant les tuteurs à employer l'argent des pupilles en acquisitions de terres, surtout quand les pupilles sont des filles, car elles se marient beaucoup mieux avec de l'argent. Quand le testateur donne pour tuteur à ses enfants son débiteur ou son créancier, si la dette est claire et sans discussion possible, le tuteur peut administrer impunément, en conservant son droit. S'il ne veut pas être tuteur, on admet son excuse. Mais s'il s'agit d'une dette modique, même non claire, son excuse est rejetée. Est également en désuétude la loi *Unde vir et uxor*: (1) aujourd'hui la veuve est appelée en première ligne à la succession du mari.

XXI

De pecunia pupillari. (2)

In desuetudinem abiit lex que pupillares peccunias ad eme[ndum] inde predia tutores cogit, maxime quando non sunt infantes masculi, sed femine, quoniam non possent adeo honeste nubere.

Item, quando testator dat tutorem liberis eum quem s[c]it sibi obligatum, vel cum s[c]it se obligatum, si debitum est liquidum et sine controversia, tutor poterit impune administrare, nec jure suo cadit.

Nolens tamen, admictitur (3) si se voluerit excusare.

---

(1) Cf. le *Code* de Justinien, lib. VI, tit. XVIII, *Unde vir et uxor*; le *Digeste*, lib. XXXVIII, tit. XI, *Unde vir et uxor*; l'*Authentique* ou *Novelle* LIII, *De exhibendis et introducendis reis*, chap. VI, *De muliere inope indotata*; la *Novelle* CXVII, chap. V, *Ut cum matrimonium est sine dote, et conjux superstes inops, mortui quartam partem accipiat.* (2) Cf. le *Code* de Justinien, lib. V, tit. XXXVII: *De administratione tutorum vel curatorum, et pecunia pupillari foeneranda, vel deponenda.* (3) A : *non admictitur.*

Videlicet nec propter modicam vero summam sibi vel a se debitam se volens excusare, quamvis non sit liquidum debitum, non auditur.

Item, cessat *Unde vir et uxor*: ad successionem alterutrius vocantur prius uxores decedentis.

XXII

De la cession de biens.

Quoique le bénéfice de la cession de biens soit d'éviter l'incarcération pour les débiteurs condamnés, la loi municipale a disposé que le débiteur poursuivi, convaincu, ayant avoué en justice et condamné à payer, sera livré au créancier poursuivant, et détenu par lui enchaîné, jusqu'après le paiement intégral de sa dette, à moins que, par suite d'incendie, de ruine, de naufrage, de caution donnée à autrui, ou d'autre cas fortuit, son insolvabilité ne soit démontrée. Alors seulement le débiteur aura le bénéfice de la cession de biens. Le débiteur ainsi livré et enchaîné n'aura pour subsister que du pain et de l'eau, sauf la miséricorde du créancier. Lors de la vente de tous les biens du débiteur, faite par la cour, ou les créanciers, ou le curateur aux biens, la perception des intérêts cessant, les créanciers ne pourront prétendre qu'au principal de leur créance. Les intérêts déjà perçus seront comptés comme capital. Pour le surplus du capital, les conditions du partage seront communes à tous les créanciers, sans qu'il soit tenu compte des gages ou des cautions donnés pour les intérêts.

XXII

De cessione bonorum. (1)

Quamvis cessionis bonorum beneficium ad hoc prosit ne condempnati detineantur in carcerem, tamen lex muni-

(1) Cf. le *Digeste* de Justinien, lib. XLII, tit. III : *De cessione bonorum ;* le *Code*, lib. VII, tit. LXXI : *Qui bonis cedere possunt* ; la *Novelle* 136 : *Ne quis cogatur bonis cedere.*

cipalis disposuit ut nichilominus is qui conventus atque convictus aut confessus fuerit in judicio et solvere jussus est, exinde donec totum quod debet solvat, traditus actori, (1) ab eo in vinculis teneatur, nisi manifeste apparuerit quod incendio, ruyna, nauffragio vel alio casu fortuito, seu eciam ex fidejussione quam pro aliis fecerat, deductus ad inopiam, non est solvendo.

Si enim id constiterit, beneffìcio bonorum cessionis, quod in hiis tantum casibus per municipale statutum locum habet, nullus omnino carebit.

Quando autem aliquis, ut supra diximus, tradendus et vinculis detinendus est, panem et aquam sufficienter habeat.

Cetera si ap[p]etat, non nisi ex misericordia dantis poposcat.

Quociens vero distractio bonorum omnium cujuslibet per curiam vel per creditores est facienda, seu [per] curatorem bonis datum, usurarum exactione cessante, solam sortem (2) creditores percipiant, et usuras quas ejus nomine que adhuc debentur perceperant, sibi computent in sortem. Et in residuo similem cum ceteris creditoribus sorciantur fortunam, adeo ut, hiis *Folio 9.* [ca]sibus, nec pignus pro usuris [datum,] nec [fidejussor pro usuris da]tus teneatur.

XXIII

Des prises de possession non autorisées par sentence

Sont tombées complètement en désuétude les peines édictées, contre les envahisseurs de la possession, les fermiers ou ceux détenant la possession vacante des absents, à défaut de sentence judiciaire, par les trois. constitutions impériales : *Si quis in tantam* ; *Non ab re* ; *Cum quaerebatur.* Aujourd'hui la possession est rendue à l'évincé, tout simplement.

---

(1) A : *auctori.* (2) A : *fortem.*

XXIII

De intrantibus possessionem sine sentencia. (1)

Pene que contra invasores possessionum, seu conductores, eos eciam [qui] vacuam possessionem absencium (2) detinuerint sine judicis se[ntencia], tribus imperialibus sanctionibus, scilicet : *Si quis in tantam* (3) ; *Non ab re* (4) ; *Cum querebatur* (5), sunt statute, in desuetudinem penitus abierunt, possessione sine pena restituenda dejecto.

XXIV

De la vente des gages.

Le débiteur n'est pas tenu de racheter son gage, à moins de convention expresse. Mais si le gage est mobilier, sans que rien ait été convenu sur le paiement de la dette ou la vente du gage, après un an et un jour, et à la suite de trois injonctions faites au débiteur à sept jours d'intervalle, le créancier pourra impunément vendre de bonne foi le gage non racheté. Il en gardera le prix jusqu'à concurrence du principal et des intérêts, et rendra le reste au débiteur. Mais en cas de non paiement à l'échéance, après les injonctions faites sans attendre un an, le créancier pourra vendre le gage quand il voudra, et le débiteur ne pourra faire annuler la vente pour ce seul motif. Quand c'est un immeuble qui est donné en gage, il faut observer, pour le vendre, les formalités du droit écrit, à moins de convention contraire, car, dès qu'il y a convention, on doit s'y tenir, en matière immobilière ou mobilière. Si un cheval, une jument, ou un autre animal de ce genre, dressé, est donné en gage, et que le créancier, soit par

---

(1) Cf. le *Digeste*, lib. XLI, tit. II : *De acquirenda vel amittenda possessione ;* le *Code*, lib. VII, tit. XXXII : *De acquirenda et retinenda possessione*. (2) A : *absenciam*. (3) Loi 7, au *Code* de Justinien, *Unde vi*, lib. VIII, tit. IV. (4) L. 10, au *Code*, *Unde vi*, lib. VIII, tit. IV. (5) L. 11, au *Code, Unde vi*, lib. VIII, tit. IV. Le ms. A porte : *conquerebatur*.

nécessité, soit volontairement, s'exerce avec l'animal, avec ou sans armes, au cas où il viendrait à le perdre, par suite de blessure ou d'accident, l'animal périt pour le créancier lui-même et pour le débiteur, sans qu'ils aient, à ce titre, action l'un contre l'autre, à moins de convention contraire. Il en est de même si c'est au fils du créancier, ou à quelqu'un de sa maison, ou à un étranger commandé par le créancier, qu'arrive ce qui vient d'être dit du créancier. Si la dette porte intérêt et que l'animal périsse à l'écurie ou sur la route, sans la faute du créancier, et personne ne s'exerçant avec lui, le sort du créancier est le même pour la dette et le gage, quand il s'agit de gages de cette espèce. Pour les gages d'autre nature, la coutume déroge au droit écrit jusqu'à concurrence de la somme principale. Si la dette ne porte point d'intérêt, la perte du gage, arrivant sans la faute du créancier, ne préjudicie pas à ce dernier.

XXIV

De distractione pignorum. (1)

Moribus decretum est ne debitor, ad pignus luendum, nisi ex pacto super hoc expresso, valeat conveniri. Verum si pignus sit mobile, nec aliud super debito solvendo vel pignore distrahendo convenit, post annum et diem, trina denunciatione, per intervalla dierum septem, debitori de pignore luendo premissa, poterit creditor impune vendere bona fide, et, quod inde acceperit usque ad summan sortis et usurarum sibi accepto, fenere (2) residuo debitori red[d]endo.

Si vero peccunia pro qua pignus tenebatur astrictum, die statuta soluta non fuerit, exinde facta, sicut dictum est, denunciacione, non expectato anno, quando voluerit, distrahat creditor, nec possit alienatio a debitore, ex sola racione, in irritum devocari.

(1) Cf. le *Digeste*, lib. XX, tit. V : *De distractione pignorum, et hypothecarum* ; le *Code*, lib. VIII, tit. XXVIII : *De distractione pignorum.* (2) Archaïque, pour *foenore.*

Ubi autem res inmobilis est pignori obligata, in ea distrahenda legum sollemnitas est servanda, si nichil de distrahendo pignore inter contrahentes convenit.

Nam si convenit, standum erit omnimodo convencioni, tam in rebus soli quam in mobilibus et se moventibus.

Preterea sciendum est quod, si equus vel equa freni paciens, vel aliud simile animal sit pignori obligatum, (1) et creditor cum eo, neccessitate seu eciam voluntate, cum armis vel sine armis exercetur, vulnere seu alio casu amiserit, ipsi creditori (2) et debitori animal perit, nec invicem adversus se, nisi aliter inter eos convenerat, habent eo nomine actiones.

Idemque est, si filio aliove de familia, seu eciam quolibet extraneo, ex voluntate creditoris id faciente, aliquid ex hiis que in persona creditoris sunt dicta contingerit.

Sed et si debitum sit usurarium, preter predictos modos, dum nullus [cum] eo exercetur, in stabulo forte vel in via, sine culpa tamen, perierit, eadem est circa creditum et pignus creditoris fortuna tali specialitate in hujusmodi pignoribus.

In ceteris enim, usque ad summam sortis est a jure scripto recessum per majores inducta.

Quod si debitum non sit usurarium, sed gratuitum, pignoris interitus sine culpa contingens minime intentionem excludit creditoris.

XXV

Des cautions.

D'après la coutume, comme d'après le droit romain, le créancier peut, négligeant le débiteur principal, poursuivre ses cautions, à moins de convention contraire. Mais si le créancier a offert de poursuivre d'abord le débiteur principal, présent, solvable, et cherchant à le frustrer par sa résistance, la caution doit être laissée en repos jusqu'à due solution du litige entre le créancier et le débiteur principal.

(1) A : *obligata*. (2) A : *creditum*.

XXV

De fidejussoribus. (1)

Sicut jure veteri, sic jure moribus introducto [creditor potestatem habet, omisso] principali reo, eligendi fidejussores, nisi inter contrahentes aliud [pactum initum fuerit.]

Si tamen reum primo conveniendum, presente et solvendo qui i[ntencionem creditoris repellere], non non frustrandi animo, nittitur, obtulerit, interim dimictendus [est fidejussor, donec lis] inter actorem et principalem reum finem accipiat debitum.

XXVI

Des accusations et des inscriptions.

Quoique la coutume ait dispensé l'accusateur d'inscrire son accusation, cependant, dès que l'accusateur l'a formulée, le juge doit inscrire, aux termes de la plainte, le nom de l'accusateur, celui de l'accusé, la qualité du grief, la forme de l'accusation et sa date. Un exemplaire de l'acte sera remis incontinent à chaque partie. Ne pourront accuser, tous ceux que les lois repoussent, et ceux qui ont juridiction sur l'accusé, ni leurs envoyés ou sergents, à moins que le crime ne soit notoire, car alors on ne suit plus la coutume, le crime peut être poursuivi légitimement sans accusation et il peut être statué suivant les lois.

---

(1) Cf. les *Institutes* de Justinien, lib. III, tit. XX : *De fidejussoribus;* le *Digeste*, lib. XLVI, tit. I : *De fidejussoribus et mandatoribus;* lib. XXVII, tit. VII : *De fidejussoribus et nominatoribus, et heredibus tutorum et curatorum;* le *Code*, lib. VIII, tit. XLI : *De fidejussoribus et mandatoribus ;* etc.

XXVI

De accusacionibus et inscriptionibus. (1)

Quamvis accusanti inscribendi neccessitatem consuetudo remiserit, tamen, [eodem temporis puncto] quo quis in vocem accusandi perruperit, acta confici (2) a judice [debent, que, velut] questurus est, nomen tam accusantis quam accusati, et criminis qualitatem et formam accusationis ac tempus contineant; eorum exemplar statim utrique parti reddatur.

Ab accusacione vero arceantur omnes quos leges repellunt, et hii de quorum jurisdictione est cul[pâ] illatus (3) reus.

Item submissi (4) ab eis, vel exequtores eorum, nisi crimen sit notorium.

Tunc enim, cessante consuetudine, eciam sine accusatione potest legitime crimen examinari et secundum leges decidi.

XXVII

De la correction des inférieurs.

De même que les lois ont donné aux parents plus âgés le pouvoir de corriger les plus jeunes, suivant la nature de la faute, de même, la coutume, confirmée par jugement contradictoire, permet que les moindres d'état soient corrigés par les plus considérables au moyen d'affronts, de menaces ou de coups, modérément, toutefois. C'est pourquoi, si quelqu'un de petite condition a frappé ou injurié quelqu'un de condition supérieure, lui a causé quelque opprobre ou fait quelque impolitesse, et a été corrigé par lui comme il vient d'être dit, il n'aura point, à ce titre, d'action d'injures.

---

(1) L'*inscriptio* est ici le libelle accusatoire. Cf. le *Digeste*, lib. XLVIII, tit. II : *De accusationibus et inscriptionibus*; le *Code*, lib. IX, tit. I : *De his qui accusare non possunt*; tit. II : *De accusationibus et inscriptionibus.* (2) A : *confisci.* (3) A : *illati.*

(4) A : *submissis.*

XXVII

De corrigendis minoribus (1)

Sicut in corrigendis minoribus pro qualitate delicti senioribus propinquis per leges est tributa potestas, sic, per consuetudinem contrario judicio firmatam, tenuiores a majoribus (2) corrigi contumeliis, minis seu verberibus, moderate tamen, est indultum.

Ideoque, si quis (3) ex tenuioribus in ipsos majores vel alios quoslibet verbera vel stulta verba perfuderit, seu aliquid inhonestum vel inconveniens egerit, et correctus ab ipsis in modum supradictum fuerit, injuriarum eo nomine non habeat actionem.

XXVIII

Du droit du fisc.

L'état du monde, toujours variable et incertain, jamais stable, oscillant de la prospérité à la ruine, transforme les lois des empires. Il en résulte que l'argent et les terres confisqués sur les particuliers, par suite de leurs crimes, ne vont plus, selon le droit romain, au fisc impérial, mais bien aux comtes, aux ducs, aux barons, aux marquis ou aux nobles de moindre rang, en vertu de la coutume, dans les lieux où ils commandent, Par cette usurpation ils obtiennent, non le privilège du fisc impérial, mais seulement des avantages matériels. Quant au profit des confiscations, tel que le droit écrit l'avait réglementé, la coutume y a introduit des retranchements et

---

(1) Ce chapitre est un souvenir du droit de châtiment, de la *castigatio*, que le maître avait sur l'esclave, et que les parents plus âgés avaient sur les plus jeunes. Cf. le *Code*, lib. IX, tit. XIV : *De emendatione servorum* ; et tit. XV : *De emendatione propinquorum.* Ce dernier titre commence par les mots: « In » corrigendis minoribus pro qualitate delicti senioribus propinquis » tribuimus potestatem... » C'est une lettre des empereurs Valentinien et Valens au Sénat. (2) A : *moioribus.* (3) A: *qui.*

des additions. En effet, dans les causes pécuniaires qui sont mues entre des particuliers pour une raison quelconque, ni le doyen, ni le viguier, ni un autre officier supérieur ou inférieur à eux, ne peuvent exiger, pour l'émolument vulgairement appelé : *justice*, plus du tiers de la somme litigieuse, et cela, seulement après la sentence. C'est toujours le perdant qui paie ce tiers, de sorte que le gagnant n'a rien à prélever de ce chef sur ce qui lui revient. Mais, pour qu'on n'abuse point de ce pouvoir, il n'est jamais rien exigé, dans les jugements au possessoire, sous le nom de justice, qui ne soit autorisé par l'interdit *Unde vi* (1) et les actions accordées en remplacement, ou à l'exemple, ou en supplément de cet interdit, actions dans lesquelles a lieu la perception du droit de justice, comme au pétitoire. Si le débiteur offre à son créancier ce qu'il lui doit, et que le créancier, refusant son offre, le poursuive d'autant plus devant la cour, il n'est rien dû pour le droit de justice, même en l'absence de dépôt ou de consignation de la dette. Si le créancier est en possession de la chose à lui engagée, et que le débiteur soit tenu de racheter son gage, par convention expresse, au cas où, sur la plainte du créancier, le débiteur serait condamné à racheter, le droit de justice n'est pas dû. Mais si le débiteur poursuit, en revendication du gage, le créancier refusant le paiement de la dette, et puis condamné à le recevoir, le créancier ne paiera pas de droit de justice, à moins que l'argent offert n'ait été déposé et consigné suivant le droit écrit, car alors, le créancier qui retarde la restitution du gage jusqu'à la plainte n'évite pas la peine du droit de justice. L'auteur d'un crime public ou privé, qui est ensuite convaincu et condamné, ne sera puni par la perte totale ou partielle de ses biens, ou par un autre moyen pécuniaire, que dans les cas admis par le droit écrit. Si un habitant meurt intestat, sans laisser de parents, ses biens seront attribués à sa veuve, qui en fera inventaire, et ne les aura que pour

(1) Cf. les lois 1 à 11, au *Code* de Justinien, lib. VIII, tit. IV.

sa vie durant. Quant aux étrangers mourant intestats, leurs biens seront confiés à un prud'homme ou à une maison sacrée. Au bout d'un an, si personne de la parenté du défunt ne se présente pour faire valoir ses droits, les biens seront attribués par l'abbé, moitié à la mense des religieux, moitié aux pauvres.

XXVIII

De jure fisci. (1)

Mundi status, semper variabilis et incertus, nunquamque stabilis, scilicet inter prospera et adversa fluctuans, etiam jura regnorum mutat. Unde multorum (2) compendia et privatorum bona que, ob culpam admissi facinoris, extorquentur, non imperiali, secundum leges, ap[p]licantur fisco, sed comitibus, ducibus, baronibus, marchionibus, vel eciam cujuslibet inferioris gradus proceribus, per consuetudinem, in locis quibus presunt, concessa cognoscuntur. (3) Ex qua usurpatione, non quidem fisci privilegia, sed commoda consequntur quevis. Ex hiis que legibus d[emons]trantur quedam usus abstulerit et quedam adjecerit.

Quippe in peccuniariis causis que, qualibet causa inter privatos aguntur, jure moribus recepto, (*Ici lacune que je comble par la version provençale* :) [los degans, ny los viguiers, ny autres officiers à elses superiors hou inferiors, non podon levar ny exigir per lo emolument loqual l'on appella voluntieyrament et vulgarement justicia, synon la terça partida de la quantitat de pecunia que es demandada, et aquo] post sentenciam demum, quoniam ante non licet.

Hanc autem terciam semper victus ita dat, quod nichil de quantitate victori prestanda eo nomine diminuit seu deducit.

---

(1) Tandis que le trésor du peuple romain était dans le temple de Saturne, celui du prince était le fisc. Cf. le *Digeste*, lib. XLIX, tit. XIV : *De jure fisci* ; le *Code*, lib. X, tit. I : *De jure fisci*.

(2) A : *multarum*. (3) A : *cognoscantur*.

Verum, ne passim et sine delectu tali abutantur licencia, sciendum quod (1) in possessoriis judiciis, justicie nomine nichil accipitur, preter (2) [interdictum] *Unde vi* (3) et actiones loco interdicti vel ad ejus exemplum vel sup[p]lementum red[d]itas, in quibus, sicut in petitoriis, justicie locum habet exactio.

Sed si quis id quod debet creditori obtulerit, qui illud accipere noluerit, sed *Folio 10* [adie]rit curiam et quo ma[gis debitorem convenerit], non debet j[usticiam nomine] hujusmodi, nec depositum fuerit nec consignatum quod debetur.

[Rem pariter si creditor] sibi pignori obligatam possideat, et, ex pacto debitore [expresso adstricto] ad pignus luendum, si super hoc fuerit conquestus de suo debitore cre[ditor, ac] debitor luere sit condempnatus, non accipient inde justiciam.

[Sed si] debitor, creditore nolente creditum accipere, de pignore egerit recuperando, [ac] condempnato, non accipietur ab eo justicia, nisi peccunia que offerebatur se[cundum] leges deposita fuerit et consignata : tunc enim creditor qui, (4) super pignore red[dendo], donec inde querimonia fieret, moram adhibuit, justicie sarcinam [non] evitat.

Ad hec si quis in crimen publicum vel privatum inciderit, ac de[mum] convictus fuerit et condempnatus, in hiis demum casibus, bonorum omnium vel par[tis] amissione laboret, seu aliter peccuniarie puniatur, in quibus hoc legibus non est interdictum.

Denique, si quis intestatus ex incolis, uxore superstite, [nullo] autem agnatorum derelicto, (5) decesserit, ejus bona uxori ap[p]licantur, ita ut faciat inventarium de bonis viri, et ipsa habeat tantum ad vitam suam.

Alienigenis vero sic decedentibus, eorum bona sunt penes virum bonum vel in ede sacra deponenda. Deinde, anno evoluto, ita tamen quod, si ullus de cognatione defuncti interim advenerit, qui ea sibi deberi jure con-

---

(1) A ajoute : *si quis*. (2) A : *perter*. (3) Cf. Lois 1 à 11, au *Code* de Justinien, lib. VIII, tit. IV. (4) A : *que*. (5) A : *ve relicto*.

tendat, medietas in convivio monachorum erogetur, alia medietas inter pauperes dividatur per ipsum abbatem.

XXIX

De la fille dotée.

L'antiquité a proclamé l'utilité de cette règle : la fille dotée par le père, vivante ou morte la mère, est exclue, avec toute sa postérité, des biens de la succession du père et de la mère, la postérité de la fille succédant ou non, s'il survit un ou plusieurs frères nés du même père, ou des sœurs non dotées, ou leur descendance. Cela est vrai, quelle que soit l'importance de la dot, petite ou grande. La fille dotée n'a point d'action en supplément de légitime. Il en est de même si, le père étant fou; ou prisonnier des ennemis, ou éloigné par un long voyage, ou prodigue, ou dans une situation telle que la loi romaine lui donne un curateur aux biens, la fille a été dotée par le curateur, ou par la mère assistée du conseil de famille, ou par les proches, si la mère est morte. De même, au regard des biens maternels, si la fille a été dotée par la mère ou par un autre sur les biens de la mère. Tout ce qui précède n'est vrai qu'en cas de succession ab intestat. En cas de testament, la fille dotée n'a d'action que jusqu'à concurrence de son legs.

XXIX

De filia dotata. (1)

Sicut antiquitas utile fore longo tempore indicavit, filia a patre dotata, vivente seu defuncta matre, cum omni posteritate sua a bonis patris et matris excluditur, sive succedat filie posteritas sive non, superstitibus fratribus uno vel pluribus ex eodem patre natis, vel sororibus indotatis, vel eorum posteritate.

Et hoc verum est quantacumque dos fuerit, sive parva, sive magna, ut nec ad sup[p]lementum legitime possit agere.

---

(1) Voir l'introduction, p. 26, 27, 41, 42.

Idem obtinet si patre furioso, vel ab hostibus capto, vel in longa peregrinatione posito, vel prodigo, vel in ea causa constituto in qua curatorem bonis dari leges decernunt, a curatore vel a matre, cum consilio propinquorum, vel a propinquis, matre (1) non superstite, filia dotata fuerit.

Idem obtinet per omnia, si filia dotata fuerit a matre, vel ab alio de bonis matris, quantum ad bona materna.

Hec omnia in successionibus ab intestato vera sunt.

Ex testamento autem eatenus tantum agat quatenus quoquo relictum titulo ei fuerit assignatum.

II

Solution des différends entre l'abbé et les consuls de Saint-Gilles.

1. L'abbé de Saint-Gilles (Pons Ier) et ses religieux, d'une part; les consuls de Saint-Gilles, dont Bertrand de Lavalette, d'autre part, sont en litige. L'examen de la cause a été confié à M[ichel de Mouriès], archevêque d'Arles, et à A[rnaud], évêque de Nimes, par P[ierre de Vernareti], cardinal et juge.

2. L'abbé se plaignait de l'usurpation, par les consuls, de la juridiction du monastère de Saint-Gilles, qui lui appartient par droit de seigneurie. Les consuls, transformés en juges ordinaires, condamnaient ou absolvaient les plaideurs traduits devant eux, et exigeaient d'eux le droit de justice.

3. Ils mettaient en ostage (emprisonnement privé ou contrainte par corps) les délinquants malgré eux, fixaient la durée de l'ostage suivant la nature du délit, et exigeaient d'eux, pour les relâcher, des droits pécuniaires appelés *assises*, en fraude de la justice du monastère.

4. Ils chassaient de la ville, en guise d'exil, qui ils voulaient. Dès qu'un crime public était commis, exigeant confiscation de biens, ils détruisaient les maisons des coupables avant leur saisie par la cour.

---

(1) A : *matrem*.

5. Ils contrôlaient les mesures et les poids, imposant des peines s'ils les trouvaient en défaut, et empêchant le doyen de procéder à cette recherche.

6. Sur les plaintes des gens qu'ils forçaient à l'exil, ils refusaient de donner au doyen les garanties dues, cassant les jugements de la cour abbatiale.

7. Malgré le doyen, ils faisaient publier dans la ville ce qu'ils voulaient, leurs serments et leurs statuts. Ils revendiquaient les places et le domaine public, appartenant au monastère. Ils contraignaient les victimes d'un tort à jurer de ne pas exposer leur plainte en la cour du monastère. Ils essayaient d'ourdir des complots avec les cités voisines. Ces menées et d'autres, les consuls s'y étaient livrés avec le concours de leurs conseillers. C'est pourquoi l'abbé se plaignait également de ces derniers, demandant l'abolition de leurs serments.

8. Comme les consuls avaient excité le peuple à prendre les armes et que, malgré la défense de l'abbé, ils avaient complètement pillé les maisons de quelques gens de bien, l'abbé s'en plaignait encore, et réclamait, par l'action d'injures, le montant des dommages et des frais que les troubles lui avaient causés, affirmant qu'il possède la domination intégrale sur toute la ville, et que le consulat doit être supprimé.

9. Au contraire, les consuls, tout en reconnaissant que la pleine seigneurie et l'intégrale juridiction appartiennent à l'abbé, s'opposaient à la suppression du consulat et des assemblées communales, parce que, la même année, le consulat promulgué pour vingt-neuf ans par le prédécesseur de l'abbé, d'heureuse mémoire, ce consulat était de nouveau confirmé par lui, puis par l'abbé [Pons] lui-même. Ensuite, avec son assentiment, le serment des membres de la municipalité avait été sanctionné et confirmé en présence des bons citoyens de la ville. Sur les autres allégations de l'abbé, les consuls s'excusaient de leur mieux.

10. Enfin ces différends, par la médiation d'A[rnaud], évêque de Nimes, et de B[ertrand], doyen d'Arles, représentant M[ichel], archevêque d'Arles, ont été résolus comme suit, avec l'assentiment des deux parties.

11. Les consuls et toute l'université des habitants renoncent entièrement à toutes les *assises* qu'ils avaient faites, et au consulat. Le serment des conseillers, leurs assemblées, sont abolis. De même tous les autres serments qui pourraient se faire dans la ville, sauf le serment de fidélité et de paix à l'Église, et le serment de concorde intervenu entre les gens de bien, sur leur désir. Le monastère de Saint-Gilles aura la seigneurie intégrale, la pleine juridiction, sans aucune réserve, toutes les justices de la ville et du territoire, et tout ce qui appartient aux régales.

12. Tous les habitants de la ville, à partir de quatorze ans, seront tenus de jurer obéissance et fidélité à l'abbé Pons et à ses successeurs, en même temps qu'aide pour le maintien de sa seigneurie, de sa juridiction, de toutes ses justices à Saint-Gilles, renonçant à toute action contraire. Le serment de fidélité sera renouvelé à chaque mutation d'abbé.

13. L'abbé instituera pour viguier, en la cour abbatiale, un homme sage et discret, qui, pendant une année seulement, assisté d'un jurisconsulte également annuel, jugera les causes civiles et criminelles, suivant le droit écrit et les coutumes approuvées, rédigées dans un autre instrument (1). Avant leur installation, le viguier et le juge prêteront serment devant le peuple, entre les mains de l'abbé, suivant les formes édictées par Justinien pour les juges et les administrateurs (2).

14. Le viguier exercera pleinement la juridiction volontaire et contentieuse, avec le conseil du juge assistant. Sous aucun prétexte, lui ou le juge n'exigera plus que la cour n'a l'habitude de prendre pour le droit de justice, c'est-à-dire le tiers de la somme à laquelle est condamné le perdant, ou de l'estimation, s'il s'agit d'une chose. Mais dans les causes criminelles, ils se contente-

(1) Ce sont les coutumes du XIIe siècle, dont nous n'avons plus que l'analyse et la mise au point de notre abréviateur anonyme.

(2) Cf. les *Novelles* 8, 161, et la dernière loi au *Code* de Justinien : *Ad legem Juliam repetundarum.*

ront de la peine corporelle ou pécuniaire, amende, confiscation de biens ou exil, portés par le droit écrit suivant la nature du crime.

15. Le viguier, ou celui que l'abbé chargera de cet office, pourra inspecter les mesures et les poids quand il le jugera utile. Si, exerçant son office, en dehors de toute dénonciation, il en trouve de faux, le délinquant sera condamné à 20 sols d'amende. En cas de récidive, la peine sera doublée. A la troisième fois, le coupable sera puni comme faussaire. D'autre part, si quelqu'un, à la suite d'une accusation légale, est convaincu de faux poids ou de fausse mesure, il sera puni selon le droit écrit. Tous ces délits seront punis sans rémission, sauf l'adoucissement de peine accordé par le juge ou l'exécuteur de la sentence.

16. L'abbé, avec l'assentiment de ses religieux, promettra loyalement de n'exercer, par lui-même ou par quelqu'un de ses représentants, aucune violence ou pression, aucune exaction injustes, dans la ville, sur les particuliers ou les étrangers.

17. Les pèlerins, les négociants venant à Saint-Gilles avec leurs marchandises, seront sous la sauvegarde de l'abbé et de sa cour, à l'arrivée, au séjour et au départ, à moins que, ennemis du monastère, ils ne l'aient outragé publiquement, ou qu'ils n'aient fait tort à quelqu'un de la ville assez gravement pour être justement éloignés par la police de l'abbé. Car alors l'abbé ou son représentant ne peut les admettre en ville sans l'avis de celui qui a subi l'injure ou le dommage. A cet égard, l'université des habitants pourra observer jusqu'au terme fixé le traité de sûreté conclu avec les Avignonnais et les Marseillais sous serment, avec l'assentiment de l'abbé.

18. Toutes les clés, tant du bourg que des faubourgs, seront gardées à perpétuité par l'abbé ou ses représentants. Tout ce qui concerne la juridiction et la seigneurie sera interprété par le viguier. Cependant, quand il sera nécessaire, le doyen, de l'autorité de l'abbé, doit donner au viguier et au juge conseil fidèle et assistance.

19. Les consuls et toute l'université des habitants de

Saint-Gilles sont pour toujours à l'abri de toutes les actions et réclamations que l'abbé avaient dirigées contre eux, sauf les droits stipulés ci-dessus pour l'abbé et le monastère.

II

(Ce texte, qui est de 1214, et le suivant, qui est de 1233, viennent, dans les mss., après celui de 1246. De plus, celui de 1287 ou 1289 vient avant celui de 1257. Nous avons rétabli l'ordre chronologique entre tous les éléments des coutumes de Saint-Gilles.)

(Folio 13 :)

Diffinitio controversiarum domini abbatis S[ancti] E[gidii] et consulum.

(1214.) 1. Controversia vertebatur inter d[ominum] abbatem S[ancti] E[gidii] et conventum, ex una parte ; et consules S[ancti] E[gidii], pro se et universitate ejusdem ville litigatores, scilicet Bertrandum de Valeta, etc., ex altera ; sub examine M[ichaelis], Arelatensis (1) archiepiscopi, et domini A[rnaldi], Nemausensis episcopi, super hac controversia a domino P[etro], cardinali S. P. (2) etc., judice delegato.

2. Proponebat siquidem dominus abbas quod predicti consules usurpabant jurisdictionem monasterii S[ancti] E[gidii], jure dominacionis competentem, ex eo quod coram se litigantes tanquam judices ordinarii condempnabant vel absolvebant, justicias ab eis exigentes.

3. Et delinquentes invitos in ostagio ponebant, pro qualitate delicti, tempus ostagio (3) imponentes, et ab eis

---

(1) A : *Aralatensis.* (2) Nous avons vu, dans l'Introduction, *Sources*, que Pierre de Vernareti était cardinal diacre du titre de Sainte-Marie de la Scala. L'initiale P. est donc ici une erreur de copiste. (3) L'ostage, emprisonnement privé ou contrainte par corps, tend à disparaître dans la seconde moitié du XIII[e] siècle (Paul Viollet, *Précis de l'Histoire du droit français. Sources, Droit privé,* p. 504.)

redemptionem peccuniarum exigentes quam vulgo *assisas* vocabant, in fraudem justiciarum monasterii.

4. Item, quos volebant, loco ex[s]ilii de villa expe[l]lebant, et, ubi publicum crimen committebatur, quamdam bonorum confiscationem exigens, domos reorum curie apprehendendas destruebant.

5. Item, mensuras et pondera requirebant utrum justa essent vel injusta, pro injustis penas imponentes. Et decanum, ad hujusmodi inquisitionem volentem accedere, prohibebant.

6. Item, super querimonias quorumdam quos exulare compellebant, decano securitates debitas prestare recusabant, judicia curie nostre resolventes.

7. Item, ipso renitente, quod volebant faciebant preconisari, et sacramenta et statuta arbitrio suo faciebant in villa; plateas, etiam publica ad monasterium pertinentia, sibi vindicabant; injuriatos astringebant jurare ne curie monasterii querimonias exponerent. Et conjurationes cum vicinis civitatibus seu villis inhire temptabant.

Et quia predicta et quedam alia ope et consilio communialium perpetrabant, de ipsis similiter d[ominus] abbas conquerebatur, postulans ut eorum sacramenta rumperentur.

8. Item, quia populum ad arma concitaverant, et, contra prohibitionem suam, domos quorumdam proborum virorum bonis omnibus spoliaverant, in querimoniam reducebat (1), agens super predictis injuriarum actionem, dampna ob hoc sibi [mota] et [sumptus] quos fecerat reposcens; [asserens quod omnis plena] et integra dominacio tocius ville ad ipsum [pertinebat et spectabat,] consulatum ville debere destitui affirmabat.

9. [Predicti consules e contrario dicebant quod, quamvis] plenam dominacionem et integram jurisdictionem ad ipsum [dictum dominum abbatem] pertinere cognoscentes, consulatum ville seu eciam communia[les ejus-

---

(1) A : *reducebant.*

dem, minime] destitui contendebant, quia eodem anno consulatus, [promu]lg[atus ab egregie] memorie predecessore ejus usque ad XXIX annos, erat lacius [ab ipso] confirmatus, et ab eodem domino abbate P[oncio] supradicto ; postea, coram bo[nis viris ville], sacramentum quorum communialium fuerat de ejus assensu [sancitum et] firmatum. Super aliis a domino abbate propositis se, prout poterant, [reverenter] excusantes.

10. Tandem, jamdicta controversia, mediante domino A[rnaldo], Nemausensi episcopo, et B[ertrando], Arelatensi decano, vices M[ichaelis], Arelatensis archiepiscopi, obtinente, utriusque partis consensu, amicabiliter sopita fuit in hunc modum, scilicet ut :

11. Consules et tota universitas omnibus assisiis quas fecerant et consulatui omnino renuncient, et sacramentum communialium et tota eorum conventio rumpatur et absolvatur, et omnia alia sacramenta, si qua sunt in villa, excepto sacramento fidelitatis et pacis Ecclesie, et excepto sacramento concordie que facta est inter probos homines ville, propter desiderium quod inter eos vertebatur. Et monasterium S[ancti] E[gidii] habeat integram senhoriam et plenam jurisdictionem sine omni retentu, et omnes justicias ville S[ancti] E[gidii] et ejus pertinenciarum et ea omnia que pertinent ad regalia (1).

12. Et omnes incole de villa a XIIII annis supra jurare teneantur quod obedientes sint et fideles domino P[oncio], abbati, et successoribus suis, et boni adjutores pro omni posse suo ad retinendum imperpetuum integram senhoriam et jurisdictionem sine omni retentu, et omnes justicias ville S[ancti] E[gidii] ad cognitionem ejus, renunciantes omni juri et deffensioni eis competenti super hoc, vel quod possit competere. Et in mutatione domini abbatis semper sacramentum renovetur fidelitatis.

13. Verum in curia monasterii, provisione domini abbatis, vir providus et discretus, probate fidey, vicarius constituatur, qui per annum tantum causas civiles et criminales, assidente sibi jurisperito similiter annali,

(1) Les régales signifient tous les droits qui appartiennent au souverain.

secundum leges scriptas et consuetudines approbatas que scripte sunt in alio publico instrumento (1), examinet et puniat, et fine debito decidat, et sententias ex[s]equi latas mandet. Et uterque, silicet tam vicarius quam judex, ante receptam administrationem, coram populo juret in manu domini abbatis, secundum quod judices et administratores jurare debent, Justinian[e]a cavente (2) sanctione (3).

14. Item, predictus vicarius plene voluntariam jurisdictionem et contentiosam consilio judicis assidentis exerceat. Nec pro utilitatibus, jurisdictione exercenda vel auctoritate prestanda, aliquid ipse vel judex exigat vel percipiat, per se vel per interpositam personam, nisi quod justicie nomine curia capere consuevit, silicet terciam partem ejus summe in qua quis condempnatus fuerit, vel terciam estimacionis, si res in condempnationem deducatur, que vulgo justicia ap[p]ellatur.

In criminalibus vero, pena corporali vel peccuniaria, seu mulcta aut bonorum confiscacione, seu exilio, sicut pro qualitate criminis leges *Folio 14* [decernunt], contenti sint.

15. [Item, predictus vicarius, vel is cui] hoc officium injunctum fuerit a domino abbate, [mensuras et] pondera, quando cognoverit expedire, possit in[spicere. Et si] qua ex officio suo, sine accusatore, injusta reperierit, [in viginti solidos], nomine pene, consequatur a delinquente vel ab eo penes [quem] injustum pondus vel injusta mensura repertum fuerit. [Quod] si iterum in idem crimen inciderit, pena duplicetur. Quod [si tertium], deinceps tanquam falsarius puniatur.

Ceterum, si aliquis per accusationem legitime factam de falso pondere vel mensura convictus fuerit, secundum leges puniatur.

Predicta omnia delicta puniantur sine venia, nisi qua-

---

(1) Ce sont les coutumes du XIIe siècle, dont nous n'avons plus que l'analyse et la mise au point de notre abréviateur anonyme.

(2) A : *cautum est*.

(3) *Novelle* VIII, chap. VII : *De jurejurando a præsidibus præstando, quod pecuniam nec nomine quidem suffragii dederint* ; Novelle CLXI, *De provinciarum præsidibus* ; Dernière loi au *Code*: *Ad legem Juliam repetundarum*.

tenus miseratio produxerit ad mitigandam (1) penam judicem vel sententiam ex[s]equentem.

16. Similiter d[ominus] abbas, consilio conventus, bona fide promictat, pro se et successoribus suis, ne ab ipso seu vicario, vel aliquo officiali, vel aliqua alia persona, aliqua violencia injusta vel impressio, vel super indictum aliquid, vel injusta exactio fiat in villa privatis aut extraneis.

17. Et quod peregrini et qui causa negotiandi veniunt ad villam, cum omnibus rebus suis, sub protectione et securitate domini abbatis et curie sue, in eundo et redeundo et stando, veniant et consistant, nisi, inimici, monasterium publice injuriati fuerint, vel nisi alterum de villa taliter injuriati fuerint, ut merito a domini abbatis securitate repelli debeant. Quia tunc, nisi consilio injuriam ve[l] dampnum passi, dominus abbas vel vicarius, nec aliquis alius, debet illum in villa conducere.

Ad hec universitas ville securitatem ville quam cum hominibus Avenionensibus [et] Marciliensibus, cum consilio domini abbatis sub sacramento confecit, usque ad tempus prefixum valeat (2) observare.

18. Item, omnes claves, tam burgi quam suburbiorum, abbas imperpetuum teneat et custodiat, vel ad mandatum et voluntatem suam faciat custodiri.

Omnia igitur que ad jurisdictionem et dominacionem pertinere videntur, per vicarium debent explicari.

Si tamen quando neccessitas ingruerit, decanus vicario et judici, auctoritate domini abbatis, debet fidele consilium et auxilium impertiri.

19. Item, predicti consules et tota universitas ville S[ancti] E[gidii] perpetuo sint liberi et absoluti ab omnibus actionibus et petitionibus quas contra ipsos d[ominus] abbas instituerat, retentis domino abbati (3) et monasterio omnibus hiis que superius in compositione sunt dicta.

Ad hec : Ego P[oncius, abbas] monasterii S[ancti] Egidii, consilio conventus, etc. Sunt confirmationes.

---

(1) A : *mictigandam.* (2) A : *valeant.* (3) A : *domini abbatis.*

III

Ce que les notaires doivent prendre pour leurs actes et notes.

1. Ce tarif est une loi du 12 des calendes d'avril 1233. Considérations sur l'importance des actes notariés, qui perpétuent la preuve de la vérité. Capacité et moralité requises chez les notaires. Les clients affairés ne trouvent pas ce qu'ils cherchent dans les notaires d'à présent, qui ne se contentent pas de passer des actes, mais se livrent encore au commerce, veillent à leurs propres affaires et à celles des autres, dans une fâcheuse confusion de tâches. Les clients cherchent, à leurs risques et périls, ce que, en raison de leurs visées contradictoires, les notaires leur promettent faussement, accumulant fardeau sur fardeau, soin sur soin, négligeant de rédiger les actes avec la prudence nécessaire, de s'astreindre au juste prix, et de les remettre en temps voulu.

2. C'est pourquoi l'abbé Pons, ému des plaintes fréquentes du peuple de Saint-Gilles, règlemente brièvement la matière, après avoir pris l'avis du viguier Guillaume Bérenger, du juge Gui Fulcodi (1) et d'autres prudents.

3. S'il s'agit d'emprunt, de société en commandite, d'achat de créance, de location d'immeuble urbain ou rural, de lods, de droit de prélation, de reconnaissance de pension ou de service, lorsqu'il faudra en dresser acte, le tabellion ne prendra que 6 deniers par acte, s'il opère dans les limites fixées, c'est-à-dire en son étude, ou aux tables (2), ou à la draperie, ou dans l'église de Saint-Gilles. De même, si c'est en passant qu'il est requis de dresser l'acte, sans être venu d'ailleurs exprès. Mais on lui donnera 9 deniers par acte si on le fait venir, hors des endroits précités, dans la ville, les faubourgs, la maison de l'Hôpital ou la maison du Temple. Tout cela

(1) Le futur pape Clément IV. (2) Les tables du marché.

s'entend des actes où ne figurent que les contractants principaux.

4. Mais si on y ajoute des cautions, quel que soit leur nombre, le prix de l'acte sera augmenté de 2 deniers seulement. Si l'on y ajoute des ostages, même solution. Décision mutilée sur l'hypothèque, mobilière ou immobilière.

5. En matière de société, de facherie (1), de location de fiefs, le tabellion aura par acte 12 deniers dans les endroits précités, et 18 deniers au dehors, à moins qu'il n'y soit de passage. Pour la vente perpétuelle ou à temps, sa révocation, l'emphytéose, la donation entre vifs ou à cause de mort, ou leur révocation, l'échange, l'entrée en religion, le partage, l'obtention d'un office d'alberguerie, les transactions, les compromis, les dots, les contrats innommés, le notaire aura 18 deniers par acte dans les endroits précités, et 2 sols au dehors, à moins qu'il n'y soit de passage.

6. Pour le testament clos, avec publication, il aura 5 sols, dont 3 payables avant qu'il n'écrive, en numéraire ou moyennant un gage suffisant, et 2 après la publication. Pour les codicilles clos, avec publication, il aura 2 sols, moitié au commencement, moitié après la publication. Pour la transcription du testament clos, il aura 3 sols. Pour celle des codicilles clos, 18 deniers. Pour le testament nuncupatif (2), il aura 2 sols et autant pour sa transcription.

7. Pour les inventaires, suivant leur étendue, il aura de 3 à 15 sols, sans distinction de lieux. Pour la vente par licitation et décret de la cour, il aura en tout 3 sols. Pour les tutelles, curatelles, émancipations, manumissions (3), adoptions, décharges de tutelle ou de curatelle par sentences définitives, il aura 2 sols.

8. Pour la publication des témoins rédigée en forme publique, en dehors des dernières volontés, il aura 4

---

(1) Amodiation à mi-fruits. (2) Le testament nuncupatif ou oral du plus ancien droit romain tendit à se transformer en testament écrit dès l'époque impériale. (3) Souvenir ou témoignage du servage, devenu synonyme d'émancipation.

deniers par témoin. S'il n'y a qu'un témoin, il aura 6 deniers. Si l'on fait venir le notaire en dehors des lieux précités, on observera ce qui aura été convenu de gré à gré. S'il arrive un cas imprévu sur lequel le client et le notaire ne peuvent s'accorder, les deux parties s'en tiendront à la solution du juge et du viguier.

9. Quand le prix de l'acte est inférieur à 12 deniers, il sera payé intégralement avant la confection de l'acte, ou un gage suffisant sera donné, et le reste payé après la confection. La cour assurera la remise sans délai des actes parachevés.

10. Interdiction rigoureuse aux notaires d'instrumenter le dimanche, le jour du martyre d'un apôtre, aux fêtes de la Vierge, de saint Gilles ou autres fêtes principales, à moins qu'il ne s'agisse de recueillir des dernières volontés, ou que l'une des parties au contrat ne soit malade ou ne parte pour une longue absence.

11. Interdiction sévère de dresser un contrat qui contienne usure expresse. Pour l'intérêt, qu'aucune somme n'excède celle de 4 deniers par livre, tolérée par le concile de Latran (1). L'Église tolère ce taux, quoique ne l'approuvant pas, chez les Juifs.

III

Quantum accipere debent notarii de instrumentis et notis. (2)

(1233). 1. A[nno Domini] M° II^{c} XXXIII°, XII calendas aprilis (3), [regnante Ludovico, Francorum rege ;] quantum familiariter publicis negotiis.................. ....publica munimenta nemo qui vel raro...

(1) Cette précision n'existe plus dans les textes des conciles de Latran de 1139, 1179 et 1215, tels qu'ils nous sont parvenus, mais le canon 67 du dernier en garde quelque trace, car il défend aux Juifs les usures excessives.

(2) Cette constitution n'est mentionnée qu'en six lignes dans la version provençale. Il n'est donc pas possible de restituer les lacunes au moyen de cette version.

(3) 21 mars.

potest ullatenus ignorare per que et pro labenti......... dispendia et obstrasit inficiencium calumpni........... immortalis efficaciter probatio veritatis.

Verum d............. purgatis occulis neccessitatem pariter et fructum........................ consequentia possumus arbitrari quales esse qua.................... exhibitio. Quum tam sollemni, tam neccessario dedicantur officio, ut pro..... quidem sint fidei solertis industrie et gravitatis exacte nec aliis..... careant que dictum requirit officium, prout et equitati conveni....... et in hac villa legis municipalis provisione dinoscitur.

Porro, cum homines, mundanis occupacionibus involuti, festinantes ad plura, nec bene peragunt (1) hec, nec illa, querunt in tabellionibus nostri temporis, qui suis finibus non contenti, nunc conficiendis instrumentis, nunc mercimoniis et officiorum usu promiscuo, nunc suis, nunc alienis invigilant, quod diversitatibus, de se non sine periculo, mentiuntur. Et sic onus oneri et cure curam ac[c]umulant, distracti ad varia, nec instrumenta qua decet observatione conficiunt, nec facta justo precio, nec tempore restituunt opportuno.

2. Nos igitur, frater Poncius, abbas, populi Sancti Egidii clamosa per ipsum et frequenti supplicatione permoti, de consilio G[uillelmi] Berengarii, vicarii, Guidonis Fulcodii (2), judicis, et aliorum prudentium, duximus breviter ordinandum, qualiter in hac villa et instrumenta certo tempore perfecta reddantur et tabelliones ipsi juxta sui laboris remunerationem contenti de fide et diligencia possint et debeant merito commendari.

3. Statuimus igitur quod de mutuo, de commanda seu capiti, de a[c]quisitione debiti, de locatione (3) predii urbani vel rustici, de laudimio, de jure prelationis, de recognitione canonis vel servicii, cum confici (4) oportuerit instrumentum, habeat tabellio, pro singulis ins-

(1) Ms. : *peragant*. (2) Gui Fulcodi, le futur pape Clément IV, né à Saint-Gilles vers 1190 ou 1195, élevé à l'école de l'abbaye. (3) A : *lacacione*. (4) A : *confisci*.

trumentis horum contractuum, VI denarios tantum, si terminos non excesserit prefinitos seu prestitos. Hoc est si in operatorio, vel tabulis, vel draperia, vel ecclesia beati Egidii notam receperit instrumenti.

Idem dicimus ubicumque eam receperit, si transiens, non aliunde adductus, mandatus fuerit facere instrumentum.

Si vero extra loca predicta tractus fuerit in villa, vel suburbiis, vel Hospitali aut Templo, pro singulis predictis, IX denarii ei dentur (1).

Que omnia intelligimus si contractus inter principales personas dumtaxat fuerit celebratus.

4. Quod si fidejussores vel fidejussor, constitutores vel paccatores adjecti fuerint pro omnibus quotcumque fuerint, non pro singulis, dicta precia tantum II denariis augeantur.

Si vero adjiciantur hostagia, similiter pro omnibus, non pro singulis, alii *Folio 15* duo denariis tantum dicta precia augeantur.................................... statuimus yppoteca, sive fuerit mobilis, sive immobilis vel.....

5. Sane de societate, de facheria (2), de locatione fe[udorum] habeat tabellio, pro singulis instrumentis, XII denarios tantum infra [loca predicta. Extra vero], XVIII denarios, nisi transiens vocatus fuerit ut superius [est notatum]. De venditione vero perpetua vel ad tempus, vel ejus revocatione, de emph[yteusi], de donatione inter vivos, vel causa mortis, vel revocatione earumdem, de per[mutatione], de religione intranda, de divisione, de albergarie officio obtinendo, de transactionibus, de compromissis, de dotibus, de innominatis contractibus, pro singulis instrumentis habeat tabellio XVIII denarios tantum infra loca predicta. Extra vero, II solidos, nisi transiens vocatus fuerit ut superius est notatum.

6. In testamento clauso, V solidos tantum dari precipimus, cum publicatione ; quorum III solidi solvantur antequam scribat tabellio, vel pignus ydoneum saltim detur ; II vero residui cum fuerit publicatum.

---

(1) A : *dantur*. (2) Amodiation à mi-fruits.

De codicillis clausis II solidos cum publicatione dari precipimus, medietatem vero in principio, et aliam medietatem post publicationem solvendam.

De transcripto vero testamenti clausi, III solidos.

De transcripto codicillorum clausorum XVIII denarios dari precipimus.

De testamento nuncupativo (1) II solidos ; et de transcripto idem dari mandamus.

7. De inventariis autem, secundum prolixitatem aut brevitatem eorumdem, a III solidis usque ad XV, sine locorum distinctione dari mandamus.

De venditione cum licitatione et curie decreto confecta, pro toto instrumento III solidi tantum dentur.

De tutellis vero et curis (2) et emancipationibus et manumissionibus (3) et adoptionibus, tutelle et cure acquitationibus diffinitivis sententiis, II solidi tantum dentur.

8. De publicatione vero testium extra ultimas voluntates, quam tabellio in publicam formam redegerit, habeant pro singulis testibus IIII denarios. Si tamen unicus productus fuerit, VI denarii ei dentur.

---

(1) Le testament nuncupatif ou oral du plus ancien droit romain tendit à se transformer en testament écrit dès l'époque impériale (Cf. *Code* de Justinien, lib. VI, tit. XXIII, *De testamentis et quemadmodum testamenta ordinentur*, loi 31). Jusqu'à cette transformation, l'écriture n'aura rien d'essentiel. Elle ne sera qu'un moyen de transmission, de preuve. Dans les pays de droit écrit, ce n'est qu'en 1735 que le testament nuncupatif pur disparut devant le « testament nuncupatif écrit » (Cf. *Ordonnance concernant les testaments*, Versailles, août 1735. Texte dans Isambert, t. 21, p. 386-402). M. Paul Viollet, le pénétrant historien du droit, dit que la transmutation, comme le montre cette curieuse expression, ne fut pas absolue. Elle ne l'est pas encore dans le droit moderne, ajoute-t-il, car derrière le testament par acte public du *Code civil* nous apercevons facilement l'ombre portée du vieux testament nuncupatif (*Précis de l'histoire du droit français. Sources. Droit privé*, p. 768-9). (2) A : *curiis*. (3) La *manumissio* du droit romain est l'affranchissement d'un esclave. Ce terme, dans notre texte, est un souvenir ou un témoignage du servage, devenu synonyme d'émancipation.

Si vero aliquis tabellionem duxerit extra loca superius adnotata, quod inter eos convenerit observetur.

Item, si quis casus emerserit hoc statuto non declaratus, et ille cujus est instrumentum cum tabellione convenire non poterit, arbitrio et voluntati judicis et vicarii stetur uterque.

9. In omnibus vero casibus in quibus precium instrumenti infra XII denarios consistere disposuimus, antequam notam conficiat totum solvi precipimus, vel pignus ydoneum tradi, et residuum cum factum fuerit instrumentum ; salvis hiis que de testamentis et eorum transcriptis et codicillis similiter et transcriptis supra diximus ordinatum.

Ad instrumenta perfecta redimenda, sine dilatione et forma judicii compellat curia universos.

10. Inhibemus autem districte ne quis tabellio diebus dominicis, aut in passionibus apostolorum, aut festivitatibus beate Marie aut beati Egidii, aut aliis festivitatibus precipuis, acta scribat aut aliam publicam scripturam f[aciat, nisi ad excipiendum] ultimam voluntatem, vel nisi contractus inter pers[onas conficiendus erit, quarum] altera, vel egritudine sit detenta, vel in re...... longo tempore absentia.

11. Rursum severissime prohi[bemus ne aliquis] tabellio de contractu usurario, qui expressam usuram contineat, [modo] quolibet faciat vel recipiat instrumentum.

Sed nec pro in[teresse ulla] summa excedat summam in Lateranensi concilio (1) tolleratam, [scilicet pro] libra IIII denariorum, quam tollerat Ecclesia, licet non approbet, in Judeis.

(1) Ms. : *consilio*. En 1233, date de notre statut, le dernier concile de Latran avait été celui de 1215, célèbre par plusieurs de ses canons.

IV

Constitution de Pons II de Marguerittes, abbé de Saint-Gilles.

I

Le 5 des ides de novembre (1) 1246, l'abbé Pons de Marguerittes, avec l'assentiment de ses religieux et des prud'hommes de Saint-Gilles, voulant rechercher, sur l'état de la ville et de la cour, vu la désuétude des anciennes lois municipales, des coutumes à observer perpétuellement dans les affaires et les jugements, les a fait recueillir et mettre par écrit, ordonnant de s'y conformer. La promulgation a lieu à Saint-Gilles, en présence des religieux (2), des prud'hommes et de Gui Fulcodi. Suit la teneur des coutumes.

IV

Folio 10 :

Constitucio domini Poncii de Margaritis, abbatis Sancti Egidii.

I

(1246.) Anno ab incarnatione Domini M° II^c XLVI^{to}, V^{to} idus novembris, regnante Ludovico, Francorum rege ;

Quia natura cotidie novas edere formas deproperat, et pro varietate temporum constitutiones tam ecclesiastice quam civiles sepius inmutantur, idcirco dominus Poncius de Margaritis, Dei gratia monasterii Sancti Egidii abbas, de fratrum suorum consilio [et consensu, atque proborum hominum infra villam Sancti Egidii vitam de] gencium, in hac parte, sicut in instrumento inde [facto constat, stipulantium] ;

---

(1) 22 mars. (2) Notre abréviateur ne donne malheureusement pas les noms, sauf celui de Guillaume.

Intendens, ad statum ville et curie Sancti Egidii, in [lapsum casis] legibus municipalibus quibus villa usa est longo tempore, consuetudines [indagari] in negociis et judiciis perpetuo valituras, et easdem [collectas.....] per istas, non correctas conscribi voluit et precepit et decrevit in......... et preteritis nostra decisione firmiter observari.

Hec omnia [facta sunt apud S. Egidium, presentibus] fratribus videlicet Guillelmo, etc., monachis, et aliis probis hominibus hujus ville, [de consilio domini] Guidonis Fulcodii, etc., pro se et universitate predicta ; quarum consuetudinum tenor [sequitur.]

II

De l'authenticité des actes.

Pour assurer la sincérité des actes, la loi municipale a décidé que quatre actes de chaque notaire de la ville, tant vivant que mort, seront conservés dans un coffre public, en la maison de la cour. L'abbé aura une clé du coffre et le viguier aura l'autre. La cour recourra à la comparaison des dits actes, toutes les fois qu'on produira devant elle un instrument de provenance contestée. En le rapprochant des quatre actes du notaire auquel il est attribué, si ce notaire est mort ou absent, la cour l'homologuera ou le rejettera. La partie à qui l'instrument est opposé pourra toujours s'inscrire en faux, car la comparaison ne fournit qu'une présomption, celle de l'identité d'écriture. Si la comparaison l'établit, le reste est de la compétence de la cour. Pour qu'on ne puisse pas ignorer les noms des notaires publics de la ville, morts et vivants, la présente constitution les donne expressément. Quant aux noms des notaires futurs, dès leur création, ils seront inscrits dans un cartulaire déposé dans le coffre public. Celui qui niera l'existence, à Saint-Gilles, de l'un des notaires inscrits dans ces conditions, ne sera point écouté. Si l'on plaide devant des arbitres, on aura recours à la comparaison ainsi instituée. Les quatre instruments de chaque notaire conservés dans le coffre ne pourront être niés ou révoqués en doute par personne.

II

De fide instrumentorum. (1)

Ut fides instrumentorum imposterum non vacillet, providit lex municipalis quod IIII^or instrumenta singulorum tabellionum hujus ville, tam vivencium [quam] defunctorum, et eciam futurorum, in archa publica, cujus unam clavem teneb[unt dominus] abbas et aliam vicarius, infra domum curie recondantur. Ad quorum compara[tionem] recurrat curia quociens aliquod instrumentum coram ipsa (2) produci contingerit, quod negetur ab hujus ville tabellionne confectum, si mortuus sit vel absens tabellio. Et secundum comparacionem IIII^or instrumentorum tabellionis ejusdem predicta curia approbet vel reprobet instrumentum. Parti tamen contra quam (3) producetur instrumentum, op[p]onendi de falso contra ipsum instrumentum, modo legitimo copia reservetur.

Hoc solo ex fide comparacionis presumpto quod ille tabellio cujus nomine conscriptum instrumentum dicetur illud scripsisse.

Si comparacio hoc ostenderit, quod relinquitur ordinem curie presumatur.

Ne vero possit imposterum dubitari qui sint vel fuerint tabelliones hujus ville publici, defunctorum tabellionum et nunc vivencium nomina presenti constitutioni sunt expresse inserta.

Sed eorum nomina qui imposterum creabuntur, statim ut creati fuerunt, in cartulario publico curie, quod in ipsa archa publica reservabitur, conscribentur. Nec audiatur aliquis qui neget aliquem illorum quorum hic scripta sunt nomina, vel in forma predicta scribentur imposterum, in hac villa tabellionem publicum extitisse.

---

(1) Cf. le *Code* de Justinien, lib. IV, tit. XXI : « De fide instrumentorum, et amissione eorum, et de apochis et antapochis faciendis, et de his, quæ sine scriptura fieri possunt ; » et la *Novelle* 73 de Justinien : *De instrumentorum cautela et fide, et primum*, etc.

(2) A : *ipso*. (3) A : *quem*.

Et si coram arbitris litigetur, ad eamdem comparationem, sicut dictum est, recurratur, quorum [instrumentorum] copiam cuilibet petenti curia in judicio vel arbitrio facere teneatur.

Hoc eciam addito quod dicta IIII[or] instrumenta cujuslibet notarii que reponentur in archa non possint negari ab aliquo vel in dubium revocari.

III

Noms des tabellions (1).

En outre, pour que les noms des viguiers, juges ou assesseurs qui ont tenu la cour du monastère ne puissent faire doute, la présente constitution les donne par ordre chronologique, et on les inscrira dans le cartulaire public dont il vient d'être question. Nul n'aura le droit de les révoquer en doute.

III

Nomina tabellionum.

Nomina vero tabellionum hujus ville, tam deffunctorum quam nunc vivencium, sunt hec : Raimundus Bodonis, etc.

Preterea, ne (2) de vicariis et judicibus seu assessoribus eorumdem qui curiam monasterii tenuerunt, possit imposterum dubitari, nomina illorum qui a multis retroactis temporibus curie monasterii prefuerunt hic per ordinem sunt adjecta, et eorum nomina qui (3) pro tempore preponentur, in dicto cartulario publico conscribentur. Nec alicui liceat in dubium revocare vel inficiari illos quorum sunt nomina vel erunt scripta, in dictis officiis functos (4) esse. Et idem dicimus de illis quorum nomina in cartulario publico, prout dictum est, conscribentur.

---

(1) L'abréviateur ne donne que le premier. (2) A : *nec.*
(3) A : *que.* (4) A : *functas.*

IV

Noms des viguiers (1).

IV

Nomina vicariorum.

Folio 11 : Nomina autem vicariorum [sunt] hec : Poncius [.....]

V

Noms des juges (1).

V

Nomina judicum.

Nomina autem judicum sunt hec : Egidius Gralha ; Guido [.....]

VI

De l'obligation des témoins.

Comme, selon les sanctions canoniques, la faute est la même de taire la vérité ou de mentir, il est ordonné que, nonobstant la loi municipale ou ancienne coutume, corrigée en ce point par l'abbé pour l'utilité commune, les témoins seront contraints par la cour, à la requête du demandeur ou du défendeur, de déposer, soit devant la cour, soit devant les arbitres, à moins cependant d'incapacité de témoigner ou d'excuse, aux termes du droit écrit. Il faut ajouter, par la faveur du présent chapitre, que nul ne sera contraint de témoigner, en matière criminelle, contre un parent ou allié jusqu'au troisième degré, à moins que la cour ne procède de son office. En ce cas, personne n'échappera à l'obligation de témoigner, à moins d'excuse du droit écrit, ou de crainte d'encourir l'irrégularité. En outre, si, en matière criminelle, est appelé à témoigner un clerc, ou un laïque redoutant l'irrégularité

(1) L'abréviateur ne donne que le premier.

parce qu'il aspire à la cléricature, il peut s'excuser en affirmant le fait par serment, que la procédure criminelle soit ordinaire ou d'office.

VI

De testibus cogendis. (1)

Cum secundum sanctiones canonicas par interdum sit culpa veritate[m] celantis et mendacium proferentis, statutum est quod, lege m[unicipali] seu consuetudine veteri non obstante, quam in hac parte duxit d[ictus] abbas, cum dicto suo consilio, pro communi utilitate corrigendam, ad postulacionem actoris vel rey, testes per curiam, sive in curia, sive coram arbitris litigetur, ad proferendum testimonium compellantur, nisi tamen de jure scripto a ferendo testimonio repellantur vel eciam excusentur (2). Hoc eciam addito, ex presentis capituli beneficio, quod nullus ferre testimonium compellatur in causa criminis, sive civiliter, sive criminaliter agatur de crimine contra consanguineum vel affinem, dum tamen gradum tercium consanguinitatis vel affinitatis (3) non excedat, nisi curia ex officio suo procedat. Quo casu quilibet ad ferendum testimonium compellatur, nisi legibus scriptis se valeat excusare, vel metum incurrere propter hoc irregularitatis juxta formam infrascriptam allegat.

Preterea, si quis in crimine vocetur ad testimonium qui, vel sit clericus vel laïcus talis qui irregularitatem timeat et ad clericatum aspiret, ac possit et debeat aspirare, et hoc suo velit asserere juramento, hoc scilicet quod ob metum irregularitatis solummodo se excuset, eum a ferendo testimonio duximus excusari, sive ordinarie, sive ex officio in crimine procedatur.

VII

De la vente des revenus des mineurs.

Pour favoriser les mineurs, ou les autres personnes exposées à de nombreux dangers, en raison de l'âge ou

(1) Cf. le *Digeste* de Justinien, lib. XXII, tit. V, *De testibus*; le *Code*, lib. IV, tit. XX, *De testibus*. (2) A : *excusantur*.
(3) A : *affinitas*.

de la maladie, cette loi municipale ordonne aux tuteurs et curateurs du droit écrit de vendre à l'adjudication publique les revenus et produits de leurs possessions, usufruits et censives. De cette vente il sera dressé instrument public par un notaire de la ville, qui devra en donner un double à la personne en tutelle ou curatelle, sur sa réquisition. La licitation sera publiée d'avance pendant six jours fériés. Le tuteur ou curateur ne pourra rien retenir, pour soi ou un autre, desdits revenus, ni rien recevoir de l'adjudicataire, sauf héritage ou legs. Si le tuteur ou curateur juge la vente désavantageuse, il exposera ses motifs à la cour, qui statuera, avec le conseil des parents.

VII

De redditibus minorum distrahendis.

Ut provideatur minoribus similibusque personis quas etatis infirmitas, aliusve defectus, multis exponit periculis, hac lege municipali statuitur quod tutores et curatores minorum et aliarum similium personarum quibus curator datur secundum legitimas sanctiones, redditus et obvenciones possessionum, usaticorum et censuum ad personas quarum gerunt tutellam vel curam spectancium, publice distrahant ad incantum, et eis tradent qui vicerint licitando. De qua vendicione per tabellionem hujus ville tantum faciant fieri publicum instrumentum. Qui tabellio, ex debito sui officii, persone illi que sub distrahentis tutella vel cura fuerit constituta, teneatur inde similiter facere instrumentum, quociens fuerit requisitus.

Dicti autem red[d]itus per VI dies festivos publice licitentur, et qui in licitacione vicerit satisdet ydonee ipsi tutori vel curatori. Nec possit tutor vel curator dictos red[d]itus per se vel alium retinere, vel ab eo qui retinuerit ex aliqua causa, preter hereditariam, vel legatum recipere vel hereditare.

Quod si tutori vel curatori videatur exp[edire dictos redditus] minime licitari, causam exponet curie, que, vo[catis propinquis minoris, jubebit licitari] vel a licitacione desisti, cum consilio propinquorum.

Ad pr[edicta servanda tutores] et curatores per curiam compellantur.

VIII

De la reconnaissance des redevances.

Comme les emphytéotes et les fermiers dénient et dérobent souvent aux maîtres des biens les prestations accoutumées, ce qui leur cause un grand préjudice, la loi municipale et la constitution de l'abbé ont décidé que celui qui aura payé pendant trois ans, pour un immeuble rural ou urbain, au maître du service, une censive, un usage ou autre prestation, continuera de la payer à l'avenir. Requis par le maître, il sera tenu de lui faire, par charte publique, reconnaissance du service accoutumé, s'il ne prouve qu'il l'a payé induement. Il suffit que lesdites prestations aient été payées trois fois, soit par le tenancier, soit par son ayant cause.

VIII

De recognicione canonis.

Quia sepe male gravantur domini (1) prediorum, quibus ab emphiteotis et [firmariis] consueta servicia denegantur et subtrahuntur, lege fuit munic[ipali et constitutione] domini abbatis provisum :

Ut quicumque censum vel usaticum [aut aliquam] prestacionem pro predio rustico vel urbano, vel possessione, se[rvicii domino] alicui ter prestiterit, exinde prestare cogatur imposterum. Et [teneatur recognitionem in] carta publica facere domino servicii consueti, monitus ab eodem, nisi [monstrare] poterit se dictum censum vel usaticum, vel prestacionem aliam, indebite persolvisse. Et sive dicte prestaciones ab ipso possessore, sive ab alio a quo causam habuerit, [sive] inter ambos ter fuerint, ut dictum est, persolute, ex tunc domino persolvantur, salva exceptione predicta.

---

(1) Ms. : *dominis.*

IX

De la peine des joueurs blasphémateurs.

Pour extirper un abus de l'ancienne corruption, qui porte des lèvres incirconcises et des esprits turbulents à blasphémer, dans la fièvre du jeu, le Rédempteur, la Vierge et les Saints, il est statué que le joueur à n'importe quel jeu, jurant par un membre de Dieu, de la Vierge, de saint Gilles, ou les blasphémant et outrageant, paiera 3 sols par blasphème ou jurement. S'il s'agit d'autres saints, il paiera 2 sols de monnaie courante. La moitié de ces amendes appartiendra à la cour, et l'autre au dénonciateur. La cour, avec ou sans serment, appréciera le degré de confiance que mérite celui-ci. Si le blasphémateur est insolvable, la cour le punira arbitrairement. Tout ceci s'entend des joueurs, de ceux qui font jouer pour eux-mêmes et de ceux qui favorisent l'un des joueurs. On les appelle vulgairement « transversatores » (1). La cour tiendra secret le nom du dénonciateur.

IX

De pena ludencium (et) jurancium.

Ad abusum corruptele veteris extirpandum, quo plures et pluries incircumcisis labiis et spiritu turbulento ludentes in alea et ludis aliis ad ipsius Redemptoris Nostri blasphemias, necnon et gloriose Virginis, ceterorumque sanctorum ling[u]as temerarias extendere non vereuntur ;

Statutum est quod si quis ad quemlibet ludum de Deo, de beata Maria Virgine vel sancto Egidio, blasphemiam vel contumeliam dixerit, vel per membrum eorum juraverit (2), in tribus solidis pro singulis blasphem[i]is et juramentis mulctetur.

---

(1) Terme supposant le roman : *traversadors*. La version provençale ne donne pas ce détail. (2) La version provençale détaille plus naïvement : « ho perjura per lo cap, lo sang, lo fegge ho autre membre de Dieu, de la virgen Maria ho de sanct Gily. »

Si vero de aliis sanctis, in II solidos mul[c]tetur usualis monete.

Quarum mulctarum medietas sit curie, et alia medietas revelantis ; cui de hiis fidem habeant, curia, cum juramento vel sine, juxta fidem et merita personarum.

Si vero blasphemus solvendo non fuerit, arbitrio curie puniatur. Hoc totum intelligatur tam de ludentibus quam de hiis qui pro se ludi faciunt ; tum eciam de hiis qui ludencium fovent alterutrum, qui transversatores vulgariter appellantur. Et celet curia revelantem (1).

X

Défense aux notaires d'être avocats.

Les tabellions, tant qu'ils exerceront leur office, n'usurperont point celui d'avocat, ni de procureur, sauf en leur propre cause, et cela sans fraude. Ils ne seront admis à plaider que pour les pupilles dont ils auront la tutelle, pour les adultes dont ils auront la curatelle, ou leurs parents et alliés jusqu'au troisième degré canonique. Ni consentants, ni malgré eux, ils ne doivent être curateurs à un procès.

X

Ne tabelliones sint advocati.

Tabelliones, dum suum exercent officium, advocacionis officium non usurpent, nec procurationis, nisi in rem suam, et hoc sine fraude. Nec advocare volentes aliquathenus admictantur (2), nisi pro suis pupillis, quorum tutellam gerunt, vel pro adultis quorum curam habuerint generalem, vel pro consanguineis et affinibus usque ad tercium gradum canonicum (3).

---

(1) A: *revelentem.* (2) A : *admictentur.* (3) Suivant le droit canonique, en ligne collatérale, il faut compter deux personnes engendrées pour faire un degré, sans y comprendre la souche commune. Suivant le droit canonique en ligne directe, et suivant le droit civil en ligne directe et en ligne collatérale, chaque personne engendrée fait un degré, sans y comprendre la souche commune (De Ferrière, *Dictionnaire de droit et de pratique*, Toulouse, 1779).

Ad litem vero curatores non dentur volentes, nec compellantur inviti.

XI

Des quittances des mineurs.

Il est défendu, par la présente loi, aux tuteurs, de demander décharge ou quittance à leur pupille devenu pubère, si celui-ci n'est assisté de son curateur. A défaut de curateur, la quittance sera donnée devant la cour, ou en présence de trois parents au moins du pupille, à peine de nullité de la quittance, et du serment qui aurait été prêté.

XI

Folio 12: **De acquitacionibus (1) minorum.**

Cautum est lege presenti ne illi qui tutelam aliquo[rum pupillorum gesserint,] ab eisdem, factis puberis, absolutionem vel acquictacionem [petant];

Nisi curatore ipsorum presente, vel, si curatorem non habeant, in presentia [curie, aut] trium ad minus propinquorum (2) persone illius cujus tutelam gesserunt. Et aliter nulla sit absolutio. Et postulante illo qui acquictacionem fecit, con[dempnet] eos curia ad adquictacionem dissolvendam et instrumentum acquictacionis [cancellandum]. Et juramentum, si prestitum est, relaxandum.

XII

Du délai d'outre-mer.

Celui qui demande un délai d'outre-mer devra nommer secrètement au juge les témoins, afin que le juge puisse apprécier si la demande est calomnieuse. Si la suite le montre, c'est-à-dire si le demandeur produit des témoins autres que ceux nommés, et succombe en sa cause, il sera condamné aux dépens, sur lesquels on s'en tiendra au serment de l'adversaire, sans préjudice de la taxation du juge, et il perdra le bénéfice de l'appel. Le délai d'ou-

(1) A: *acquictacionibus.* (2) A: *de propinquorum.*

tre-mer ne sera point accordé si celui qui le demande renonce à l'autre production de témoins. Il ne sera accordé qu'une fois dans la même cause, et ne le sera point du tout, si la cause n'est pas supérieure à un marc d'argent.

XII

De dilacione ultramarina.

Quicumque dilationem ultramarinam petierit, teneatur nominare testes in secreto judici, ut, ex circumspectione ejus, ap[p]areat an sit calumpniosa petitio. Et si ap[p]areat postea quod petierit per calumpniam, quod ap[p]arebit ex eo quod testes non produxerit nominatos, hanc penam sustineat quod, si in causa succubuerit, condempnetur adversario in expensis, probandis per sacramentum litigantis, judicis taxatione premissa, et beneffìcium appellationis amictat.

Hoc adjecto quod ita demum concedatur transmarina dilatio, cum alii testium productioni qui eam dilationem petet renuntiaverit.

Et hec dilatio plus quam semel in causa aliqua nullatenus admictatur.

Nec eciam semel, si causa sit unius marche argenti tantum vel infra subsistat.

XIII

De la restitution de la possession.

Si quelqu'un se plaint d'avoir été dépouillé par violence de la possession d'une chose, la cour devra, sans *libelli oblatio* (1) ni *litis contestatio* (2), enquérir d'office sur simple dénonciation, et ordonner la restitution, au besoin *manu militari*. Le spoliateur alléguant être seigneur de la chose ou avoir un autre droit sur elle, ne sera pas écouté avant la restitution.

---

(1) Dépôt d'une plainte écrite. (2) En droit romain, le moment où le magistrat délivrait la formule et renvoyait les parties devant le juge.

XIII

De restituenda possessione spoliatis.

Si quis possessione (1) rei cujuslibet se, per vim ablativam vel expulsivam, conqueritur spoliatum, possit et teneatur curia, sine libelli oblacione et litis contestacione (2), ad simplicem denuntiacionem ejus qui se asserit spoliatum, de spoliatione inquirere ex officio, et eam eidem jubere restitui ; et si opus fuerit, manu restituere militari.

Nec audiatur aliquatenus spoliator, si se dominum esse vel aliud jus in re ipsa habere dixerit, donec sit spoliato possessio restituta. Ex tunc vero factus de possessione petitor in jure suo per curiam audiatur.

XIV

Des débiteurs livrés aux créanciers.

L'ancienne loi municipale, ordonnant que le débiteur insolvable sera livré à son créancier (3), sauf certaines exceptions, doit être interprétée avec humanité et discernement. Aussi le présent statut n'admet pas la livraison d'un débiteur chrétien à un créancier juif, ni celle d'un homme à une femme, d'une femme à un homme, ou d'un habitant de Saint-Gilles à un étranger, pour cause de dette.

---

(1) A : *possessionem*. (2) En droit romain, sous l'empire des *judicia ordinaria*, le moment où le magistrat délivrait la formule et renvoyait les parties devant le juge, se nommait *litis contestatio*. C'était le dernier acte de procédure *in jure*, devant le magistrat. On pense que l'expression *litis contestatio* vient de ce que primitivement le magistrat n'écrivait pas la formule, et que les parties étaient dans la nécessité de prendre à témoins les personnes présentes : *Testes estote*. (3) Curieuse survivance du droit antérieur à Justinien.

XIV

De debitoribus reddendis et qui excipiuntur creditoribus. (1)

Lex municipalis antiqua, que debitorem inopem reddi precepit creditori (2), salvis quibusdam exceptionibus in eadem lege contentis, humanitatis intuitu communi [et] judicii intelligitur. Necnon et presentis declaratione statuti talem interpretationem admictit ut, nec creditori judeo debitor christianus, nec vir mulieri cuilibet, nec mulier viro ; sed nec habitator hujus ville extraneo, pro debito sint reddendi.

XV

L'avocat ne doit plus donner de conseil après le serment de calomnie.

En toute cause, après le serment de calomnie, si le demandeur ou tout autre fait une interrogation, il est permis à l'avocat, même avant que son client, requis, ne réponde, d'expliquer et de discuter, devant le juge, si la question est acceptable, ou si elle est insidieuse ou méprisable. Mais, après que le juge a ordonné d'y répondre, l'avocat ne doit pas guider son client dans une réponse de fait, ni le prévenir, ni lui parler à l'oreille, ni le tirer à part jusqu'à ce qu'il réponde, à moins de consentement du juge. L'avocat qui enfreindra ces règles sera puni de 5 s. t. d'amende chaque fois. Et si la cour les lui remet, ils seront appliqués à la partie adverse.

---

(1) Cf. la loi des XII Tables, 3 : *Aeris confessi*, etc.; le *Code* de Justinien, lib. IV, tit, X : *De obligationibus et actionibus*, loi 12; la *Novelle* 134, cap. 7.

(2) Ce chapitre est une curieuse survivance du droit antérieur à Justinien. D'après la loi des Douze-Tables, le débiteur qui n'avait pas payé sa dette dans un certain délai, après sa condamnation en justice, était attribué à ses créanciers et vendu comme esclave *trans Tiberim*.. Cet état de choses fut adouci par la loi Petilia Papiria. L'*addictus* ne devient plus esclave ; il doit travailler pour son créancier jusqu'à extinction de sa dette. On ne peut guère expliquer cette survivance que par l'importance commerciale de Saint-Gilles, et la nécessité de donner des garanties sérieuses aux détenteurs d'argent qu'on voulait y attirer.

XV

Ne advocati dent consi[lium post] sacramentum calumpnie.

In causa qualibet, post calumpnie juramentum (1), si qua fiat in[terrogatio actoris aliusve, permittitur] advocato, eciam ante requisitus clientulus suus respondeat, coram judice [ostendere et disputare] an posicio sit admictenda, an duplex eciam sit vel obsoleta. [Sed postquam] judex ad eam responderi preceperit, advocatus clientulum in [responsione de facto non] instruat, nec preveniat, nec cum eo in aure loquatur, nec eum t[rahat] ad partem donec responderit, nisi hoc fecerit assensu judicis.

[Advocatus] autem qui contra fecerit, pro singulis vicibus in V solidos turonensium puniatur. Et si [eos curia illi] remiserit, adversario applicentur.

XVI

Des copies des testaments.

Les copies des testaments et dernières volontés, prises sur les originaux, d'autorité de la cour en présence de l'héritier, ou, s'il est mineur, de son tuteur ou curateur ; ou bien l'héritier appelé et refusant de venir ; ou bien, si on ne le trouve pas, après signification envoyée à son domicile ; ces copies feront foi comme les originaux. Mais, avant que le notaire ne les souscrive, elles seront collationnées devant la cour sur les originaux, et au besoin corrigées, l'héritier semblablement appelé, ou son tuteur ou curateur, dans la forme susdite. Les mêmes formalités seront observées pour les copies des contrats perpétuels, appelés ceux que la cour jugera devoir l'être. Si elles portent la mention par main publique de l'observation de ces formalités, elles seront présumées régulières.

---

(1) Cf. le *Code* de Justinien, livre II , tit. LIX, *De jurejurando propter calumniam dando.*

Les copies des testaments et dernières volontés, faites d'autorité de la cour et portant cette mention, seront tenues pour publiques et authentiques.

XVI

De transcriptis testamentorum.

De transcriptis autem testamentorum et ultimarum voluntatum ita est ordinatum [ut] transcripta sumpta et sumenda imposterum ab originalibus, auctoritate curie et mandato, presente herede, vel, si sit minor, tutore vel curatore ejusdem, vel vocato, et tunc venire nolente, vel, si non inveniatur, denunciacione ad domum ipsius missa, eamdem fidem habeant quam haberent si originalia essent; ante tamen quam a notario subscribantur, legantur coram curia cum originalibus, et, si opus fuerit, emendentur, vocato tunc similiter herede vel tutore vel curatore ejus in formam predictam.

In transcriptis autem aliorum instrumentorum super perpetuis contractibus confectorum vel conficiendorum, eadem forma servetur, vocatis hiis quos curia cognoverit evocandos. Et si per manum publicam inveniatur in eis scriptum quod in modum predictum sint facta, presumantur predicta omnia legitime processisse.

Transcripta autem testamentorum et ultimarum voluntatum actenus confecta auctorite curie, quod eo ipso probabitur quod hoc in eisdem invenietur subscriptum, pro publicis et auctenticis habeantur.

XVII

Des cartulaires des notaires [défunts].

Afin que les cartulaires des notaires défunts ne tombent pas entre les mains de personnes non jurées, la présente constitution ordonne que, aussitôt après la mort d'un notaire, l'abbé prendra ses cartulaires et les confiera à un notaire de son choix, réservé le droit de l'héritier du défunt (1).

---

(1) Le texte latin s'arrête là sur un « *etc.* », mais la version provençale donne intégralement ce statut.

XVII

De cartulariis notariorum, etc.

Verum, ne, defunctis notariis, cartularia eorumdem ad personas veniant non juratas, presente constitutione cavetur quod, statim post mortem notarii, dominus abbas cartularia ipsius accipiat, et comictat, absque morae dispendio, uni notario quem elegerit, servato tamen indempne herede notarii deffuncti. (*Le texte latin de ce statut s'arrêtant ici, nous le complétons par la version provençale.*) Et que de la dita comission sia faitz instrument public. Et aussi sera scripta la dita comission al caltulari public de la dita cort. Et faitz et observat so que dit es, non sera permes a dengung de allegar, negar ny dobtar que las ditas notas non ayon estadas comessas al dit notari, ny negar lodit cartulari de la dita cort estre public. Et que alz instrumentz preses et expedis de las ditas notas per lodit notari, comes, ansy que dict es, en las ditas notas, sera ajustada plena et entieyra crezensa, amsy que aguera estat al notari que aura prezas las ditas notas. Et que lodit cartulari public de ladita cort, en loqual seront scriptz los noms delz notaris, delz viguiers, juges et accessors, sera subscript per tos los notaris.

XVIII

Serment des sergents ordinaires. (1)

Le viguier ordonne que les sergents de la cour jureront d'abord fidélité ; ensuite, de garder le secret ; de se rendre bien compte des criées et des peines édictées par elles ; de faire les saisies par eux-mêmes, sans attendre l'autorisation du viguier ou des curiales, donnée une fois pour toutes ; d'amener immédiatement devant le viguier

(1) Ce statut, qui n'émane que du viguier, n'existe pas dans la version provençale.

les délinquants ou les animaux saisis en vertu des criées ; de faire avec fermeté les criées, citations et exécutions, et de revenir immédiatement après en rendre compte à la cour ; de ne pas moins exercer l'office de la cour à l'égard de camarades, d'hôtes, d'amis, de parents, de voisins, d'associés. Chaque jour d'audience, l'un des sergents sera continuellement présent devant la salle. Chacun d'eux se présentera d'office, chaque jour, deux fois avant dîner et deux fois après, à moins d'être occupé à d'autres affaires urgentes de la cour avec l'autorisation du viguier. Aucun ne s'immiscera sans licence dans les affaires étrangères ou de la cour.

XVIII

Juramentum serviencium ordinariorum. (1)

Volumus nos vicarius quod hec jurent nuncii nostre curie servientes :

Et quilibet primo fidelitatem.

Item, tenere secretum et in eodem nostre curie procurare.

Item, preconisationes et penas in eisdem approbatas diligenter intelligere, et si contra inveniant, facta preconisatione per se vel per alios, quod possint et teneantur pignorare per se ipsos, sine licentia nostra vel aliorum nostrorum curialium, quam nunc damus. Et quod inmediate dicta pignora nobis ap[p]ortent, videlicet illos qui contra preconisationes nostras venerint, vel animalia, secundum quod fuerit preconisatum.

Item, quod viriliter faciant preconisationes, citationes et exeqtutiones, secundum quod fuerit injunctum, et incontinenti, sine aliquo intervallo, reveniant ad curiam, et faciant relationem de citatione vel exeqtutione vel mandato.

Item quod propter compares, hospites, amicos, consan-

(1) Ce statut ne paraît point avoir fait toujours partie de la constitution de 1246. En tout cas il n'émane que du viguier, et n'existe pas dans la version provençale.

guineos, vicinos, socios, non minus *Folio 13* exerceant officium curie.

Item, qualibet die causarum, [quod ex eis u]nus sit continue presens ante talamum.

Item, volu[mus quod, sine] mandato, quilibet se presentet ante prandium bis qualibet [die, atque] post prandium bis, nisi pro necessariis negociis curie fuerint occupati aliis cum nostra licentia.

Item, quod nemo se inmiscerit in [rebus] alienis vel propriis sine licencia.

V.

Litige entre le monastère et les syndics de la ville, et son apaisement par sentence arbitrale.

I

Le 18 des calendes de juillet 1257, est dressé acte de la solution des différends pendants entre G[uillaume de Sieure], abbé de Saint-Gilles, le monastère, l'infirmier, prieur de Saint-André de Camarignan, le conrasier, prieur d'Estagel, et le prieur de Sieure, d'une part ; les habitants et les syndics de la ville de Saint-Gilles, d'autre part. L'abbé, avec l'assentiment des deux parties, a institué et délégué solennellement comme juges B[ernard] Dorna, archidiacre de Béziers (1), et G[uillaume] de Codols, jurisconsulte, comme il est expliqué dans un acte du notaire G. de Meynes. Les parties ont présenté auxdits juges leurs demandes et plaintes. Les juges ont fait leur enquête. Les parties, sauf le prieur de Sieure, alors absent, ont confié auxdits juges la mission de terminer leurs différends, en prenant l'avis de Gui Fulcodi, comme il est expliqué dans un autre acte du même notaire. Teneur de la sentence arbitrale.

(1) B. Dorna ou de Dorne, provençal, élève du jurisconsulte Azon (*Introduction historique au droit romain*, par Alph. Rivier, p. 570).

V

Folio 15 :

Discordia sopita que fuit inter monasterium et scindicos ville et eorum sentencia.

I

(1257.) Anno ab Incarnatione Domini M° II^c LVII°, XVIII kalendas julii (1), regnante Ludovico, rege Francorum;

Cum sit fragilis hominum memoria et labilis et vita hominis brevis, et ut vapor fumi tenuis et exilis, moribus et legibus est a prudentibus antiquitus introductum ut res geste, ad perennem (2) memoriam, scriptis publicis et auctenticis commendentur, ne processu temporis, per oblivionem veritatis, valeant (3) deperire.

Serie igitur hujus publici instrumenti universis sit imperpetuum maniffestum quod inter dominum G[uillelmum], abbatem, (4) et monasterium Sancti Egidii ; et P[etrum], infirmarium ejusdem monasterii, priorem Sancti Andree de Campo Arinhano ; et R., conresarium ejusdem monasterii, priorem de Stagello ; et magistrum P[etrum], priorem de Sieura, ex una parte ;

Universitatem et homines et scindicos universitatis ville S[ancti] Egidii], ex altera ;

Plures questiones et contrasta controversie (5) ad invicem multipliciter vertebantur.

Super quibus prefatus d[ominus] a[bbas], assensu utriusque partis interveniente, discretos viros dominos B[ernardum] Dorna, archidiaconem Bicterrensem (6) et G[uillelmum] de Codolis, jurisperitum, statuit judices et sollemniter delegavit, ut in instrumento [confecto per

---

(1) 14 juin 1257. (2) A : *perhennem.* (3) A : *valeat.* (4) Guillaume de Sieure (1252-65). (5) B : *controversie et contrasta.* (6) Bernard Dorna ou de Dorne, provençal, élève du jurisconsulte Azon ; celui-ci de l'école de Bologne, mort vers 1230 et d'une telle réputation, qu'on disait en Italie : *Chi non ha Azzo, non va a Palazzo* (Cf. Alphonse Rivier, *Introduction historique au droit romain*, Bruxelles, 1881, in-8°, p. 570 et 569).

manum G. de Mezenis, publici notarii ville Sancti Egidii] (1) plenius continetur.

Post hec coram nobis, dictis judicibus, dicte partes suas petitiones et querimonias infrascriptas proposuerunt et ad invicem reddiderunt.

Super quibus, responsionibus ab utraque parte hinc [et] inde factis, et facta a nobis dictis judicibus de plano summaria inquisitione, ambe partes supradicte, excepto P., priore (2) de Sieura, tunc absente, nobis dictis judicibus concesserunt ut, tanquam boni [et] veri (3) compositores et arbitratores seu diffinitores, questiones et petitiones utriusque partis, de consilio et assensu domini Guidonis Fucoldii, possemus amicabiliter terminare, ut instrumento inde facto per [manum predicti G. de Mezenis,] (4) notarii (5), hec lacius continetur.

Folio 16 Post hec nos, prefati judices seu arbitratores et amicabiles compositores, facta iterum de plano summaria inquisitione et discussione, visis et inspectis instrumentis hinc et inde productis, et juribus et rationibus hinc et inde propositis diligenter pensatis, habita diligenti deliberatione, de expresso consilio et assensu dicti domini Guidonis Fulcodii ;

Quod ego, (6) prefatus Guido, (7) verum (8) fateor et affirmo, predictas questiones et peticiones infrascriptas pro bono pacis et concordie, honori et utilitati et tranquillitati monasterii et ville Sancti Egidii, cum affectu et effectu providere cupientes, terminamus amicabiliter, ex plenitudine potestatis nobis concesse, ut seriatim in sequentibus continetur.

II

Du pouvoir de juridiction des prieurs de Sieure, Estagel et Saint-André. Ce qu'ils doivent prendre pour le ban et la justice.

Les syndics se plaignent de ce que l'abbé et les trois prieurs ci-dessus font du tort aux habitants de Saint-

(1) Ces onze mots dans B seul, avec la graphie *Mazenis*.

(2) Mot ne se trouvant que dans B. (3) A : *juri*.

(4) Ces cinq mots, entre crochets, ne se trouvent que dans B.

(5) A : *notarium*. (6) B remplace ces deux mots par *quondam*.

(7) B ajoute : *Fulcodii*. (8) B ajoute : *esse*.

Gilles en connaissant des causes à Espeiran, Estagel, Sieure et Saint-André, où ils arrêtent les gens et les tiennent en prison, ce qui ne doit être fait que par la cour séculière de Saint-Gilles et dans la ville, car ces gens ressortissent à la ville.

II

De potestate jurisdictionum priorum de Sieura, de Stagello et Sancti Andree; et quantum debent accipere pro banno et decima litis.

Est igitur sciendum quod scindici universitatis hominum ville Sancti Egidii tradiderunt (1) nobis pro parte sua petitiones et significationes infrascriptas, quarum prima hec est :

Significant vobis, domino B. Dorna, archidiacono (2), et G. de Codollis, jurisperito, judicibus delegatis a venerabili (3) patre domino G., abbate Sancti Egidii, G. Bispius (4), [Giscardus Arnaudus, de Remolinis, et Gilius Bartholomeus, R. Tarascon, Petrus Parayre, Stephanus de Mon[te]frino et Petrus Labot] (5), scindici universitatis hominum Sancti Egidii, nomine dicte universitatis, quod dominus abbas Sancti Egidii, et priores de Syeura, de Stagello et Sancti Andree de Camarinhano (6), monachi Sancti Egidii, injuriantur hominibus Sancti Egidii, cognoscendo de causis apud Espeyran, Stagellum, Syeuram et Sanctum Andream de Campo (7), et ibi capiunt homines et captos detinent ; cum hoc debeat (8) fieri per curiam secularem Sancti Egidii et in villa Sancti Egidii, cum dicti viri sint subjecti ville Sancti Egidii et de ejus tenemento.

---

(1) B : *addiderunt*. (2) B : ajoute : *bicterrensi*. (3) A : *d*. (4) B : *Vispius*. (5) Ces 17 mots entre crochets, dans B seulement. (6) Ces deux mots dans B seulement. (7) B : *Camarinhano*. (8) B : *hec debeant*.

Unde petunt quod (1) cognicio causarum que fit in predictis locis fiat in (2) villa Sancti Egidii, et in curia, more debito et solito.

III

Solution de la première question.

1. Les arbitres décident que les prieurs de Sieure et d'Estagel peuvent exercer leur juridiction dans leur territoire, au civil et au criminel, sans condamnation, pourtant, à la peine de mort ou à la perte d'un membre, suivant l'usage de la terre et des cours.

2. Dans les crimes entraînant ces peines ou la fustigation, lesdits prieurs se borneront à l'arrestation des inculpés et à leur traduction devant le viguier de la cour abbatiale de Saint-Gilles. Le viguier connaîtra de l'affaire et la solutionnera, par acquittement ou condamnation, suivant les usages de la cour. Quant au prieur de Camarignan, il ne connaîtra, dans son territoire, que des questions réelles et mixtes, les autres questions civiles et criminelles appartenant au viguier de la cour.

3. Mais les prieurs de Sieure et d'Estagel, à l'occasion des questions civiles et criminelles de leur compétence, n'arrêteront ni ne tiendront en prison un habitant de Saint-Gilles ou un membre de sa maison, s'il donne caution suffisante dans leur territoire ou à Saint-Gilles, ou s'ils y possèdent des immeubles suffisants. Les trois prieurs s'abstiendront de prendre pour le droit de justice plus du dixième de la valeur du litige, suivant l'usage des cours du roi et de la cour abbatiale de Saint-Gilles. Il serait, en effet, indécent et déraisonnable que ces prieurs prissent, en leurs cours, un droit de justice plus élevé qu'on ne le fait dans des cours plus considérables.

4. En ce qui concerne le territoire d'Espeiran, comme il est immédiatement uni à la mense abbatiale et contigu au territoire de Saint-Gilles, comme, de plus, la cour de Saint-Gilles appartient entièrement à l'abbé, le viguier de cette cour connaîtra de toutes les questions personnelles, tant civiles que criminelles, d'Espeiran. S'il s'agit de questions réelles, l'abbé en connaîtra, par lui-

---

(1) B : *ut*. (2) B ajoute : *predicta*.

même ou son délégué. Mais, comme le bois d'Espeiran est d'une grande utilité, que sa conservation a toujours été très chère à l'abbé, et qu'il y entretient continuellement son garde forestier, les arbitres admettent que, par exception, la connaissance et la punition des vols de bois, de glands, d'écureuils, ou d'autres objets, appartiendront à l'abbé. Il pourra aussi connaître du chemin d'Espeiran. Ce qui est dit du vol dans le bois d'Espeiran est également dit du vol ou de la fraude commis au péage de *Mirapeis* ou d'*El Ra*. Mais, dans ces cas, l'abbé n'arrêtera ni ne détiendra un habitant de Saint-Gilles ou un membre de sa maison, s'il offre des garanties suffisantes ou possède, à Saint-Gilles ou dans le territoire, des immeubles suffisants pour répondre.

III

Solucio ad primam questionem.

1. Hanc siquidem questionem sive peticionem, expressim assenciente (1) nobis prefato domino Guidone ; Nos, preffati (2) Dorna (3) et G. (4) de Codolis, taliter terminamus, statuimus et etiam ordinamus quod, cum predicti priores de Syeura et de Stagello habeant (5) sua tenementa, in quibus habent suas jurisdictiones et districtum et jus suum, sic unicuique observandum, faciant, reddant, teneant (6) et exerceant jus et justiciam, si voluerint, quilibet dictorum priorum in suo tenemento, et hoc tam de civilibus quam de (7) criminalibus questionibus, que tamen, secundum usum et consuetudinem istius terre et curiarum (8), penam mortis, vel membri abscisionem (9) non irrogant nec irrogare consueverunt.

2. Sed in illis criminibus in tenementis dictorum prio-

(1) B : *assistente*. (2) B : *predicti B*. (3) B ajoute : *archidiaconus*. (4) Dans B seulement. (5) A : *qui habent*. (6) Dans B seulement. (7) *Idem*. (8) B : *curialium*

(9) Ici, dans A, lacune de deux ou trois mots que ne comble pas B. Il faut suppléer : *vel fustigationem*.

rum seu prioratuum commissis, que mortem vel membri abscisionem, vel fustigationem, secundum usum et consuetudinem curiarum, irrogant, dicti priores, vel eorum successores, vel vices eorum tenentes, se non intromictant, nisi eatenus (1) quod criminosos cum moderamine possint capere per se vel per alios, et captos adducere et tradere vicario curie ville Sancti Egidii domini abbatis. Qui vicarius, sine contradictione dictorum priorum, de dictis criminibus et criminosis sibi a dictis prioribus adductis, vel eciam a dicto (2) vicario captis, cognoscat, et diffiniat absolvendo, condempnando, et eciam puniendo, secundum quod jus vel usus ipsius curie voluerit et dictabit.

Sed de priore de Campoari[nhano] (3) dicimus et statuimus quod habeat tantum in tenemento de Campoarinhano jurisdictionem et cognitionem de questionibus realibus atque mixtis.

Alie vero civiles et criminales pertineant ad vicarium curie Sancti Egidii.

3. Sed dicti priores, scilicet de Syeura et de Stagello, pro civilibus et criminalibus questionibus, secundum formam premissam, ad dictos priores et eorum prioratus pertinentibus, ipsi priores, vel alii pro eis, non capiant vel (4) detineant aliquem habitatorem ville Sancti Egidii, vel ejus familiam, si possit et velit competenter satisdare vel (5) firmare ipsis prioribus in dictis tenementis et (6) in villa Sancti Egidii, [vel si habeat et possideat bona immobilia in dictis tenementis, vel in villa Sancti Egidii (7),] vel in (8) ejus tenemento, que videantur (9) sufficere ad satisfactionem (10) eorum de quibus questio erit.

Et dicti tres priores, vel eorum successores, pro dictis questionibus ad eos spectantibus, non accipiant pro justicia ultra decimam partem litis, secundum quod in (11) curiis (12) domini regis et in (11) curia domini abbatis (13) Sancti Egidii observatur.

(1) B : *quatenus*. (2) B : *ab ipso*. (3) B : *Camarinhano*
(4) B : *nec*. (5) B : *seu*. (6) B : *vel*. (7) Ces 14 mots, entre crochets, ne se trouvent que dans B. (8) Ne se trouve que dans B. (9) A : *videntur*. (10) Ne se trouve que dans A.
(11) Dans B seul. (12) A : *curia*. (13) Dans B seul.

Indecens enim esset et dissonum rationi, si predicti priores in suis curiis et tenementis, majorem et graviorem justiciam exigerent quam in majoribus (1) curiis exigatur.

4. Super facto vero et tenemento de Sperano (2), quantum ad articulum et questionem presentem, taliter statuimus et ordinamus quod, de universis [questionibus personalibus (3),] tam de civilibus quam de (4) criminalibus, subortis, contingentibus et commissis, sive commictendis in tenemento de Sperano, cum villa et forcia et tenementum de Sperano sint immediate unita mense domini abbatis, et illud tenementum sit contiguum tenemento hujus ville Sancti Egidii, et curia ville (5) Sancti Egidii sit ex toto domini abbatis, vicarius curie domini abbatis ville Sancti Egidii cognoscat vel (6) examinet et diffiniat, absolvendo, condempnando, vel, si res exigerit, puniendo.

De realibus autem cognoscat dominus abbas in tenemento predicto, per se vel per alium, prout sibi videbitur expedire.

Verum, quia nemus de Sperano est pernecessarium, et ejus custodia est et semper fuit, domino abbati et ejus predecessoribus, valde specialis et carissima, unde (7) ibidem semper et continue tenet suum foresterium (8) ; excipimus quod, si aliquis in dicto nemore ligna, glandes, vel cirogrillos, vel alia furabitur vel furatus fuerit, illius furti vel (9) forefacti cognicio, cohercio et punicio sit domini abbatis.

Et eciam *Folio 17* de via apud Esperanum, si voluerit, possit cognoscere et diffinire, vel ille cui hoc (10) ipse voluerit delegare.

Et quod dicimus de furto in dicto nemore commisso, idem dicimus de furto seu defraudacione pedagii de

---

(1) B : *Suorum majorum.* (2) B : *Espeyrano.* (3) Dans B seul ces 2 mots. (4) Dans B seul. (5) Dans B seul. (6) Dans A seul. (7) Dans B : *et inde.* (8) B : *forestium.* (9) B : *seu.* (10) Dans A seul.

Mirapeis (1) sive El Ra (2), si illud pedagium subripiatur ab aliquo, vel eciam defraudetur.

Verum dominus abbas vel alius pro eo in predictis casibus et commissis, non capiat vel detineat aliquem habitatorem ville Sancti Egidii, vel ejus familiam, si velit et possit ydonee satisdare, vel possideat immobilia ibidem, vel in villa Sancti Egidii, vel in ejus tenemento sufficienter (3) ad satisfactionem eorum de quibus erit questio.

IV

Des lods.

Les syndics se plaignent de ce que l'abbé, contre les conventions intervenues entre feu l'abbé Pons et les habitants, prend pour le lods des immeubles, arbitrairement, des uns la sixième partie, des autres la huitième, ou à sa fantaisie, tandis que, suivant la convention, il ne doit prendre que la vingtième partie du prix, ou, selon le droit écrit, que la cinquantième (4). Ils demandent donc l'observation, par l'abbé ou ses religieux, de la convention ou du droit écrit, avec restitution des droits indûment perçus, et produisent un instrument public des dites coutumes et conventions. Les arbitres décident que l'abbé ne prendra pas, sur les aliénations sujettes au droit de lods, plus du vingtième, et sur les gages plus du quarantième, moyennant quoi il sera tenu de faire le lods de la chose aliénée, sauf son droit de prélation ou rétention. On suivra la forme du statut : « Emphyteota qui canonem ».

IV

De laudimiis.

Secunda questio seu peticio scindorum ville Sancti Egidi hec est :

Signifficant predicti scindici quod dominus abbas Sancti

(1) A : *Mirepeis*. (2) B : *alia*. La version provençale donne *eura*, c'est-à-dire *El Ra*, que M. de Lamothe transcrit : « en ça », n'ayant pas compris (*Comptes rendus de la Société scientifique et littéraire d'Alais*, année 1872, p. 173, l. 2). Le péage ou le port d'*El Ra* est donc définitivement identifié avec le péage de *Mirapeis*. (3) B : *sufficiencia*. (4) Cf. *Code de Justinien*, lib. IV, tit. LXVI, *De jure emphyteutico*, loi 3.

Egidii, contra jus et convenciones habitas inter venerabilem patrem dominum Poncium, abbatem condam, et conventum Sancti Egidii, [et homines ville Sancti Egidii] (1), accipit pro laudimio de possessionibus que tenentur a dicto monasterio, cum alienationem de ipsis fieri contingit, secundum propriam voluntatem, ab aliquibus sextam partem, ab aliis octavam, vel secundum quod ei videtur, cum, secundum convencionem, vicesimam partem precii debeat tantum accipere, vel, secundum jura, quinquagesimam (2).

Unde petunt quod (3) dictus dominus abbas et alii monachi eis in predictis predictam convencionem observent, vel jus scriptum, et ut que indebite receperunt restituant.

Super quo produxerunt coram nobis instrumentum publicum dictarum consuetudinum et conventionum. Cui instrumento nos, prefati diffinitores et compositores adherentes, de assensu predicti domini Guidonis, statuimus quod dominus abbas non recipiat, de alienationibus de quibus consuevit dari laudimium in villa Sancti Egidii, ultra XX^am^, et de pignoribus ultra XL^am^, cum qua XX^a^ vel XL^a^ rem alienatam laudare teneatur ;

Nisi rem illam que alienabitur, ipse abbas, vel ille cui avantagium sive prelationem illius rey concesserit, sibi (4), eodem precio ab alio oblato, infra tempus super hoc a lege statutum, voluerit retinere.

Et hec fiant secundum formam consuetudinis seu legis municipalis ville Sancti Egidii, que incipit : « Emphiteota [qui canonem (5)] » etc. Quam consuetudinem, tam a domino abbate quam ab aliis omnibus (6) tam clericis quam laïcis de (7) quibus possessiones tenentur vel tenebuntur, in villa seu tenemento ville Sancti Egidii inviolabiter precipimus observari.

---

(1) Ces 5 mots dans B seul. (2) Cf. *Code de Justinien*, lib. IV, tit. LXVI, loi 3 : « Et ne avaritia tenti, domini magnam molem pecuniarum propter hoc efflagitent.... : non amplius eis liceat pro subscriptione [sua] vel depositione, nisi quinquagesimam partem pretii, vel aestimationis loci qui ad aliam personam transfertur, accipere ». (3) B : *ut*. (4) A : *si*. (5) Ces deux mots dans B seul. (6) B : *ab hominibus*. (7) A : *a*.

V

Des filets des porcs et des langues des bœufs.

Les syndics se plaignent de ce que l'abbé prélève sur les bouchers plus de filets de porc et de langues de bœuf qu'il ne doit. Ils demandent une enquête et le retour à un état de choses normal. Après une enquête où de nombreux témoins ont été entendus sous serment, les arbitres défendent d'exiger des bouchers les filets de porc dont ils font des salaisons pour la conserve, à moins que, à part des salaisons, les bouchers n'exposent en vente les filets à la boucherie. Mais les filets ne seront pas exigés des porcs fendus par la moëlle épinière, ni des porcs nourris chez les bouchers pendant trois semaines ou plus. Des autres porcs qui sont vendus frais par les bouchers, les filets seront donnés à l'abbé, car pour ceux-là il n'y a pas eu de question posée. Les langues des bœufs ou vaches de moins d'un an ne seront pas exigées, mais bien celles des bovins d'un an ou plus.

V

De lumbis porcorum et linguis boum.

Tercia peticio dictorum scindicorum est super eo quod dictus dominus abbas plus debito accipit de lumbis porcorum et linguis boum macellariorum et quorumdam aliorum.

Unde petunt inquiri veritatem super predictis et ad statum debitum reduci.

Super quibus inquisita veritate per multos testes hinc [et] inde presentatos et sub juramento requisitos ;

Nos, dicti diffinitores et compositores, cum consilio et assensu ejusdem domini Guidonis, prohibemus ex nunc exigi vel accipi a macellariis lumbos porcorum de quibus faciunt macellarii bacones ad reservandum, nisi, baconibus reservatis, lumbos macellarii venales exponerent in macello. Sed, nec de porcis scissis per medullam spine, nec de porcis per tres septimanas vel supra in domibus macellariorum nutritis, lumbi dentur vel accipiantur.

De aliis vero (1) porcis qui recentes vel vulsanti (2) a macellariis vendentur, lumbi dentur abbati (3) vel alii pro ipso, cum super proxime dictis lumbis questio non fuerit relata (4).

De animalibus vero bovinis seu vaccinis minoribus anno, lingue non exigantur.

Sed de majoribus anno lingua detur abbati.

VI

Des bans et de la création du clavaire et des banniers.

Les syndics se plaignent d'être troublés par l'abbé et les prieurs de Sieure, Estagel et Camarignan, dans la possession des bans, qu'ils disent appartenir à la ville par ancienne coutume et usage immémorial. Mais le syndic du monastère, au nom de l'abbaye et desdits prieurs, proteste, assurant que le ban appartient à l'abbé pour la ville et Espeiran, et auxdits prieurs pour leurs tènements respectifs. Si la ville a jamais perçu les bans, elle l'a fait par violence ou par concession précaire et temporaire de l'abbé. Les arbitres décident que, chaque année, à l'époque où l'on établit les banniers, le viguier de la cour abbatiale convoquera devant lui vingt prud'hommes de la place, des tables, de la draperie et des autres métiers, qui éliront les banniers. Après leur élection et leur présentation au viguier, celui-ci devra les admettre et les instituer, en recevant leur serment d'exercer fidèlement leur office, et d'apporter les gages saisis pour le ban, le jour même ou le lendemain au plus tard, au viguier et au clavaire de la ville. Le clavaire sera élu par lesdits vingt prud'hommes, pour toute l'université, chaque année, en vue de la perception des revenus communaux. Il tiendra une caisse commune pour les dépenses de la ville. Une fois élu, il jurera entre les mains du viguier de remplir fidèlement son office et de rendre à son successeur,

(1) B : *autem*. (2) B : *resalutes vel missanti*. *Vulsanti* est probablement l'équivalent fautif de *vulsi*, épilés. (3) Dans B seul. (4) B : *vellata*.

en présence du viguier ou de l'abbé, un compte exact des recettes et des dépenses. A cette reddition de compte assisteront les vingt prud'hommes. L'office du clavaire ne durera qu'un an. Une fois payés les gages des banniers, l'abbé aura la moitié de ce qui restera du ban, et le clavaire l'autre moitié, pour l'université. Ce qui est dit du ban doit s'entendre du ban de la ville et territoire de Saint-Gilles, et expressément du tènement de Loa. De ce ban, le viguier expliquera la répression et les limites. Dans le tènement d'Espeiran, le ban sera entièrement à l'abbé. Dans les tènements de Sieure, Estagel et Camarignan, les prieurs auront le ban, sans participation et opposition de la ville et de l'abbé. La cour de Saint-Gilles ne lèvera rien de plus pour le ban que ce qui est d'usage, et les bans d'Espeiran, Camarignan, Estagel et Sieure ne dépasseront pas le taux de ceux de Saint-Gilles.

VI

De bannis et creacione clavarii et banneriorum.

Quarta peticio dictorum scindicorum est de bannis que dicunt ad universitatem hujus ville pertinere ex antiqua consuetudine et usu longo, (1) cujus dicunt non ex[s]tare (2) memoriam, in tenementis hujus ville et de Syeura et de Stagello, et de Camarinhano et de (3) Sperano (4) ; cujus banni possessionem dicebant sibi turbari a domino abbate et a (5) prioribus dictorum locorum, super quo petebant eos prohiberi.

Scindicus vero monasterii, pro parte monasterii et dictorum priorum, predicta negavit coram nobis, dictis diffinitoribus, asserens bannum pertinere ad dominum abbatem in tenemento ville Sancti Egidii et de Sperano, et ad dictos priores in suis tenementis ; unde petebat (6) dictos scindicos super percepcione dicti banni prohiberi.

Addens quod si unquam dicta villa habuit vel percepit

---

(1) B : *longevo*. (2) B : *stare*. (3) Dans B seul. (4) B : *Espeyrano*. (5) Dans B seul. (6) A : *petebant*.

dicta banna, hoc fecit per vim vel per (1) precariam concessionem et temporalem domini abbatis vel antecessorum suorum.

Tandem nos, prefati diffinitores et compositores, cum consilio (2) et assensu dicti domini Guidonis, taliter statuimus et ordinamus, scilicet quod vicarius curie domini abbatis annuatim, tempore quo bannerii erunt statuendi, vocet coram se viginti probos homines de placia, tabulis et (3) draperia (4), et aliis misteriis, qui eligant bannerios. Quos ab eis electos et vicario presentatos, ipse vicarius admictere et instituere (5) teneatur, et ab eis recipere sacramentum quod fideliter faciant et exerceant officium banni (6).

Et eis sacramento injungat (7) quod pignora que pro banno capient fideliter restituant (8) eadem die vel crastina, ad tardius, ipsi vicario et clavario universitatis (9) ville.

Qui clavarius eligatur a dictis viginti pro tota universitate, annuatim, ad percipiendum obvenciones vel (10) red[d]itus dicte universitatis. Qui teneat archam communem ad faciendum sumptus ejusdem (11) universitatis. Et sic electus, juret in manu vicarii quod in suo officio fideliter se habebit. Et quod de receptis et expensis reddat (12) fidele computum suo successori, presente vicario, seu (13) etiam domino abbate, si voluerit interesse. *Folio 18* Cui computo [intersint viginti probi homines de dictis locis vocandi]. Cujus (14) clavarii officium ultra annum non extenditur (15). Et, mercede banneriorum soluta, de dicto banno residui abbas habebit medietatem, et clavarius, pro universitate, aliam medietatem.

Que (16) autem de banno dicta sunt, intelligimus de banno ville et territorii Sancti Egidii, et expressim de tenemento de Loa. Cujus banni cohercio et districtus per vicarium explicetur.

---

(1) Dans B seul. (2) A : *de consensu.* (3) (4) Dans B seul. (5) B : *statuere.* (6) B : *bannerie.* (7) B : *jungat.* (8) B : *restituatur.* (9) B : *predicte.* (10) B : *seu.* (11) B: *dicte.* (12) A : *reddet.* (13) B : *vel.* (14) A : *In.* (15) A : *extendat.* (16) B : *Quod.*

In tenemento vero (1) de Sperano, bannum in solidum sit abbatis (2). In tenementis vero de Sieura, Stagello et Camarinhano, priores habeant bannum, sine parte et (3) contradictione ville Sancti Egidii et abbatis.

Et sic, per hanc determinationem, scindicorum est quinta questio terminata (4).

Idem, dicimus quod curia Sancti Egidii non plus levet pro banno quam levare actenus consuevit. Nec in tenementis Sperani, Camarinhani, Stagelli et Syeure, majus bannum levetur quam in villa Sancti Egidii vel ejus tenemento levabitur.

VII

De la pêche des fossés et des ponts de Vierne.

Les syndics se plaignent de ce que le prieur d'Estagel, quoique les fossés et les ponts appelés vulgairement de Na Vierna et de Broussan soient communs et appartiennent à la ville, trouble ceux qui veulent y pêcher, et enlève les engins de pêche qu'y placent les habitants de Saint-Gilles. Ils demandent la cessation du trouble et la restitution des engins. Les arbitres décident que la pêche des ponts, du côté du marais, s'effectuera suivant ce qui est ordonné plus bas sur la pêche des marais de la Corrège supérieure ; et du côté de la roubine (5), comme la

---

(1) B : *autem*. (2) B : *abbati*. (3) B : *sua parte et sine*.

(4) On voit que, dans ce statut, il s'agit de la quatrième et de la cinquième demande des syndics. La quatrième porte sur la revendication du ban pour la ville dans les tènements de la ville, de Syeure, Estagel, Camarignan et Espeiran. La décision des arbitres attribue le reliquat disponible du ban, après le paiement des banniers, moitié à l'abbé, moitié au clavaire, chargé, conjointement avec le viguier, de recevoir les gages saisis par les banniers. La cinquième demande n'est pas énoncée dans le texte. Elle porte, d'après le contexte, sur la distinction faite entre les bans des divers territoires, la solution de la quatrième question ne concernant que le ban de la ville, du territoire de Saint-Gilles et du tènement de Loa, tandis que celle de la cinquième concerne le ban du tènement d'Espeiran, attribué à l'abbé seul, et les bans de Sieure, Estagel et Camarignan, attribués respectivement aux seuls prieurs de ces tènements. (5) Fossé ou rigole d'écoulement.

pêche de la roubine. Quand les portes desdits ponts seront ouvertes, pour l'écoulement de l'eau du marais dans la roubine, le monastère, ou les pêcheurs pour le monastère, ne placeront pas d'engins de l'un et l'autre côté des ponts, et ne les tiendront pas assez près pour gêner l'écoulement de l'eau. Mais, au-delà des portes desdits ponts, de chaque côté, en laissant un intervalle de vingt cannes au moins, chacun pourra placer des engins de pêche. Les pêcheurs de la roubine donneront au monastère autant de chaque genre de poisson que s'ils l'avaient pris dans le Rhône, suivant l'usage suivi pour le Rhône. Dans ladite roubine, la pêche est publique pour le monastère et les habitants de Saint-Gilles.

VII

De piscacionibus fossatorum et poncium de Vierna.

Sexta petitio scindicorum (1) hec est : Significant quod, cum fossata et pontes qui vulgariter appellantur de Na Vierna (2) et (3) de Brossa (4) sint communia (5), et (6) ad universitatem ville (7) Sancti Egidii pertinencia ; prior de Stagello turbat volentes piscari in dictis locis, et de novo artes *de pescar* ibi ab hominibus ville Sancti Egidii positas asportavit.

Unde petunt dictum priorem a dicta turbacione compesci, et ad restituendum hominibus ville Sancti Egidii dictas artes dictum priorem compelli.

Super hac questione nos, prefati diffinitores et compositores, dicimus et statuimus quod de piscatione poncium ex parte paludis servetur et fiat secundum quod de piscacione paludum superioris Corrigie est inferius ordinatum. Et de piscatione eorumdem poncium, ex parte robine, fiat et servetur secundum quod de piscatione ipsius robine est inferius statutum.

Preterea, statuimus et ordinamus quod, quando porte

(1) Dans B seul. (2) Dans A et B : *namerna*. (3) Dans B seul. (4) B : *Brossam*. (5) A : *communes*. (6) (7) Dans B seul.

dictorum poncium stabunt aperte, ad educendam et affluendam aquam paludis in robinam (1), monasterium, vel piscantes pro monasterio, vel aliqui alii, artes vel ingenia ex alterutraque parte poncium non ponant, nec teneant tam prope, quod per ea impediatur vel fiat deterior exitus et cursus aque paludis in robinam.

Sed ultra portas dictorum poncium a parte utraque, relicto medio spacio sive distancia viginti cannarum ad minus, possit quilibet ponere artes (2) vel ingenia ad piscandum, secundum formam premissam.

De piscationibus autem robine, statuimus et ordinamus quod piscantes in ea dent monasterio illam partem tantum, et de illo genere piscium tantum, quam darent de dicto genere piscium, si in flumine Rodani eos caperent, secundum quod de piscibus captis in Rodano piscatores dare consueverunt.

Et in dicta robina publica sit piscatio tam ipsi monasterio quam hominibus ville Sancti Egidii.

VIII

De la restitution des spoliés.

Les syndics demandent que l'abbé ne dessaisisse pas certains habitants de leurs possessions ou quasi-possessions, ce qu'il a fait plusieurs fois, contre le droit et les anciennes conventions intervenues entre ses prédécesseurs et les habitants. Ils demandent que les spoliés et dessaisis soient réintégrés. Les arbitres interdisent à l'abbé de dessaisir quelqu'un, sauf en connaissance de cause et en suivant l'ordre du droit. Il réintégrera sans difficulté ou retard les dessaisis dont le cas est manifeste. S'il y a doute, il nommera une cour non suspecte pour enquérir et juger. Si elle reconnaît que la restitution doit avoir lieu, elle sera effectuée sans retard. Dans le cas contraire, l'affaire principale sera jugée en respectant le droit de chacun des plaignants. Ces règles seront observées par les prieurs d'Estagel, de Sieure et de Camarignan dans leurs territoires.

---

(1) A : *robina*. (2) A : *arte*.

VIII

De restitucione spoliatorum.

Septima peticio scindicorum est ne dominus abbas dissayziat aliquem vel aliquos de suis possessionibus vel quasi possessionibus; quod dominus abbas, contra jus et convenciones olim factas inter predecessores ejus et homines ville Sancti Egidii pluries fecit; unde petunt spoliatos et dissaysitos ab eo restitui, et sibi in futurum hoc prohiberi.

Et super (1) hac questione nos, prefati diffinitores, de consilio et assensu dicti domini Guidonis, [statuimus et ordinamus] (2) ac eciam prohibemus quod dominus abbas, vel aliquis pro monasterio, de cetero non dissayziat vel spoliet aliquem de saysina sua vel possessione vel quasi, nisi causa cognita et debito juris ordine servato (3).

Aliter autem dissaysitos hactenus et spoliatos, si hoc sit clarum et manifestum, dominus abbas sine difficultate restituat sine mora.

Si vero hoc dubium fuerit, dominus abbas det ad hoc curiam non suspectam que de plano super hoc inquirat, cognoscat et diffiniat. Et si cognoverit restitutionem esse faciendam, fiat restitutio sine mora.

Si vero negaverit restitutionem fore faciendam, audiatur et diffiniatur negotium principale, servato juris ordine utrolibet conquerentium (4).

Et idem a (5) prioribus de Stagello, de Syeura et Camarinhano in suis tenementis precipimus observari.

IX

De l'institution du viguier et du juge.

Les syndics, attendu que le viguier et le juge doivent être annuels, selon l'ancienne convention entre l'abbaye et la ville, demandent qu'il n'y ait pas d'alternative,

---

(1) A : *insuper*. (2) Dans B seul. (3) B : *observato*.
(4) B : *conquerente*. (5) B : *de*.

c'est-à-dire que celui qui aura été juge une année ne soit pas viguier l'année suivante, ou à l'inverse. Les arbitres autorisent l'alternative, mais sans répétition, pour que la convention ne paraisse pas fraudée.

IX

De institucione vicarii et judicis.

Octava peticio scindicorum est quod, cum vicarius et judex debeant esse annuales, secundum formam convencionis olim facte inter monasterium et villam, petunt scindici ne fiat alternacio, ita scilicet quod ille qui fuerit (1) uno anno judex, sequenti anno non fiat vicarius, vel e converso.

Super quo nos, prefati difinitores, statuimus quod ipse dominus abbas, vel alius qui pro tempore fuerit abbas, si voluerit, possit facere de vicario unius anni judicem anno sequenti, et e converso, de judice vicarium.

Dictam autem (2) alternacionem, in eisdem personis vel in (3) earum altera, abbas (4) duplicare non possit, ne fraus dicte convencioni vel consuetudini fieri videatur.

X

Du ban non payé par l'abbé et les siens.

Les syndics se plaignent de ce que l'abbé ne veut pas payer le ban et le dommage causé par ses animaux et ceux de ses bergers. Les arbitres décident que l'abbé ne paiera pas le ban pour ses animaux, mais bien le dommage causé par eux. Les bergers paieront le ban pour eux et leurs animaux, ainsi que leurs dommages.

X

De banno per dominum abbatem et suos non solvendo.

Nona questio (5) scindicorum est (6) quod dominus abbas de animalibus suis et pastorum suorum non dat

(1) B : *fuit.* (2) B : *tamen.* (3) Dans A seul. (4) Dans B seul. (5) B : *peticio.* (6) B ajoute : *super eo.*

nec vult dare bannum et dampnum et talam factam a dictis bestiis vel familie sue non vult emendare (1).

Super quo nos, prefati difinitores, statuimus et ordinamus quod dominus abbas non det bannum pro animalibus suis, sed talam ab eis factam faciat emendare (2). Pastores vero pro se et animalibus suis dent bannum et talam ab eis et animalibus suis factam emendent.

XI

De la pêche dans les fossés.

Les syndics se plaignent de ce que l'abbé et les moines font défense de pêcher aux propriétaires des fossés qui se trouvent dans les marais de la Corrège inférieure. Les arbitres décident que, pendant toute la durée des inondations, quand l'eau cache les bouts et les bords des fossés, la pêche appartiendra en entier à l'abbé. Mais quand l'eau aura suffisamment baissé pour qu'apparaisse la terre des bouts et des bords des fossés, et que cesse le courant de l'eau du marais vers les fossés, alors les propriétaires des fossés pourront y pêcher sans participation ni opposition du monastère. Si l'eau du marais entre encore dans les fossés, leurs propriétaires pourront y pêcher, sauf la part d'un jour pour le monastère, si la pêche dure une semaine. Si elle dure moins, on lui donnera le trézain. Ceci dit à moins de convention nouvelle.

XI

De piscacione fossatorum et vallatorum.

Decima questio scindicorum est de piscacione piscium fossatorum seu vallatorum hominum hujus ville. Que fossata *Folio 19* habent homines hujus ville in paludibus sive inter paludes Corrigie inferioris, in quibus dominus et monachi prohibent piscari dominos fossatorum. Quod petunt scindici prohiberi.

Et super hac questione nos, prefati difinitores, statui-

(1) (2) B : *esmendare.*

mus quod, quamdiu durabit inundacio aquarum, operiens capita et extremitates fossatorum, abbatis sit piscacio in solidum.

Quando vero aqua erit diminuta, ita quod appareat terra in capitibus sive extremitatibus fossatorum, si quidem cessat cursus sive fluxus aque paludis ad dicta fossata, libere possint domini fossatorum in eisdem piscari sine parte et contradictione monasterii.

Si autem aqua paludis (1) adhuc in dicta fossata intret (2), possint domini fossatorum piscari in suis fossatis; salva levata unius diey in ebdomada monasterio, si duraverit piscacio per ebdomadam. Si autem minus duraverit, detur trezenum.

Et hoc dicimus nisi alie convenciones inter monasterium et homines hujus ville super hoc sint vel erunt interposite.

XII

Des marais des Corrèges supérieure et inférieure.

Les syndics se plaignent de ce que l'abbé interdit injustement aux habitants d'exercer leur antique droit de pêche dans ces marais. Les arbitres attribuent au monastère la pêche de la Corrège inférieure, sauf les conventions intervenues avec des particuliers, et sauf la règlementation ci-dessus de la pêche des fossés. Si quelqu'un non exclu entre dans le marais du monastère, et y trouve des oiseaux ou des œufs d'oiseaux, il peut les prendre. Il ne le peut, en cas de prohibition. En ce qui concerne les marais de la Corrège supérieure, personne n'y pêchera sans permission du monastère, entre le pont de Fourques et les ponts de Vierne et de Broussan. Mais les habitants pourront pêcher librement dans les marais au-delà, c'est-à-dire depuis les marais de feu Gilles Vésian et Bernard Mote jusqu'à la martelière, sauf, pour le monastère, la part d'un jour par semaine, sans qu'il puisse choisir le lundi. Pour les oiseaux et leurs œufs, même solution qu'à propos de la Corrège inférieure.

---

(1) B : *paludum*. (2) B : *intrat*.

XII

De paludibus Corrigie superioris et inferioris.

Undecima questio est de paludibus Corrigie superioris et inferioris (1), in quibus dicunt scindici, homines hujus ville jus piscandi habere ex antiquo usu, et dictum jus et usum sibi a domino abbate injuste prohiberi.

Super quo nos, prefati diffinitores, statuimus et ordinamus quod monasterium Sancti Egidii, sine contradictione hominum ville Sancti Egidii, piscaciones (2) Corrigie inferioris habeat (3), et de eis pro sua voluntate disponat ; salvis convencionibus, si quas dictum monasterium cum personis aliquibus habuerit vel habebit ; et salvo eo quod de piscacione fossatorum superius ordinavimus in decisione decime questionis.

Si quis autem, non prohibitus, ex parte monasterii dictam paludem intraverit, et aves vel ova avium ibidem invenerit, ea (4) licite capiat et asportet. Post prohibitionem vero, nequaquam.

Verum de paludibus superioris Corrigie statuimus et ordinamus quod, in paludibus que sunt inter pontem de Furchonis (5) et pontes (6) Vierne et Brossani, [vel in] (7) viagiis a dictis paludibus versus dictos pontes tendentibus, nullus piscetur, sine predicti monasterii voluntate.

In paludibus vero ulterioribus, que sunt a prope dictas paludes supra, videlicet a paludibus condam Gilii Vesiani et Bernardi Mote, usque ad martelleriam, possint piscari homines dicte ville sine contradictione monasterii. Ita tamen quod monasterium, in dictis piscationibus, habeat suam levatam una die, scilicet in ebdomada quam diem elegerit, preter diem lune. Et de avibus et ovis avium, idem dicimus quod supra : De paludibus Corrigie inferioris.

---

(1) Une corrège est une bande de terre entre deux marais, une sorte de *courroie* divisant les eaux. (2) B ajoute : *paludum*. (3) B : *habet*. (4) Dans A seul. (5) A : *Forchons*. (6) A : *pontem*. (7) A : *et*.

XIII

Des murs, tours et fossés de la ville. (1)

Les syndics se plaignent de l'aliénation par l'abbé de certaines parties des murs, tours, fossés, *coursières* (2), et autres endroits publics. Les arbitres décident que les *posterles* (3) concédées par l'abbé dans les murs resteront en leur état. Mais en temps de guerre ou de garde, elles seront murées. Les concessionnaires les entretiendront en bon état de fonctionnement. Interdiction de nouvelles ouvertures, comme de tout obstacle dans la circulation aux *coursières*.

XIII

De muris, turribus et fossatis ville Sancti Egidii. (4)

Duodecima questio scindicorum est quod dictus dominus abbas quedam (5) loca murorum ville Sancti Egidii et turrium et fossatorum, et corserias et *aubarres* (6), et quedam alia loca communia alienavit ; unde petunt scindici quod predicta revocet et a similibus cesset.

Super qua questione, de assensu dicti domini Guidonis, nos, prefati difinitores, statuimus et ordinamus quod posterle concesse a domino abbate in muris, in suo statu permaneant.

Si tamen guerra vel regardum, quod absit, imminent monasterio et ville predictis, ad mandatum domini abbatis vel sue curie, vel ville requisitionem, murentur, aperiendo guerra et regardo finitis.

Interim autem, qui dictas posterlas habent, eas ostiis (7) et cibis et clavibus instructas teneant, taliter ut claudi

---

(1) Le texte latin de ce statut n'est conservé que dans le vidimus du registre AA. I de Saint-Gilles. (2) Chemins de ronde.

(3) Poternes. (4) A ne donne que le titre de cette question, la 12me, pour le texte latin de laquelle il ne nous reste que B.

(5) B : *quodam*. (6) Le roman *albar* signifie aubier, et le bas-latin *albares* désigne un lieu planté d'aubiers. Il pouvait y avoir, autour de Saint-Gilles, près des remparts, des arboretums de ce genre, principalement dans les endroits frais. (7) B : *hostiis*.

possint mandato curie, quociens claudentur portalia dicte ville.

Nove autem posterle vel aperture in muris ville a domino abbate vel successoribus nullo tempore concedantur.

Impedimenta vero facta in corseriis ex concessione ejusdem, per que impediuntur (1) liber transitus et discursus dictarum cursoriarum, vel ascensus ad muros, infra mensem tollantur. Nec talia de cetero concedantur.

Domus vero edificate in turri, extra portale macelli, et in robina, ante domum Narsonis, carreterii, et ante domum Perusse (2), in suo statu permaneant, et clausura horti (3) quam ibidem habet dictus Perussa.

Census vero quos dominus abbas retinuit vel habet in dictis posterlis vel domibus et horto predictis sint imperpetuum Caritatis ville Sancti Egidii.

Laudimia autem sint monasterii, cum alienari contingerit aliquid de predictis.

Quod si semel aliqua dictarum domorum, voluntate ipsorum possessorum vel casu fortuito contingerit destrui, ex tunc non reedificentur.

XIV

De l'abreuvoir du Versadour. (4)

Les syndics se plaignent de ce que l'abbé a enclos le Versadour, au bord du Rhône, où les habitants abreuvaient leurs animaux, et ne leur permet plus de le faire. Les arbitres décident que l'abbé rétablira l'abreuvoir à la tête de la Condamine supérieure ou Versadour, sur les vestiges qui apparaissent dans le ségonal, et donnera un chemin d'accès.

XIV

De abeuratorio de Versatorio. (5)

Decima tertia questio scindicorum est quod dictus dominus abbas quemdam locum qui vocatur : *Al Versa-*

(1) B : *impeditur.* (2) B : *Peruise.* (3) B : *orti.* (4) Le texte latin de ce statut n'est conservé que dans le vidimus du registre AA. I de Saint-Gilles. (5) A ne donne que le titre de cette question, la 13me.

dor, qui est in Rodano et juxta Rodanum, in quo homines Sancti Egidii adaquabant (1) animalia, clausit, nec permittit homines animalia adaquare in predicto abrevatorio. Unde petunt scindici ut predictum locum in pristinum (2) statum restituat.

Super quo nos, prefati difinitores, de assensu dicti domini Guidonis, statuimus et ordinamus quod dictus dominus abbas restituat et faciat abrevatorium in capite superioris Condamine, sive de Versatorio, sicut erat signatum tempore predecessoris sui, in dicto loco, secundum illam mensuram cujus signa adhuc sunt et apparent in segonali (3), ex parte Rodani, et det viam ad abrevatorium predictum.

Dicta autem via exeat per dictum caput ipsius Condamine in viam qua itur ad Fossam. Que via est inter dictam Condaminam domini abbatis et terram Petri Bisperii. Et servent et teneant imperpetuum dominus abbas et sui successores.

XV

Que les notaires soient autorisés à passer des actes pour les habitants en conflit avec l'abbé. (4)

Les syndics se plaignent de ce que, lorsqu'un habitant est en litige avec l'abbé ou les religieux, ceux-ci interdisent aux notaires de passer des actes pour la ville et les habitants. Les arbitres défendent de continuer ces errements.

XV

Quod non prohibeantur notarii facere notas vel instrumenta, ex parte domini, pro universitate S. E., quando requirentur. (5)

Decima quarta questio scindicorum est super eo quod

(1) B : *adequabant.* (2) B : *prestinum.* (3) Le roman *segonal*, du bas-latin *secundal*, désigne les terrains compris entre le Rhône et ses digues, en aval du confluent de la Durance. Ils sont submergés à la moindre inondation, et s'appellent en français des ségonaux (cf. Mistral, *Trésor dou Felibrige*). (4) Le texte latin de ce statut n'est conservé que dans le vidimus du registre AA. I de Saint-Gilles. (5) Ce titre n'est donné que par C et A, qui se borne à résumer la décision en une ligne, sans numéroter la question.

dominus abbas vel monachi, cum habent aliquam questionem cum aliquo homine de universitate ville Sancti Egidii, vel e converso, ipse abbas vel monachi ejus prohibent notarios publicos hujus ville quod conficiant vel recipiant instrumenta vel notas ad mandatum vel requisitionem dicte universitatis, vel hominum hujus ville vel eorum ad utilitatem vel cauthelam.

Super quo nos, preffati diffinitores, de assensu dicti domini Guidonis, statuimus et prohibemus quod, si acthenus factum est, de cetero non fiat.

XVI

Des réserves de lapins et de pigeons.

Les syndics se plaignent de ce l'abbé et quelques religieux interdisent aux habitants d'établir, dans leurs possessions, des réserves de lapins ou de pigeons ; et de ce que le ban n'est pas exigé de ceux qui commettent des vols dans ces réserves.

Quoique l'abbé nie avoir fait ces prohibitions, cependant, par précaution, les arbitres les condamnent, affirmant le droit, pour les habitants, d'avoir ces réserves. Ceux qui y voleront des lapins et des pigeons seront punis.

XVI

De devesis cuniculorum et columborum. (1)

Decima quinta scindicorum est questio super eo quod dicunt quod dominus abbas et quidam monachi ejus prohibent hominibus hujus ville S. E. (2) ne faciant devesos cuniculorum vel columborum in suis possessionibus, et quod, a committentibus in dictis devesis, bannum non detur.

Cum dominus abbas negaverit predicta prohibuisse, tamen, ad cauthelam, nos prefati difinitores, de assensu dicti domini Guidonis, statuimus et prohibemus quod a

(1) Cette question est numénotée 14 dans A, et placée avant celle de l'interdiction aux notaires, qui précède. (2) Dans A seul.

domino abbate vel a suis monachis non fiat talis prohibitio in futurum. Imo, cuilibet liceat in suis possessionibus devesum de cuniculis et de columbis. Et furantibus cuniculos et columbos domesticos de dictis devesis (1), pena debita imponatur.

XVII

De l'incendie ou de la ruine des maisons.

Les syndics se plaignent de ce que l'abbé ou les religieux font enlever le tiers des matériaux des maisons de leur directe, détruites par l'incendie ou écroulées. Les arbitres décident que le propriétaire pourra librement enlever les matériaux disjoints de sa maison ruinée, à condition de les y replacer dans une réparation effective. Mais s'il veut les vendre, il donnera le vingtième du prix à titre de lods, comme il ferait du tout conservé intégralement, à moins qu'il ne répare effectivement. En cas de réparation, il pourra vendre les matériaux sans payer de lods. Même règle pour les maisons de la directe des habitants.

XVII

De incendio vel ruyna domorum.

Sexta decima questio scindicorum est super eo quod dicunt quod, cum alique domus ville Sancti Egidii incendio vel ruyna destruuntur, que tenentur a dicto domino abbate, vel a monachis dicti monasterii, ipsius materiei superstitis terciam partem faciunt deportari.

Unde petunt quod a predictis desistant, et ea que injuste habuerint restituant.

Super qua questione (2) statuimus et ordinamus quod quicquid de dictis edifficiis incendio vel ruyna destructis evulsum vel separatum fuerit, liceat domino illius materiei exportare (3) libere, causa reponendi in eodem edifficio, cum illud reparere voluerit, dum tamen caveat de illo reponendo et reparando.

(1) B donne la forme plus récente : *devesiis*. (2) B ajoute : *Nos, prefati, etc.* (3) B : *asportare*.

Si vero rudera dicte ruyne vel incendii vendere voluerit, det de precio vicesimam partem (1) pro laudimio, sicut faceret de toto integro existente, nisi caveret de reparacione edifficii. Quo casu, rudera libere (2) possit vendere, eciam sine laudimio. Et hoc idem ab hominibus ville servetur de domibus que ab eis tenentur vel tenebuntur.

XVIII

Des leudes et des péages.

Les syndics se plaignent des leudes, péages et pontonages nouvellement imposés par l'abbé ou ses prédécesseurs, contre l'ancienne coutume, dans la ville, sur le Rhône, à *Mirapeis* et autres lieux. Les arbitres révoquent les nouvelles exactions qui auraient été ainsi établies. Mais, comme ils ne les connaissent pas exactement, ils ordonnent à l'abbé de rechercher, d'ici à la Noël prochaine, fidèlement la vérité, avec le concours d'hommes dignes de foi, et de révoquer, s'il en trouve, les perceptions mal à propos ou nouvellement établies. S'il y a doute, le droit des habitants sauf, ils pourront en poursuivre la reconnaissance, l'abbé demeurant en sa possession actuelle jusqu'à la sentence. Mais l'abbé, à la requête des habitants, devra leur donner un juge non suspect qui, sans formalités, enquière *de plano* et tranche la question suivant la justice.

XVIII

Folio 20 : De leudis et pedagiis.

Decima septima questio scindicorum est super leudis (3), pedagiis et portanagiis in villa et Rodano, et Mirepeis, et in quibusdam aliis locis, contra antiquam consuetudinem, a domino abbate vel (4) ejus predecessoribus noviter impositis et exactis.

Super quo nos, prefati difinitores (5), statuimus et ordinamus quod, si que novitates super predictis leudis et

---

(1) (2) Dans B seul. (3) B : *ledis*. (4) B ajoute : *ab*. (5) B ajoute : *de assensu*, etc.

pedagiis et portanagiis sunt facte vel imposite a domino abbate vel predecessoribus ejus in villa vel extra, penitus revocentur ; et nos eas (1) revocamus.

Verum, ne super hoc possit fieri dubitacio vel altercacio, cum nobis non constet que sunt ille novitates, statuimus quod dominus abbas, usque ad proximum festum Natalis Domini, super predictis diligenter inquirat veritatem cum veris fide dignis fideliter de plano. Et si quas reperierit male vel noviter, praeter antiquum usum factas vel impositas, penitus casset eas et revocet.

Si vero super predictis aliqua erit dubietas, remaneat jus suum salvum hominibus ville, ut super hiis (2) jus suum prossequantur, domino abbate, in possessione in qua est, usque ad sententiam remanente.

[Sed dominus abbas, ad requisitionem hominum hujus ville, statuat eis judicem non suspectum,] (3) qui super hoc de plano, sine strepitu judicii, inquirat et diffiniat quod justum fuerit sine mora.

XIX

De la pêche dans l'étang de Scamandre.

Les syndics déclarent que les habitants y ont pêché de tout temps. Chaque pêcheur payait un droit annuel de 2 sols 6 deniers raimondins, appelé *palme*. Mais le conrasier, à présent prieur d'Estagel, exige des pêcheurs du Scamandre plus que le droit habituel, et ne les laisse pas pêcher moyennant l'antique pension. Les arbitres décident que, pour les pêcheurs ayant des conventions certaines avec le monastère, on observera ces conventions. A défaut de conventions, on pourra pêcher dans le Scamandre sans boulier ou brougnée ni hameçons, sauf pour le monastère la levée d'un jour par semaine, à l'exception du lundi, ou le trézain des poissons, à son choix, à moins d'autre convention. Nul n'y pourra pêcher avec le boulier, la brougnée ou les hameçons, sans l'autorisation de l'abbé ou du conrasier.

---

(1) B : *ea*. (2) B : *supernis*. (3) Ces 13 mots, entre crochets, dans B seulement.

XIX

De piscacione stagni Scamandrii.

Decima octava questio scindicorum est super eo quod homines Sancti Egidii longissimo tempore piscati fuerunt in stagno (1) Scamandrii.

Dum tamen quilibet piscator solveret quolibet anno II solidos VI denarios ramundenses, quod vocabant *polmem* (2). Et conresarius, nunc prior de Stagello, plus solito exigit a piscatoribus piscantibus in dicto loco, nec (3) permictit eos piscari pro antiqua pencione (4). Et ideo petunt ut eis predicta consuetudo observetur.

Super quo nos, prefati difinitores (5), statuimus et ordinamus quod, illis piscatoribus qui certas habent convenciones [cum monasterio Sancti Egidii, eas ipsis precipimus observari. Qui vero nullas habent convenciones] (6) cum dicto monasterio, possint ibi piscari sine bolegio (7) seu brugnia (8) et sine hamis (9) ; salva monasterio (10) levata unius diey in ebdomada, preter diem lune, vel trezeno (11) piscium, si maluerit monasterium (12), si aliter non convenerint cum eodem.

Verum cum bolegio seu brugnia vel hamis nullus possit ibi piscari sine voluntate abbatis vel conresarii.

XX

Des lits des morts et des sonneries des cloches.

Les arbitres décident que les lits funèbres et leurs garnitures apportés avec les morts appartiendront au monastère. S'il en était autrement, ce serait inconvenant

(1) B ajoute : *quod vocatur*. (2) La graphie *polmem* est donnée par les deux textes latins A et B. Mais le texte provençal C donne une graphie meilleure : *palma*. (3) Dans B seul. (4) A : *pelicione*. (5) B ajoute : *de assensu*, etc. (6) Ces 13 mots, entre crochets, dans B seul. (7) Filet vertical que l'on tend aux embouchures des étangs. (8) B : *brognia*. Longue nasse. (9) B : *hamiis*. (10) Dans B seul. (11) B : *trezenum*. (12) Dans A seul.

et contraire à l'usage de presque toutes les églises. Mais les habitants pourront établir un lit pour le transport des pauvres. Il sera décoré à chaque extrémité d'une croix blanche, grande et saillante. La couverture pour les corps sera noire ou de couleur sombre, et portera, du haut en bas, une large croix blanche. On ne mettra rien pardessus. Ce lit des pauvres sera remisé à l'hôpital des pauvres, et ne donnera lieu à aucune perception du monastère. Pour les sonneries funèbres des cloches, il ne sera rien demandé avant la sépulture. Mais ensuite, les héritiers ou exécuteurs des défunts donneront suivant les louables coutumes de la dévotion des fidèles.

XX

De lectis mortuorum et campanis pulsandis.

Decima nona questio scindicorum est de lectis mortuorum et pulsandis campanis pro mortuis.

Super quo nos, prefati difinitores (1), statuimus et ordinamus quod lecti et lectisternia cum mortuis apportati vel apportata, sint monasterii. Aliter enim si fieret, esset inhonestum et contra generalem usum fere omnium ecclesiarum.

Verum statuimus quod homines ville possint facere unum lectum in quo pauperes mortui deportentur. Qui lectus in utroque capite extrinsecus sit signatus cruce alba, magna et proeminente. Et coorpertorium illius lecti, quo corpora cooperientur (2), sit nigrum, vel lividum, vel prope consimilis coloris. Et habeat crucem albam (3), magnam et amplam a summo usque deorsum.

Super quo coopertorio, operimentum aliud non ponatur. Qui lectus teneatur in hospitali pauperum, et lectus pauperum appelletur. Et pro lecto predicto vel in eo monasterium nil habeat vel habere seu petere possit ; nec dictum lectum nec aliquid (4) de eo valeat retinere.

Pro campanis autem pro mortuis pulsandis, nichil

---

(1) B ajoute : *de consilio*, etc. (2) A : *cooperiantur*. (3) Dans B seul. (4) A : *aliud*.

petatur ante corporis sepulturam. Sed postea detur ab heredibus vel gadiatoribus defunctorum (1) secundum laudabilem consuetudinem devotione fidelium introductam.

XXI

Des inhumations et des noces.

Il s'agit des insignes fournis par le monastère pour la sépulture des morts et la célébration des mariages. Les arbitres décident que ces insignes demeureront en leur état actuel, mais ils seront fournis gratuitement et sans difficulté, à moins que le mort ne puisse recevoir la sépulture ecclésiastique ou que sa succession doive donner caution. Même solution pour la célébration des mariages, à moins que les contractants ne soient excommuniés ou interdits. Les insignes ne peuvent être refusés pour aucun autre motif, quelles que soient les réclamations que le monastère ou des particuliers puissent élever contre les morts, leurs héritiers ou les futurs époux.

XXI

De mortuis sepeliendis et nuptiis contrahendis.

Vicesima questio scindicorum est super signis et (2) signaculis que dantur a monasterio pro mortuis sepeliendis [et nuptiis contrahendis] (3).

Super quo nos, prefati diffinitores et compositores, de assensu et consilio dicti domini Guidonis, taliter statuimus et ordinamus quod, dicta signa sive signacula in suo statu remaneant,

Ita tamen quod gratis et libere, et sine satisdationis onere, et sine alia (4) difficultate dentur pro mortuis sepeliendis, nisi mortuus sit talis cui (5), jure canonico, in certis casibus et exceptis, sepultura ecclesiastica denegatur, vel onus satisdationis imponitur successoribus ejus. Et idem servetur in contrahentibus seu contrahere

---

(1) B : *deffuncti*. (2) B : *sive*. (3) Ces 3 mots, entre crochets, dans B seul. (4) A : *altera*. (5) A ajoute : *de*.

volentibus nupcias seu matrimonia, nisi sint excommunicati vel interdicti.

Sed pro aliis questionibus seu causis vel peticionibus quas monasterium, vel quilibet alius, habeat vel habere se dicat, contra mortuos vel eorum heredes, vel contra nupcias in facie Ecclesie contrahere volentes, signacula non denegentur (1). Ymo, gratis et libere, et sine satisdationis (2) onere sine mora petentibus concedentur (3).

XXII

De la célébration des mariages.

Les syndics demandent que les mariages puissent être licitement célébrés dans n'importe quelle église paroissiale de Saint-Gilles, au choix des contractants. Les arbitres leur imposent silence, attendu que l'église de Saint-Martin a seule le privilège de la célébration des mariages, suivant l'instrument public montré pour le prieur.

XXII

De matrimoniis contrahendis.

Vicesima prima questio scindicorum est de nuptiis et matrimoniis contrahendis, ut licite in qualibet ecclesia parrochiali *Folio 21* ville Sancti Egidii, secundum electionem et voluntatem contrahentium, valeant celebrari.

Super quo nos, prefati diffinitores (4), silencium scindicis imponimus, cum hanc prerogativam habeat ecclesia Sancti Martini jure suo, ut in (5) ea tantum sollemniter in facie Ecclesie contrahantur (6) matrimonia hujus ville, et non in alia ecclesia, nisi de licencia prioris Sancti Martini, ut, per instrumentum publicum pro dicto priore nobis ostensum, nobis facta est plena fides.

---

(1) B : *gerentur*. (2) B : *satisdatione*. (3) A : *concedantur* ; B : *concedatur*. (4) B ajoute : *de assensu*, etc. (5) Dans B seul. (6) A : *contrahentur*.

XXIII

Du paiement de la dîme des vendanges. (1)

Les syndics demandant qu'il soit tenu compte des frais de cueillette et de transport, les arbitres leur imposent silence.

XXIII

De solucione decimarum vindemiarum.

Vicesima secunda questio (2) scindicorum hec est super expensis factis in colligendo et portando, deducendis de vino seu vindemia et feno cum decimantur. Super quo nos, preffati diffinitores, de assensu dicti domini Guidonis, silencium scindicis imponimus, mandantes quod sine deductione dictarum expensarum predictam decimam persolvant.

XXIV

Du dixième des procès.

Les syndics demandent que, dans les causes d'appel, l'abbé n'exige pas de frais judiciaires ou de gages à leur occasion. Les arbitres décident que, dans les causes séculières venant en appel devant l'abbé, aucuns frais ne seront exigés par lui, avant la solution de l'affaire par sentence ou par composition amiable. Mais, selon le statut royal, une fois la cause d'appel solutionnée, il se contentera d'un seul dixième du procès, tant pour la cause principale que pour l'appel. Si, en première instance, des gages ont été reçus pour ce dixième, il n'en sera pas demandé en appel. S'il n'en a pas été reçu en première instance, ils pourront être exigés en appel, ou une caution juratoire, suivant le statut royal (3).

---

(1) Le texte latin de ce statut n'est conservé que dans le vidimus du registre AA. I de Saint-Gilles. (2) A donne seulement le titre de cette question. (3) On voit, par ce texte, que la *decima litis*, peine des plaideurs téméraires en droit romain, est devenue à Saint-Gilles un droit normal.

XXIV

De decima litis danda. (1)

Vicesima tertia questio scindicorum est ut in causis appellationum sumptus judiciales vel pignora pro eisdem non exigat dominus abbas, vel ab eo delegati.

Super quo nos, etc., statuimus quod in causis secularibus ad abbatem per appellationem delatis vel deferendis, nulli sumptus seu (2) sportule ante diffinicionem cause, per senteneiam vel per (3) compositionem amicabilem factam, exigantur ab abbate vel a delegato ab ipso.

Sed secundum domini regis statutum, causa appellationis finita, unica litis decima sint contenti, tam pro causa principali quam pro causis appellationum. Et si, pro dicta decima, in causa prima pignora recepta fuerant, alia in causa appellationis [non exigantur. Si autem recepta non fuerant in prima causa, possint exigi in causa appellationis] (4) vel cautio juratoria (5), secundum statutum domini regis.

---

(1) Cf. les *Institutes* de Justinien, liv. IV, tit. XVI, *De poena temere litigantium*. Il y est dit : « Hæc autem omnia pro veteris calumniæ actione introducta sunt, quæ in desuetudinem abiit ; quia in partem decimam litis actores mulctabat, quod numquam factum esse invenimus ». Voir aussi la *Novelle* 112 de Justinien, *De litigiosis et de decima parte litis ab actore cautela præstanda*, cap. II, *De cautione quæ ante reorum citationem præstari debet ab actore*. Il y est dit : « ..... et si postea fuerit approbatus injuste litem movisse, sumptuum et expensarum nomine, decimam partem ejus quantitatis quæ in libello continetur, pulsato restituat. » La *decima litis* était donc une peine infligée au plaideur téméraire, en droit romain. (2) B : *vel*. (3) Dans A seul. (4) Ces 15 mots, entre crochets, dans A seul. (5) La caution juratoire est donnée en justice, en conséquence d'un jugement, d'une ordonnance royale ou d'une coutume. Elle ne consiste que dans le serment fait par une personne d'accomplir ce qui lui a été ordonné (Ferrière, *Dictionnaire de droit*, Toulouse, 1779). Le statut royal visé par le texte devint le chap. 118 des *Etablissements de Saint Louis* (1270) : « De requerre son pleige, et comme l'en en doit ouvrer ».

XXV

Des cartulaires des notaires défunts. (1)

Les syndics se plaignent de ce que l'abbé les garde plus longtemps qu'il ne doit. Les arbitres décident qu'au bout de deux mois ils seront remis à un autre notaire. Les actes des notaires défunts qui seront retrouvés, seront remis à un notaire du choix des héritiers, qui les rendra à juste prix aux intéressés, et en remettra le prix aux héritiers.

XXV

De cartulariis notariorum defunctorum. (2)

Vicesima quarta questio scindicorum est de cartulariis notariorum deffunctorum, que, ut dicunt scindici, dominus abbas detinet ultra quam debeat.

Super qua nos, preffati diffinitores et compositores, de consilio et assensu dicti domini Guidonis, statuimus et ordinamus quod, deffuncto notario, ejus cartularia sub fida custodia, secundum disposicionem abbatis, serventur, et ea, infra duos menses, alii notario tradantur, pro conficiendis inde instrumentis.

Instrumenta autem que facta a deffuncto notario repperientur, tradantur illi notario ville Sancti Egidii quem successores eligerint, qui dicta instrumenta restituat justo precio illis ad quos pertinebunt. Et precium restituat successoribus sive heredibus notarii deffuncti.

XXVI

De la dîme des agneaux et des chevreaux.

Il s'agit de la dîme du part des animaux dépaissant dans une autre paroisse. Les arbitres décident que la moitié de la dîme sera donnée au monastère par ses paroissiens, et que le monastère s'en contentera.

---

(1) Le texte latin de ce statut n'est conservé que dans le vidimus du registre AA. 1 de Saint-Gilles. (2) A ne contient rien sur cette question.

XXVI

De decimis agnorum et edulorum.

Vicesima quinta questio scindicorum est de decima agnorum et edulorum nascentium de bestiis (1) in aliena parrochia pascentibus et par[tur]ientibus.

Super qua nos, etc., statuimus et ordinamus quod media decima detur monasterio a parrochianis (2) monasterii. Et illa medietate, dictum monasterium vel accipiens pro monasterio sit contentus.

XXVII

De l'argent extorqué aux navigateurs pour le voyage d'outre mer.

Les syndics se plaignent de ce que, lorsque des marins viennent à Saint-Gilles tenir table pour un prochain voyage d'outre mer, l'abbé leur extorque de l'argent, au sujet du pavillon de leur navire et de la table sur laquelle ils l'arborent. Les arbitres interdisent pour l'avenir ces exactions, mais imposent silence aux syndics sur la restitution des sommes perçues, laissant cette restitution à la conscience de l'abbé.

XXVII

De peccunia non exigenda a nautis transeuntibus ultra mare pro passagio.

Vicesima sexta questio scindicorum est quod, cum naute vel marinarii veniunt ad villam Sancti Egidii, cum debeat (3) fieri passagium ultramarinum, pro tabula tenenda in villa Sancti Egidii, imponunt vexillum navis super tabulam (4). Pro quo vexillo et tabula abbas, vel alius pro eo, a predictis nautis pecuniam extorquet, quod facere non debet.

---

(1) B : *bestiariis*. (2) B : *perrochianis*. (3) B : *debet*. (4) B : *tabula*.

Unde supplicant quod a predicta extorsione desistat et peccuniam extortam restituat.

Super qua nos, etc., statuimus et ordinamus quod predicta extorcio peccunie et exactio de cetero non fiat a domino abbate, vel ab (1) alio pro ipso, vel ejus curia.

Et quod libere liceat indigenis nautis et extraneis, sine predicta exactione pecunie, vexillum vel (2) vexilla et tabulam vel (3) tabulas tenere.

Super peccunia vero actenus propter hoc exacta, silencium imponimus scindicis, restitucionem peccunie actenus exacte domini abbatis consciencie commictentes.

XXVIII

Des dépaissances de Loa, Espeiran, Camarignan, Estagel, Syeure et les Corrèges.

Elles sont revendiquées par les syndics. Les arbitres décident que, dans la Corrège supérieure et tout le tènement adjacent jusqu'au Grès, le monastère pourra mettre en défens ses terres propres et ses prés, vignes, chaumes, marais et bois. Cependant, les bêtes de labour des habitants exerçant la culture dans la dite Corrège, pourront être mises par leurs maîtres au pâturage dans les marais du monastère de cette Corrège. Mais si les maîtres de ces animaux possèdent des marais qu'ils veuillent tenir en défens, ils devront y admettre les bêtes aratoires du monastère labourant dans cette Corrège. L'herbe des chaussées du Rhône est attribuée à l'usage public. Même règlementation pour la Corrège inférieure. Mais pour tout le reste du territoire de Saint-Gilles, hors des deux Corrèges, de leur tènement adjacent jusqu'au Grès, et du tènement d'Espeiran, les habitants pourront à perpétuité y faire dépaître librement leurs animaux, sans dommage, cependant, pour les moissons, les arbres, les vignes et les prés. S'ils font des dommages, ils paieront le ban accoutumé et le dégât *de plano*, à l'estime des délégués de la cour. Dans le territoire de Saint-Gilles sont compris le

(1) Dans B seul. (2) (3) B : *sive*.

tènement de Loa, dont les garrigues, collines et plaine seront soumis à la dépaissance publique, mais non les marais, qui suivront le régime des autres marais.

XXVIII

De pascuis de Loa, Sperano, Camarinhano, Stagello et Syeura, et Corrigiis.

Super questione de pascuis que petunt scindici in tenementis Sancti Egidii et de Loa et de Sperano, Camarinhano, Stagello et Syeura,

Nos, prefati diffinitores, etc., taliter statuimus et ordinamus quod in Corrigia superiori et in toto tenemento eidem adjacenti usque *Al Grès*, liceat monasterio Sancti Egidii terras suas proprias et prata, vineas, stipulas, paludes et nemora deffendere.

Itaque, contra domini abbatis vel sue familie voluntatem, nullus homo de villa Sancti Egidii in eis pascet vel animalia sua pascencia (1) immictat vel immissa teneat.

Hoc salvo quod bestie aratorie hominum in dicta Corrigia seu tenemento predicto agriculturam exercencium, possint in paludibus monasterii superioris Corrigie teneri et pasci a dominis earumdem (2).

Si tamen (3) domini dictarum bestiarum habent paludes quas aliis deffendant, quando volunt pascere in paludibus monasterii, bestias aratorias monasterii que in eadem Corrigia laborabunt, in suis paludibus admictere teneantur.

Sane, herbam (4) que erit in levatis Rodani, publicis usibus cedere volumus, statuimus et mandamus, ita quod, nec (5) dominus abbas, nec alius ratione sue fronterie, eas sibi appropriet, quamvis arbores que sunt ibi ad illos pertineant in quorum sunt fronteria exorte seu plantate.

Idem per omnia statuimus de terris, pratis, vineis et paludibus et nemoribus monasterii in Corrigia inferiori, quod (6) scilicet ea possit deffendere monasterium in forma predicta.

---

(1) B : *pascenda*. (2) A : *eorumdem*. (3) B : *autem*. (4) A : *herba*. (5) Dans B seul. (6) Dans A seul.

Salvo eo quod dictum est de bestiis aratoriis, et salvo eo quod dictum est de levatis, que similiter ut supra inferiori Corrigia statuimus et volumus observari.

In toto autem alio tenemento ville Sancti Egidii, quod est extra duas Corrigias dictas (1), et extra tenementa eis adjacentia usque *Al Grès*, et extra tenementum Sperani (2), de consensu et assensu dicti domini Guidonis, statuimus quod liceat in perpetuum, sine contradictione monasterii et aliarum personarum, hominibus ville Sancti Egidii, tenere et pascere bestias suas, cujusquidem generis, libere et quiete, sine tala tamen segetum (3) et vinearum et arborum et pratorum. Quam si fecerint, debent (4) bannum consuetum et talam emendent (5) de plano et sine ordine judiciario ad eorum arbitrium quos ad hoc (6) curia Sancti Egidii (7) deputabit.

In tenemento autem ville Sancti Egidii intelligimus et includimus nominatim tenementum de Loa, in quo proxime dicta serventur in garricis et montibus et in plano, preter paludes, de quibus servari volumus quod supra de aliis paludibus est statutum.

XXIX

Des pâturages du tènement d'Espeiran.

Dans ce tènement, entre la lisière du bois et la ville, partie comprise entre le chemin de Saint-Gilles au Ra et le tènement de l'infirmier, les habitants de Saint-Gilles pourront librement faire dépaître leurs animaux, sauf le dommage, qui sera réglé comme ci-dessus, et le bois et domaine de Guillaume Foulque, chevalier, de Posquières, qui continuera de les tenir en défens.

XXIX

Folio 22: De pascuis tenementi Sperani.

Sane in tenemento Sperani (8), quantum protenditur a fronteria bosci Sperani citra versus villam Sancti Egidii,

(1) Dans B seul. (2) B : *Espeyrani.* (3) B : *sugetum.* (4) B : *et dent.* (5) A : *emendant.* (6) (7) Ces 2 mots dans B seul. (8) B : *Espeyrani.*

in tota parte tenementi ejusdem que est inter viam qua itur ad *El Ram* (1) a villa, et usque ad tenementum infirmarii, liceat hominibus dicte ville Sancti Egidii tenere et pascere animalia sua et pastorum suorum, sine contradictione domini abbatis et monasterii, libere et quiete, sine tala tamen, ut supra dictum est. Quam si fecerint, in banno et tala emendent (2), et forma supra scripta observetur.

Excipimus tamen boscum et tenementum Guilhermi (3) Fulconis, militis, (4) de Poscheriis, quod, non obstante pronunciatione presenti, ei (5) deffendere liceat, sicut actenus deffendere consuevit.

XXX

Des pâturages du tènement de Camarignan.

Les arbitres ordonnent que, dans la partie de ce tènement de l'infirmier, située entre le chemin de Saint-Gilles à Posquières et le chemin de Saint-Gilles à Sainte-Colombe, les habitants de la ville puissent librement faire dépaître leurs animaux, jusqu'au chemin transversal de Franquevaux à Aiguesvives, appelé vulgairement chemin de la Charrette. L'infirmier pourra mettre en défens tout le reste de son terroir. Parité de droits pour les bêtes de labour de l'infirmier et celles des acquéreurs de ses herbes dans la partie publique.

XXX

De pascuis tenementi Camarinhani.

De tenemento vero Camarinhani, ordinamus quod, in illa parte tenementi infirmarii que est inter viam publicam qua itur versus Poscherias a villa Sancti Egidii, et aliam viam qua publice itur ab eadem villa Sancti Egidii versus Sanctam Columbam, possint libere homines dicte ville Sancti Egidii tenere animalia sua et pastorum suorum, et pascere sine tala per totum planum quod est

(1) Ms. : *elram*. (2) A : *emendant* ; B : *tale emenda*. (3) A : *G*. (4) Dans B seul. (5) B : *et*.

inter dictas duas vias, usque ad viam transversalem qua itur a Francis Vallibus versus Aquas Vivas, que vulgariter appellatur *Via de la Carreta* (1). Sed a dicta via transversali, supra et extra dictas (2) duas vias collateralles (3) et in residuo plani et tenementi dicti infirmarii, nullus pascat vel animalia sua immictat contra infirmarii vel familie sue voluntatem.

Qui tamen sub infirmario agros colent, possint bestias aratorias ibidem laborantes per totum planum de Camarinhano tenere, et tam infirmarius sua et pastorum suorum animalia, quam illi qui pro tempore herbas ejus emerint, possint pascere promiscue cum hominibus Sancti Egidii in dicta parte Camarinhani ad pascendum dictis hominibus Sancti Egidii assignata.

XXXI

Des pâturages du tènement d'Estagel.

Autorisation aux habitants de Saint-Gilles de faire dépaître librement leurs animaux, sauf dommages, dans la partie de ce tènement qu'on trouve à droite en suivant le chemin de Saint-Gilles à Nimes. Cette partie est comprise entre les tènements de la ville, de Loa et de Sieure. Parité de droits pour les bêtes du prieur d'Estagel et celles des acquéreurs de ses herbes dans la partie publique. Dans l'autre partie du tènement, celle qu'on trouve à droite en suivant le chemin de Nimes à Saint-Gilles, le prieur pourra tout mettre en défens, jusqu'au vallon situé sous le bois de Biasca et servant à l'écoulement des eaux pluviales vers le tènement d'Aiguesvives, aux enfants de Raimond Bertrand, et vers la lône. Exception en faveur des bêtes de labour des cultivateurs. Les arbitres n'entendent, ni définir le droit des habitants d'Estagel à y mettre d'autres animaux, ni, par le présent statut, leur porter quelque préjudice. Dans la partie publique du tènement d'Estagel, le prieur pourra mettre ses animaux, mais non des animaux étrangers. Même solution pour le tènement public de la ville.

---

(1) A : *carrete*. (2) Dans A seul. (3) A : *coleterales*. A et B ajoutent : *predictas*.

XXXI

De pascuis tenementi Stagelli.

De tenemento autem Stagelli, dicimus quod liceat hominibus ville Sancti Egidii tenere et pascere animalia sua et pastorum suorum libere, sine tala, in tota parte predicti tenementi, quam euntes a villa Sancti Egidii versus Nemausum per viam publicam, relinqu[u]nt ad partem dextram ultra viam predictam, sicut dicta pars dicti tenementi limitatur ex una parte cum tenemento ville Sancti Egidii, et ab (1) alia cum tenemento de Loa, et ex alia cum tenemento de Sieura ;

Ita tamen quod, tam prior de Stagello quam illi qui ement herbas dicti prioris, possint ibi tenere animalia sua promiscue cum hominibus Sancti Egidii libere et quiete, sine contradictione ipsorum, et colentes terras in tenemento de Stagello bestias aratorias.

In illa autem alia parte (2) tenementi de Stagello quam venientes de Nemauso ad Sanctum Egidium per viam publicam relinqu[u]nt ad partem dextram ultra predictam viam, liceat priori totum tenementum de Stagello (3) defendere usque ad vallonum quod est sub nemore de Biasca et descendit per aquale per quod fluit aqua, suis (4) temporibus, versus tenementum de Aquis Vivis et liberorum Raymundi Bertrandi, et versus launiam (5) ;

Ita quod nullus habitator ville Sancti Egidii, ratione ville Sancti Egidii, ibi teneat vel immictat bestias sine predicti (6) prioris voluntate ; preter bestias aratorias eorum qui terras excolent in tenemento de Stagello, quas poterunt immictere et tenere (7) dicti cultores in deffensis ipsius prioris et aliis locis tenementi de Stagello.

An autem liceat habitatoribus de Stagello alias bestias ibi ponere (8), non intendimus diffinire, nec eis, per ea que dicimus, prejudicium aliquod generare.

---

(1) B : *ex*. (2) A : *partem*. (3) B : *Estagello*. (4) Dans B seul. (5) On appelle *lône* une partie du Rhône, gouffre, lagune ou bras mort, où l'eau est profonde et tranquille. (6) B : *dicti*. (7) Ces deux mots dans A seul. (8) B : *tenere*.

Per totum autem residuum tenementi de Stagello quod est inter dictum vallonum et tenementum ville (1) Sancti Egidii, [versus villam eamdem Sancti Egidii] (2), liceat hominibus ville Sancti Egidii libere pascere et quiete, sine tala tamen, ut supra dictum est (3).

Sed et prior de Stagello animalia sua et pastorum suorum ibi tenere possit, sed non immictere aliena.

Et idem eciam dicimus de (4) tenemento ville Sancti Egidii, in quo ejusdem ville hominibus adjudicamus et concedimus (5) jus pascendi, scilicet quod dominus abbas sua animalia et pastorum suorum ibidem (6) tenere valeat. Sed, propter angustias tenementi, aliena non immictat.

XXXII

Des pâturages du tènement de Sieure.

Les habitants de Saint-Gilles pourront librement faire dépaître leurs animaux dans la partie de ce tènement qu'on laisse à droite en suivant le chemin de Saint-Gilles à Nimes, jusqu'à la rencontre du chemin de l'Estrade, qui va de Lunel à Notre-Dame de Laval (7) et à Beaucaire, exception faite du bois de Bugal et de ses dépendances, devois du prieur de Sieure. Dans tous les tènements ci-dessus où les arbitres ont adjugé aux habitants le libre droit de dépaissance, ils leur reconnaissent aussi le droit de prendre de la *fournille* (8) et du bois, sans dommage pour les arbres fruitiers, où ne sont pas compris les chênes. Dans tous ces tènements, la propriété du sol ne sera point publique, mais demeurera à l'abbé, aux prieurs et autres maîtres respectifs des lieux, qui pourront, nonobstant le droit de l'université de Saint-Gilles, mettre en culture le sol ou les prés, et en jouir alors privativement. Dans tous les tènements du Grès à usage public, nul ne pourra marquer et mettre en défens ses chaumes, une fois

---

(1) Dans A seul. (2) Ces 5 mots, entre crochets, dans B seul. (3) B : *diximus*. (4) B : a. (5) B : *adjudicamus et concessimus*. (6) B : *ibi*. (7) Lieu détruit dans la commune de Bellegarde. (8) Menu bois de four.

son blé enlevé. Mais dans les deux Corrèges, chaque propriétaire pourra mettre en défens ses chaumes, prés et bois, les approprier à son usage, les vendre ou les concéder. Pour les vignes, tant des Corrèges que du Grès, elles demeureront en défens au gré de leurs possesseurs.

XXXII

De pascuis tenementi de Syeura.

De tenemento autem de Syeura ordinamus quod in illa parte tenementi ejusdem quam euntes per stratam publicam a villa Sancti Egidii versus Nemausum, relinqu[u]nt ad partem dexteram, possint homines dicte ville Sancti Egidii libere pascere et tenere animalia sua et pastorum suorum, ibique (1) usque ad caminum de Strata [et citra versus Sanctum Egidium, quo camino de Strata] (2) venitur a Lunello versus Beatam Mariam de Valle (3) et Bellicadrum.

Excipimus tamen boscum de Bugallo cum suis pertinenciis, quod est et remaneat (4) devesa prioris de Syeura.

Et est sciendum quod appellatione « pastorum suorum », ubique superius intelligimus illos qui vivent de pane et vino dominorum quorum bestias custodient (5).

Item, ordinamus quod, in predictis tenementis, in quibus adjudicavimus sive concessimus hominibus ville Sancti Egidii habere liberum jus pascendi, habeant et jus colligendi fornilham (6) et alignandi sine tala arborum fructiferarum (7), in quibus arboribus fructiferis non intelligimus glandiferas.

In omnibus autem tenementis supradictis, in quibus dictum jus pascendi et allignandi adjudicavimus sive concessimus hominibus dicte ville, intelligimus et statuimus quod soli proprietas non sit publica ; sed remaneat domini abbatis et infirmarii et dictorum priorum, scilicet (8) singulorum in suis tenementis, vel (9) aliarum

---

(1) B : *ubique*. (2) Ces 9 mots, entre crochets, dans B seul.

(3) N.-D. de Laval, lieu détruit de la commune de Bellegarde, ancien prieuré de l'abbaye de Psalmodi. (4) B : *remanet*.

(5) Tout ce §, dans A seul à cette place. (6) B : *fornillam*.

(7) A : *fructefferarum*. (8) A : *et*, mauvaise graphie pour *ut*.

(9) A : *et*.

personarum que ibidem habent terras proprias vel loca. Et liceat dictis abbati et prioribus, vel aliis (1) locorum dominis, non obstante dicto jure universitatis ville Sancti Egidii, *Folio 23* ipsa loca, per se vel per alios, redigere ad culturam vel prata, et redacta, ut sua gaudere ;

Ita tamen quod, a Corrigiis superiori et inferiori (2) supra, scilicet in tenementis supradictis omnibus, que sunt *Al Grès*, ad usum pascendi et allignandi, hominibus Sancti Egidii assignata, nulli liceat stipulas suas, post bladum inde extractum (3), deffendere vel signare, quin (4) ibi possint pascere animalia hominum ville Sancti Egidii in forma predicta.

In utraque autem Corrigia, superiori scilicet (5) et inferiori, liceat cuilibet stipulas suas, prata et nemora sua, sive ab eis possessa, deffendere vel (6) usui suo appropriare, vel alii (7) vendere vel (8) concedere.

Vinee autem, tam in Corrigiis (9) quam in Greso, sint et maneant (10) in deffenso (11) quandocumque placuerit possessoribus earumdem.

XXXIII

De la chasse dans lesdits tènements. (12)

L'abbé dans le tènement de Loa, et les prieurs dans leurs tènements respectifs, jouiront des droits ou *explèches* accoutumés en matière de chasse, de charbon ou charbonnières, ou autre, sauf les usages publics ci-dessus règlementés.

XXXIII

De venacione tenementorum predictorum. (13)

Abbati etiam in tenemento de Loa, et prioribus supra-

---

(1) B : *alii*. (2) A met ces adjectifs au pluriel. (3) A : *abstractum*. (4) B : *quem*. (5) Dans B seul. (6) B : *et*. (7) B : *aliis*. (8) A : *et*. (9) A : *Corregiis*. (10) B : *remaneant*. (11) B : *indeffense*. (12) Le texte latin de ce statut n'est conservé que dans le vidimus du registre AA. 1 de Saint-Gilles. (13) A ne donne que le titre et le donne seul, comme toujours, à l'exclusion de B.

dictis in suis tenementis, liceat in venacionibus et carbone, sive carboneriis, solitas explechas habere, et uti dictis territoriis ad commodum suum, salvis dictis usibus pascendi et allignandi hominibus ville Sancti Egidii, secundum formam superius assignatam (1).

XXXIV

Des réclamations de l'abbé contre l'université de Saint-Gilles.

L'abbé et le monastère demandent que les habitants de Saint-Gilles n'aient point d'université, corps, collège ou société, ni d'assemblée, n'élisent point de syndics ni de clavaires, et n'usurpent rien de ce qui a trait à la juridiction ou à la répression ; car ils ont autrefois renoncé au consulat, et reconnu expressément que toute juridiction volontaire et contentieuse appartient à l'abbé, sans aucune réserve, comme il appert d'un acte public produit en la cause par le moine Bertrand, délégué de l'abbaye. Le syndic répond qu'après l'abandon (forcé) du consulat par la ville, l'abbé s'est trouvé en possession ou en quasi-possession (de la juridiction). Les arbitres décident que, attendu le grand nombre d'habitants de n'importe quelle ville ou bourg, il est impossible qu'il ne s'y établisse pas une université des habitants, avec des syndics pour gérer les affaires communales, défendre les intérêts communs et administrer les deniers publics pour les dépenses nécessaires. La ville de Saint-Gilles pourra donc, lorsqu'elle aura besoin de syndics, en créer un, deux, ou trois au plus, qu'une fois élus elle présentera à l'abbé ou à son lieutenant. Les syndics prêteront serment d'exercer fidèlement leur charge, sans usurper ce qui ne les regarde pas : juridiction, répression, droits de l'abbaye. L'office des syndics durera autant que la cause qui les aura fait nommer. En outre, l'université pourra posséder un coffre commun et avoir un clavaire élu, conformément à la solution ci-dessus de la quatrième plainte des syndics.

---

(1) B ajoute ici le § : *Et est sciendum* du chapitre précédent.

Les habitants ne feront jamais entre eux ni conjuration, ni confédération, ni vote ; ni, par engagement de foi ou baiser, aucune alliance ou convention secrète, aucune assemblée suspecte. Ils ne feront pas ou n'étendront pas de rôle de contributions sans la permission expresse de l'abbé. Cassation pour le passé et l'avenir de toutes ces irrégularités. Pour traiter de ce qui offre un avantage ou un inconvénient municipal, les habitants s'assembleront devant l'abbé ou son lieutenant. S'ils veulent obtenir réparation de sujets de plainte contre l'abbé ou sa cour, ils pourront, en l'absence de l'abbé ou de son lieutenant, se réunir pour en traiter, à l'exclusion de toute autre affaire. Immédiatement après l'étude de la question, et avant d'élire un syndic, ils en feront à l'abbé un exposé fidèle, en lui demandant satisfaction avec respect et humilité. Si l'abbé ne veut rien faire, ils nommeront un ou plusieurs syndics. Pour les mariages et autres actes, pour les contrats licites et l'exécution ou la confirmation des engagements, les particuliers pourront, sans fraude et soupçon de mal, s'astreindre dans la ville par conventions et serments.

XXXIV

De peticionibus et questionibus domini abbatis contra universitatem Sancti Egidii. (1)

Prima questio domini abbatis et monasterii est super eo quod homines ville Sancti Egidii non habeant universitatem, corpus, collegium vel societatem, vel conventiculum (2), nec faciant scindicos nec clavarios, nec aliqua faciant vel (3) usurpent que spectant (4) ad jurisdictionem vel cohercionem ; cum olim renunciaverint consulatum (5) et expressim (6) concesserint quod omnis jurisdictio voluntaria et contenciosa esset domini abbatis, sine omni retentu, ut per instrumentum publicum, [inde factum et in causa productum coram nobis per fratrem Bertran-

(1) B donne pour titre : *Sequitur de peticionibus monasterii.*
(2) B : *conventiculam.* (3) A : *nec.* (4) B : *spectent.*
(5) A : *consolatui.* (6) B : *expresse.*

dum, monachum seu commissum monasterii Sancti Egidii, nobis] (1) plenarie est ostensum.

Et super hiis dicebat scindicus predictus, post predictam desamparacionem consulatus abbatem fuisse in possessione vel quasi.

Super qua questione nos, prefati diffinitores, [scilicet B. Dorna, archidiaconus Biterrensis, et G. de Codolis, jurisperitus, cum consilio et assensu dicti domini Guidonis Fulcodii, statuimus et] (2) ordinamus quod, cum multitudo hominum in aliqua villa seu castro habitancium vel vico, non possit esse quin sit ibi hominum universitas, et quod illius loci universitas [non possit esse quin in negociis universitatis] (3), cum res exigerit, habeat vel habere possit scindicos, per quos agat et deffendatur, et sumptus ad hoc necessarii fiant et ministrentur ; villa seu universitas hominum ville Sancti Egidii, cum opus fuerit et negocia occurrerint in quibus egeant scindicis, possint creare et facere scindicos unum, vel duos, vel tres tantum ; quos electos presentent coram domino abbate vel ejus locumtenente.

Et coram eo scindici electi jurent quod officium scindicatus fideliter exercebunt, tant in agendo quam in deffendendo, universa ad sindicatus officium exequendo ;

Et quod alia ad scindicorum officium non spectantia (4) nullathenus usurpabunt, nec jurisdictionem, nec cohercionem vel districtum sibi assument ; nec quecumque in prejudicium jurium monasterii, contra justiciam, sub pretextu sui officii actentabunt.

Quorum scindicorum officium durabit quamdiu causa durabit pro qua fuerint (5) ordinati. Et preterea dicta universitas licite poterit habere archam communem, et habere clavarium electum qui eligetur et habebit officium ut supra continetur, in decisione quarte questionis scindicorum, ubi de bannis terminatur (6).

Item, domini Guidonis consilio, etc., statuimus et pro-

---

(1) Ces 18 mots, entre crochets, dans B seul. (2) A remplace ces 20 mots, entre crochets, par : *etc.* (3) Ces 7 mots, entre crochets, dans B seul. (4) B : *expectancia.* (5) B : *fuerunt.* (6) P. 147.

hibemus quod homines hujus ville nunquam faciant (1) inter se conjuracionem, vel vota (2), vel (3) per fidei plevimentum, vel oris osculum, connexitatem vel juramentum, vel promissionem (4), vel convencionem celati vel secreti, seu (5) aliquam congregacionem suspectam vel que merito haberi debeat suspecta. Nec compensum (6) faciant vel (7) distringant, nisi de expressa permissione et voluntate domini abbatis [monasterii Sancti Egidii] (8) vel ejus locumtenentis.

Et si que (9) predictorum facta sunt vel fuerint, ea cassavimus et cassamus, et eciam ab ipsis hominibus remicti et absolvi fecimus; et si que postea facta (10) sunt, absolvi precipimus penitus et cassari.

Verum, si homines ville viderint (11) aliquid dampnosum vel utille ville inminens (12), quod non sit contra abbatem, vel ejus curiam, et (13) super eo tractatum voluerint (14) habere, coram ipso abbate vel ejus locum tenente conveniant et tractent quod (15) tangit principalius ville commodum vel incommodum.

Si vero super aliqua querimonia vel rancura, quam de abbate vel ejus curia voluerint facere tractare, possint, in abbatis absencia vel ejus locumtenentis, convenire et tractare, aliis tractatibus non immixtis. Et immediate post tractatum, antequam aliquem scindicum ad hoc eligant, tractatum habitum plene et fideliter abbati vel ejus locumtenenti referent et exponant. Et sue (16) rancure et querimonie satisfactionem ab eodem cum debita reverentia et humilitate requirant.

Quod si abbas facere noluerit, possint ad hoc scindicum vel scindicos constituere, secundum formam predictam.

Pro matrimoniis autem (17) et ceteris (18) celebrandis vel contrahendis, et privatis ac licitis et honestis contrac-

---

(1) A : *facient.* (2) B : *votum.* (3) Dans B seul. (4) B répète ici : *vel votum.* (5) B : *vel.* (6) B : *compessum.* (7) A : *nec.* (8) Ces trois mots dans B seul. (9) A et B : *qua.* (10) A et B : *facte.* (11) B : *viderunt.* (12) B : *immunem.* (13) A : *vel.* (14) B : *voluerunt.* (15) B : *quam.* (16) B : *sive.* (17) Dans B seul. (18) B : *testamentis.*

tibus seu negociis implendis (1) vel confirmandis, possint se, sine fraude et mali suspicione, conventionibus et juramentis astringere (2) private persone in villa predicta, non obstantibus supradictis.

XXXV

Du droit de setier.

Les arbitres décident que l'abbé ne demandera pas aux habitants le droit de setier, car ils en sont exempts ; mais les habitants ne devront commettre aucune fraude envers l'abbé, en vendant le blé des étrangers comme le leur propre, ou en prêtant leurs mesures aux étrangers pour vendre ou mesurer leurs blés, ou en causant, de tout autre façon, quelque perte au monastère, à l'occasion du sextaralage.

XXXV

De sextaralagio.

Item, alia petitio [seu questio] (3) domini abbatis et monasterii Sancti Egidii est super sextaralagio (4) quod petunt ab hominibus hujus ville.

Super quo nos, prefati difinitores, etc., ordinamus quod dominus abbas, vel alius pro eo, non exhigat sextaralagium, vel aliquid pro sextaralagio, ab hominibus hujus ville, cum sint immunes et debeant esse a sextaralagii prestatione.

Tamen statuimus et precipimus quod homines hujus ville nullam faciant (5) fraudem bladi extraneorum pro suo tenendo vel vendendo, vel suam mensuram extraneis tradendo pro blado vendendo, mensurando, vel aliud faciendo in fraudem seu diminucionem sextaralagii et juris monasterii.

---

(1) B : *complendis*. (2) B : *abstringere*. (3) Dans B seul. (4) B : *sextaralogio*. (5) A : *facient*.

XXXVI

Des possessions tenues sous la directe du monastère.

On appliquera le statut : « Emphiteota qui canonem longo tempore. »

XXXVI

De possessionibus que tenentur a monasterio. (1)

Item, alia peticio domini abbatis est super eo quod homines hujus ville possessiones quas tenent ab ipso monasterio vel membris ejus, irrequisito consensu ipsorum, allienant, et notulas instrumentorum faciunt fieri sine eorum presencia et consensu ; quare petit per nos pronunciari dictos homines non habere jus vendendi sine dominorum consensu, et eis precipi (2) ut, irrequisito dominorum consensu, [nec] vendant, nec alii emant vel intrent possessionem sine dominorum licencia, nec notule inde fiant sine consensu et presencia dominorum ; et si contra factum fuerit, quod res incidat in commissum, et possit eam dominus vindicare (3).

Super qua peticione nos, preffati diffinitores, de consilio et assensu dicti domini Guidonis, statuimus et ordinamus quod, super hac questione, stetur legi municipali hujus ville, cujus forma et tenor inviollabiliter observetur. Quequidem lex sive consuetudo incipit : « Emphiteota qui canonem longo tempore », etc. (4). Et est (5) ante rubricam : « De testamentis publicandis » (6). In eis casibus consuetudo nullathenus interdixit.

XXXVII

De la dîme des porcs et autres animaux.

Au sujet de la dîme réclamée par l'abbé et le monastère sur les porcs et autres animaux d'élevage, sur les fromages, poulets, olives, amandes, lin, chanvre, laine,

---

(1) A ne donne que ce titre. Suit le texte de B. (2) B : *precipiatis.* (3) B : *vendicare.* (4) P. 83. (5) B : *sunt.* (6) P. 87.

abeilles, moulins, fours, pêche, commerce, chasse, au sujet des moissonneurs et des dîmaires qui coupent, recueillent et préparent le blé, au sujet du dépiquage, et du transport de la dîme des lieux accoutumés au monastère ou chez les prieurs, les arbitres n'admettent aucun changement. Les dîmes seront apportées de toute la dîmerie, excepté de quelques terres, vignes, prés et bois de la Corrège supérieure, où la coutume est que le monastère prend la dîme sur place. Point de changement non plus quant aux prémices.

XXXVII

De prestacione decime porcorum et multorum aliorum animalium.

Folio 24 Item, alia peticio domini abbatis et monasterii est super prestacione decime quam petebant (1) fieri de porcellis et aliis animalibus (2) nutrimenti (3), de caseis, pullis, olivis, amigdalis, lino, canapo, lana, apibus, molendinis, furnis, piscatione (4), negociatione, venationibus, messoribus (5) seu decimariis, qui sequant (6) vel colligunt et aptant blada hominum ad aliquam partem specialiter deputatam (7), de calcatura et escossura (8), et de decima portanda de locis solitis monasterio vel prioribus supradictis.

Super hac questione nos, prefati difinitores, etc., nichil immutamus. Sed decime portentur dictis prioribus et ad monasterium Sancti Egidii de tota sua decimaria, exceptis aliquibus terris, vineis, pratis et nemoribus Corrigie superioris, de quibus decima non consuevit apportari (9), sed in ipsis locis monasterio dari. Et prestentur decime de rebus de quibus consueverunt dari actenus.

Et hec omnia fiant sicut fiebant et fieri consueverant ante litem (10) suscitatam.

---

(1) B : *petebat*. (2) B : *animalium*. (3) *nutrimentis*. (4) A : *piscariis*. (5) Devant tous ces noms, B met la préposition : *de*. (6) B : *segant*. (7) B : *de pictat gun*. (8) B : *vel de calcaturam et escoussuram*. (9) B : *portari*. (10) B : *presentem discordiam*.

Item, in (1) primiciis a domino abbate et monasterio petitis, nichil penitus immutamus, quia eas, ante motam (2) discordiam, non invenimus fuisse prestitas vel (3) petitas.

XXXVIII

Des coutumes abusives.

L'abbé se plaint de coutumes abusives en matière de chasse. Mais les arbitres n'en ont point constaté, et s'abstiennent de statuer.

XXXVIII

De pravis consuetudinibus et abusivis. (4)

Item, alia peticio domini abbatis [et monasterii] (5) est de pravis consuetudinibus et abusivis de cassando. De quibus cum non constet nobis, preffatis diffinitoribus, nihil diximus statuendum.

XXXIX

Des emphytéotes et feudataires. (6)

L'abbé demande que les habitants tenant en fief des possessions de sa directe, ou de celle des religieux, n'imposent point sur elles, quand ils les aliènent, des censives ou usages, sans le consentement exprès du titulaire de la directe. Décision conforme des arbitres.

XXXIX

De emphiteotis et feudatariis. (7)

Item, alia peticio abbatis et monasterii est quod homines ville qui tenent in feudum seu emphiteosim vel accappitum aliquas possessiones ab ipso abbate vel monasterio

---

(1) B : *de*. (2) B ajoute : *istam*. (3) A : *seu*. (4) Ce titre est dans C seul. Le chapitre manque dans A. (5) Ces deux mots dans B seul. (6) Le texte latin de ce statut n'est conservé que dans le vidimus du registre AA. 1 de Saint-Gilles. (7) Ce titre est dans C seul. Le chapitre manque dans A.

seu monachis vel prioribus dicti monasterii, cum eas allienant, non imponant nec retineant super censum vel usaticum, sine dominorum consensu expresso.

Super qua questione nos, preffati diffinitores, de consilio et assensu predicti domini Guidonis, statuimus, ordinamus et determinamus predictam peticionem domini abbatis et monasterii et monachorum justam esse, et statuendo prohibemus ne emphiteote, vel accaptatores, vel feaudatarii abbatis vel monasterii, seu monachorum vel priorum, predicta faciant vel actemptent.

XL

Des saisies.

L'abbé se plaint des saisies pratiquées par les soidisant syndics et les habitants de Saint-Gilles les uns contre les autres, des violences contre les personnes et les choses, sous prétexte de dettes à payer ou de dommages à réparer, ce qui lèse gravement l'abbaye et sa juridiction, car seule elle possède le droit de contrainte et de saisie. Les arbitres interdisent les saisies autres que celles conformes à la coutume pour censive non payée, pacte légitime, méfaits ou dommage, avec obligation pour le saisissant d'en informer la cour le jour même ou le lendemain.

XL

De pignoracionibus. (1)

Item, alia peticio abbatis et monasterii est quod illi qui dicunt se scindicos, et alii homines ville, pignorant alios, infra villam vel extra, in tenemento dicte ville, et vim inferunt in personis ipsis et rebus eorum, pro solvendis rebus quas dicunt sibi deberi, vel pro talis sibi factis, quod redundat in maximum monasterii prejudicium et gravamen, et ad diminutionem et lesionem jurisdictionis ipsius, cum talis cohactio et pignoracio ad ipsum monasterium pertineat, et ad nullum alium, in villa eadem.

---

(1) Ce titre est dans C seul. Le chapitre manque dans A.

Super qua questione nos, preffati diffinitores, de consilio et assensu predicti domini Guidonis, statuimus et ordinamus quod non fiant pignorationes pro debitis ab hominibus ville, nisi secundum quod consuetum est pro censu non soluto, sicut lex dixit municippalis hujus ville, vel ex pacto legitimo, vel pro malefactis vel tala, in qua pignorator invenerit talantes vel eorum bestias (1), quod, eadem die vel crastina, curie signifficare teneatur.

XLI

Des cautions.

L'abbé se plaint du refus, par les habitants, de lui donner caution à lui-même, sous prétexte qu'ils ne sont tenus de donner caution qu'au viguier de la cour. Les arbitres décident que, en matière séculière, civile ou criminelle, s'il y a litige entre des particuliers, caution sera donnée seulement entre les mains du viguier. Mais si l'abbé est offensé en sa personne, ou en celle de ses familiers ou de ses religieux, c'est entre ses mains, par respect pour lui et l'abbaye, que sera donnée caution d'obéir à droit, ou caution juratoire, dès que satisfaction ne pourra être donnée, à moins que la gravité de l'offense n'exige l'emprisonnement. Le viguier enquerra de l'offense, s'il peut procéder de son office. S'il s'agit d'une question ordinaire, elle sera traitée par le droit ordinaire, et l'abbé aura le choix de commettre le viguier, ou de donner une autre cour non suspecte.

XLI

De fidejussoribus. (2)

Item (3), alia peticio (4) domini (5) abbatis est super

---

(1) B : *bestiarum*. (2) Dans C : *De firmanciis*. Cf. les *Institutes* de Justinien, lib. III, tit. XX : *De fidejussoribus* ; le *Digeste*, lib. XLVI, tit. I : *De fidejussoribus et mandatoribus* ; lib. XXVII, tit. VII : *De fidejussoribus et nominatoribus*, etc. ; le *Code*, lib. VIII, tit. XLI : *De fidejussoribus et mandatoribus* ; lib. II, tit. XXIV : *De fidejussoribus minorum*; lib. V, tit. LVII : *De fidejussoribus tutorum vel curatorum*. (3) Dans A seul. (4) B : *questio*. (5) Dans A seul.

firmanciis ipsi abbati prestandis ab hominibus ville, quando ipse abbas hoc exigit et requirit, quod homines facere contradicunt, dicentes quod non tenentur firmare in posse ipsius abbatis, sed in posse vicarii curie.

Super quo nos, prefati difinitores, etc., ordinamus quod in casibus (1) secularibus, civilibus vel criminalibus, si sit inter aliquos controversia, in manu vicarii tantum firmetur. Et idem fiat in inquisitionibus ubi privatus a privato offenditur.

Si vero dominus abbas in se, vel familia, vel monachis suis offenditur, dicimus quod, pro reverencia abbatis et monasterii, detur firmancia in manu abbatis de parendo juri, vel cautio juratoria (2), ubi satisdari non poterit, nisi criminis enormitas capcionem persone exigerit. Sed vicarius inquirat de dicta offensa, si fuerit ex officio procedendum. Si vero fuerit (3) questio (4) ordinaria, jure ordinario (5) tractanda sit, in opcione (6) abbatis, vel coram vicario prosequi dictam causam, vel dare ad hoc curiam non suspectam.

XLII

De la restitution des gages. (7)

L'abbé demande que les syndics restituent les gages qu'ils avaient saisis de leur autorité et contre sa volonté, pour le rôle des contributions, sur certaines personnes qui n'étaient pas de leur conjuration, et dont voici les noms : Pierre Amans, Pierre Raoul, Pons de Vaunage, B. Bratier, Pierre Campel, G. de Saint-Donat, Pierre Barbier, G. Treille, Étienne Fabre, Michel Gipier, Durant Capneuf, Jean Privat, Gilles de Banes, Arnaud de Herme-Berbegos, Pierre Pons, Bertrand, vacher de l'abbé. Les arbitres ordonnent la restitution demandée. Ils enjoignent aux parties de confirmer tout ce qui précède. Les

---

(1) B : *causis*. (2) La caution juratoire ne consiste que dans le serment fait en justice d'accomplir ce qui sera ordonné au jureur. Cf. les *Institutes* de Justinien, lib. IV, tit. XI : *De satisdationibus*, § 2. (3) B : *erit*. (4) Dans B seul. (5) B : *ordinaria*. (6) B : *obcione*. (7) Le texte latin de ce statut n'est conservé que dans le vidimus du registre AA. 1 de Saint-Gilles.

noms des syndics sont : G. Vispius, R. de Tarascon, Robert Giscard, Gilles Barthélemy et Pierre Parator. Règlement des dégâts commis à Estagel. Dépenses faites par les syndics avant la délégation des arbitres. Elles séront payées par les habitants qui étaient de leur conjuration et qui ont adhéré à eux en modifiant le rôle des contributions, en faisant des paiements, donnant des gages, s'obligeant ou promettant. Sur la non complicité, la cour entendra les preuves, ou l'on s'en tiendra au serment. Sur ces dépenses, il reste à payer 136 l. 12 s. tournois. Dépenses des syndics depuis que l'affaire est entre les mains des arbitres. Elles seront payées par toute la ville. Détail de ces dépenses. Pour les questions restées indécises, les arbitres s'en réservent la décision. Les parties acceptent la sentence en présence de nombreux habitants, réunis en assemblée publique, et de Gui Fulcodi. L'acte est passé dans l'abbaye de Saint-Gilles, sous la chapelle de Saint-Marc. Noms des témoins. Le notaire est Pierre de Manduel.

XLII

De restitucione pignorum. (1)

Item, alia peticio abbatis est quod scindici restituant pignora que sua auctoritate et contra voluntatem abbatis sive curie ipsius, ceperant sive extuderant (2) pro compenso a certis personis que non erant de eorum conjuratione, societate vel confederacione, neque eis adherebant ; quorum nomina, ut dicebat, sunt hec : Petrus Amancius, Petrus Radulphi, Poncius de Valnagia, B. Braterius, Petrus Campellus, G. de Sancto Donato, Petrus Barbitonsor, G. Trella, Stephanus Fabri, Michael Gipperius, Durantus Capnou, Johannes Privatus, Gilius de Banis, Arnaudus de Heremo Berbegos, Petrus Poncius ; Bertrandus, vaquerius domini abbatis.

Super qua nos preffati diffinitores et compositores, de

(1) Dans C seul. Ce titre et le chapitre manquent dans A.

(2) B : *extuserant.*

consilio et assensu predicti domini Guidonis, statuimus et ordinamus quod dicta pignora restituant dicti scindici predictis personis, infra duos menses, si extant; alioquin, eorum estimacionem; et ad hoc, si opus fuerit, per curiam Sancti Egidii compellantur.

Item, predicti B. Dorna, archidiaconus Bicterrensis, et G. de Codolis, jurisperiti, diffinitores seu compositores, de consilio et assensu domini Guidonis Fulcodii, preceperunt predictis abbati et prioribus, excepto priore de Syeura, absente, et dictis scindicis, scilicet G. Vispio, R. de Tarascone, Roberto Giscardi, Gilio Bartholomeo et Petro Paratorii, quod predicta omnia et singula, sicut sunt superius recitata, statim approbent et confirment.

Item, predictus dominus B. Dorna, archidiaconus, cum assensu domini G. de Codolis, dixit quod precipiebat illis qui fecerunt talam in nemoribus et devesiis de Stagello, in virtute prestiti juramenti tempore absolutionis excommunicationis ab eis sibi facti, quod eam restituant priori de Stagello, arbitrio trium proborum hominum communiter eligendorum, ita quod stetur dicto duorum, si tres insimul convenire non possent.

De expensis autem factis a scindicis ville Sancti Egidii nos, predicti diffinitores et compositores, de consilio et assensu dicti domini Guidonis, statuimus et ordinamus quod expense quas fecerant ante quod nos essemus delegati a domine abbate Sancti Egidii super questionibus predictis, solvantur communiter et proportionnaliter ab hominibus qui erant de eorum conjuracione, confederacione vel societate et qui eis adheserunt, mutuando compensum, gratis solvendo vel pignora dando, vel se eis super hoc obligando vel promittendo. Et si quis negaret se predictis modis vel aliquo ipsorum predictis scindicis adhesisse, et scindici voluerint probare contrarium, curia Sancti Egidii eorum probationes audiat indilate, alioquin stetur juramento negantis. Summa autem ejus quod restat ad solvendum de dictis expensis est CXXXVI librarum et XII solidorum Turonensium.

Item, de expensis a scindicis postquam fuerunt in

manu nostra factis, occasione questionum nobis commissarum, precipimus quod solvantur a tota universitate dicte ville, quarum summa est LXXI librarum et VII solidorum et VI denariorum Turonensium ; item XXVI l. et X s. ; item LXX s. pro expensis postea factis pro Bene[dicto] Ferreoli in presenti assignacione; summa istarum summarum [est] C 21 l. et VII s. et VI d.

Expense autem facte occasione inquisicionis facte per dominum senescallum, solvantur ab illis qui constituerunt procuratores Petrum Cogorlan et alios, ad prosequendam dictam inquisicionem, sicut continetur in instrumento vel nota super ipsa procuracione facta per magistrum David, notarium. Et est summa dictarum expensarum factarum occasione dicte inquisitionis : CLXXX l. et XII s. Sed in hac summa continentur : C solidi qui sunt expendendi pro cartis et dilacionibus solucionum a domino senescallo petendis, et CXXV libre Turonensium que debent dari pro emenda dicte inquisicionis domino senescallo.

Omnes autem predictas summas dictarum expensarum, postquam fuerint talliate per talliatores ad hoc eligendos, precipimus vicario quod solvi faciat et compellat secundum quod singuli fuerunt talliati. Et precipimus etiam domino abbati quod hec faciat fieri a dicto vicario bona fide et sine frustratoria dilacione.

Alias autem questiones ex utraque parte vel alterutra propositas que remanent indecise, nostre potestatis plenitudini reservamus, cum nobis placuerit, decidendas.

In omnibus autem que supra statuimus, ordinavimus et recitavimus, retinemus nobis potestatem declarandi et interpretandi dubia vel obscura.

Et in hiis dominus abbas predictus et predicti priores, preter priorem de Sieura, absentem, ex una parte ; et scindici universitatis ville Sancti Egidii, scilicet G. Vispius, R. de Tarascone, Giscardus Robertus, Petrus Parator et Gilius Bartholomeus, ex altera ; concesserunt expresse, magna parte ejusdem universitatis presente, et ad parlamentum publicum sono campane et voce preconia congregata.

Et est sciendum quod omnia et singula predicta fuerunt ordinata et recitata cum consilio et assensu domini Guidonis Fúlcodii, presentis.

Et consequenter predictus dominus abbas et predicti priores de Camarinhano et de Stagello, et prescripti scindici ville Sancti Egidii, scilicet G. Vispius, R. de Tarascone, Robertus Giscardus, Petrus Parator et Gilius Bartholomeus, presente magna parte universitatis (1) ville Sancti Egidii, prescripta omnia emologaverunt, et eisdem omnibus predictis expressum prestiterunt consensum.

Acta et recitata sunt hec in monasterio Sancti Egidii sub capella Sancti Marci, in presentia et testimonio Johannis Bricerii, judicis curie Sancti Egidii; Petri Johannis, prioris Sancti Privati ; G. Nicholay, prioris Sancti Laurencii; P. Ancellatoris, presbyteri ; Johannis Basconi (2), notarii, Lumbardi, presbyteri ; Juliani Verrerii, presbiteri; Raymundi Ganneria, magistri Stephani Flamenci, G. de Mezenis, Raymundi Rostagni, magistri David, notariorum ; fratris Poncii de Sancto Egidio, de ordine Predicatorum ; Petri Alamanni, presbiteri ; Benedicti Ferreoli, jurisperiti ; Bermundi de Gamaco, Johannis Arnerii, clericorum ; Guidonis Villemagne, notarii Bicterrensis (3) et multorum aliorum ; et mei, Petri de Mandolio, publici notarii, qui, de mandato domini abbatis et priorum de Camarinhano et de Stagello, et scindicorum, et dominorum B. Dorna et G. de Codolis et domini Guidonis Fulcodii, sepedictorum, hoc instrumentum inde scripsi et signavi.

VI

Des bergers étrangers.

Cette constitution émane de l'abbé Eustorge (4). Le jour des ides de juillet 1280, assisté des chevaliers et des notables jurés, assemblés au son de la cloche, comme

(1) B : *universitatem*. (2) B : *Bastoni*. (3) B : *bicterriensis*.

(4) Elle n'existe que dans A, et par conséquent les lacunes ne peuvent être toujours restituées.

d'habitude, il décide que tous les bergers ou gens étrangers venant à Saint-Gilles, pour séjourner ou habiter dans la ville, avec leurs bêtes ovines, en vue de les faire dépaître dans le territoire, devront employer en acquisitions d'immeubles ruraux ou urbains, dans l'année de leur arrivée, le tiers de la valeur de leurs troupeaux ; ces immeubles ne pouvant être situés que dans le territoire de Saint-Gilles. Celui qui ne se conformera pas à ce statut ne sera pas quitte moyennant la prestation du ban, mais sera chassé comme étranger. Aucun berger étranger, demeurant avec son maître à Saint-Gilles, ne pourra garder dans le troupeau de son maître plus de 60 bêtes, sans payer le ban pour le surplus. Les commandements relatifs à des emprunts ou autres dettes ne seront valables que dans les trois ans de leur signification.

VI

De pastoribus extraneis. (1)

(1280.) 1. Anno ab Incarnatione Domini M° II° LXXX, idus Julii (2), item [notandum] quod reverendus pater dominus Eustorgius, abbas monasterii Sancti Egidii, dominus ville ejusdem, cum consilio militum et procerum juratorum, ad sonum campane, more solito, congregatorum, statuit ac eciam ordinavit, una cum consilio antedicto, quod pastores omnes et singuli, seu homines, quicumque fuerint, extranei, venientes seu venturi ad hanc villam [Sancti Egidii, causa] morandi sive habitandi in villa, cum animalibus ovi[nis seu pecudibus] suis, in toto tenemento sive districtu dicte ville p[ascendis, consumere] teneantur seu immictere, infra unum annum ad[ventûs ipsorum, dum] habitacionem sive mansionem fecerint in villa supradicta, [terciam] par[tem] ovium seu pecudum suarum, seu terciam partem precii quod [predicte oves seu] pecudes valebunt, in possessionibus emendis seu comparandis, hoc est in [prediis]

(1) Cette constitution n'existe que dans A. (2) 15 juillet.

rusticis seu urbanis infra dictam villam vel in ejus districtu.

Et qui contra hoc statutum fecerit, non erit quitius nec immunis...................... a prestacione banni (1) ; sed erit sicut extraneus et advena re[pulsus].

2. Item, statuit dominus abbas predictus, cum consilio antedicto, quod nullus pastor extraneus morans seu habitans cum domino in hac villa, possit nec debeat tenere in grege domini sui nisi LX animalia tantum. Et si quis plus tenere presumpserit in dicto grege seu pascuis hujus ville, solvat bannum de illo pluri.

3. Item, statuit ac eciam ordinavit, cum consilio antedicto, presente vicario et pluribus aliis, quod libelli preceptorii (2) super mutuis vel aliis debitis facti seu scripti, aut per dictam curiam injuncti, ab hac die in antea non valeant post tres annos a die dati precepti ; et quod ulterius robur non obtineant alicujus firmitatis. Et curia transactis tribus annis ab hac die computandis seu a die dati precepti, non possit nec debeat aliquid exequi mandare.

VII

Défense de vendre à d'autre lieux religieux qu'au monastère de Saint-Gilles.

Cette constitution émane de l'abbé Eustorge (3). Le 3 des calendes de juin 1283, après convocation de son conseil juré au son de la cloche, et convocation de l'assemblée communale par le héraut, avec la trompette et une grosse

---

(1) Il faut entendre ici par ce terme, comme dans les statuts de Provence, une peine municipale ou coutumière encourue à cause du dommage causé dans l'héritage d'autrui, ou dans le territoire communal, soit par homme, soit par bête. (Cf. *Dictionnaire de droit et de pratique* de Ferrière, t. Ier, p. 157). (2) Le *libellus preceptorius* est un commandement, un exploit fait par un sergent ou un huissier, en conséquence d'un jugement ou d'un autre titre portant exécution parée. Cet exploit porte injonction de payer.

(3) Elle n'existe que dans A.

cloche, comme de coutume, le conseil juré et une grande partie du peuple se trouvant réunis dans l'église de Saint-Gilles, l'abbé décide qu'aucun particulier de la ville ou qu'aucun étranger ne doit consentir d'aliénation à d'autre monastère que celui de Saint-Gilles, en fait (*Folio 25*) d'immeubles ou de droits immobiliers du territoire de Saint-Gilles. Le contrevenant perdra de plein droit la chose aliénée, l'aliénation sera nulle, la chose aliénée tombera en commise et appartiendra entièrement au seigneur qui en avait la directe. S'il s'agit d'un alleu, il tombera également en commise, de sorte que la moitié revienne au fisc ou à l'abbé, et l'autre moitié à l'université de la ville de Saint-Gilles. Cette dernière moitié sera encaissée par le clavaire de la ville, qui l'emploiera suivant la décision des jurés du conseil. L'abbé interdit en outre les locations d'immeubles, les aliénations de revenus immobiliers ou les engagements d'immeubles du territoire en faveur de toute autre maison ou personne religieuse que le monastère de Saint-Gilles ou ses membres, s'il s'agit de plus de cinq années. Au-delà de ces cinq années, aucun renouvellement de ces contrats ne pourra se faire en faveur du même bénéficiaire, sous peine de commise pour les fruits ou revenus de la chose, et même attribution que ci-dessus.

VII

Quod nemo vendere audeat locis religiosis, nisi monasterio Sancti Egidii. (1)

(1283.) 1. Anno Domini M° II° LXXXIII, III° kalendas junii, domino Philippo rege, reverendus pater dominus Eustorgius, abbas et dominus Sancti Egidii, etc., convocato consilio suo jurato ad sonum campane, et eciam convocato parlamento communi ad vocem preconis, cum tuba et simballo grosso, prout in hac villa moris est usitati, et congregato consilio jurato et magna parte

(1) Cette constitution n'existe que dans A.

populi in ecclesia almi confessoris Egidii, statuit, animo condendi jus et legem municipalem, atque constituit, de consilio juratorum et ad requisicionem populi in unum congregati, nemine contradicente ;

2. Quod aliquis privatus et incola ville Sancti Egidii, seu extraneus ubicumque locorum domicilium faciens, non vendat nec presumat vendere, nec donare, nec permutare, nec legare, nec relinquere, nec in emphiteosim dare aut quoquo alio titulo alienationis concedere seu alienare, nec alio modo alienare de jure nec de facto alicui monasterio, nec ecclesie, nec domui aut persone ecclesiastice seu religiose, excepto monasterio Sancti Egidii, terras, prata, nemora, vineas nec possessiones aliquas cultas aut incultas, aut res inmobiles, vel jura seu predia aliqua rustica vel urbana, sita sive sitas vel *Folio 25* situatas in hac villa, [in tenementis de Stagello, Syeura] et Campoarinhano, et de Sperano, et in toto territorio districtus ville Sancti Egidii.

Et si quis contra hoc statutum fecerit, vel ausu temer[ario contra] venire presumpserit, rem seu res sive possessiones quam [seu quas alienaverit], seu summam ejus, sic alienatam seu alienatas, perdat ipso [jure] seu ipso facto.

Et ipsa venditio seu alienatio sive [donatio] sic facte, sint nulle penitus ipso jure. Et res sive p[ossessiones] et jura que sic alienate vel alienata fuerint, cadant ipso jure in commissum (1) et in solidum [sint] domino sub cujus dominio tenebatur prius res vel possessio illa vel jus illud.

Si vero fundus ille vel [res] illa sive jus erant in alodium (2), cadant similiter in commissum, [ita ut medietas] cedat fisco seu domino abbati, et alia medietas ceda[t

---

(1) Confiscation d'un fief faite au profit du seigneur, pour félonie ou désaveu de la part du vassal. Cette réversion du fief servant au fief dominant par droit de commise, est appelée confiscation en l'article 43 de la coutume de Paris. (2) L'aleu ou alleu est une propriété non soumise à des devoirs féodaux. Celui qui en est propriétaire en a la directe et le domaine absolu. L'alleu ou franc-alleu n'exempte pas, cependant, de la juridiction du seigneur du lieu. Il est également sujet à confiscation ou commise.

universitati ville Sancti Egidii]. Quam medietatem universitatis clavarius hominum dicte universitatis accip[iat de] se et sua auctoritate. Et de illa medietate faciat prout jurati de [consilio] qui pro tempore fuerunt duxerint ordinandum.

3. Item, statuit quod nemo predictorum, privatus sive extraneus, det ad facheriam (1) terras seu predia aliqua, nec presumat locare aliquis predictorum, nec re[d]ditus vendere seu pignori obligare res aliquas inmobiles in villa predicta seu ejus districtu, vel in locis predictis et jurisdictione eorumdem et predicti domini abbatis scitas sive scituatas, alicui persone, domui, loco venerabili aut monasterio, ecclesiasticis sive religiosis vel privilegiatis, ultra quinque annos, excepto monasterio antedicto.

Et transacto dicto quinquennio, res illa non possit illi eidem nec alteri nomine illius ad affacheriam dari iterum, nec aliquatenus ulterius dari nec obligari sive tradi. Et si quis contra fecerit seu facere presumpserit, perdat illos fructus seu redditus rey sic date seu tradite, ipsoque facto cadant in commissum, prout de rebus inmobilibus est superius ordinatum.

VIII

Défense de faire entrer à Saint-Gilles du vin ne provenant pas de sa dîmerie et juridiction.

I

Cette constitution émane de l'abbé Raimond Régis. Le 13 des calendes d'octobre 1289, pour l'utilité de la ville et des habitants, l'abbé Raimond, de l'avis de ses religieux et du peuple, en présence de ce dernier, convoqué, suivant la coutume, par la trompette du héraut et la grosse cloche, en assemblée générale devant l'autel de saint Gilles, promulgue les statuts suivants, pour être ajoutés aux autres coutumes et lois municipales de Saint-Gilles, et être observés à perpétuité.

(1) Colonat partiaire, bail à mi-fruits.

VIII

I

(1289). Anno Domini M° II^c LXXXIX°, XIIII (1) Kalendas octobris (2), domino Philippo rege, propter evidentem utilitatem ville et universitatis hominum Sancti Egidii et incolarum ejusdem, que de universitate censentur laicorum et clericorum commodum utiliter procurandum pariter et conservandum ; idcirco dominus Raimundus, Dei gratia abbas, de consilio fratrum suorum infrascriptorum, necnon et populi universitatis ville Sancti Egidii, tam clericorum quam laïcorum, et nemine contradicente ; et idem populus ville Sancti Egidii, ad hanc diem presentem citatus per preconem, cum tuba et, more solito, cum magna campana congregatus in parlamento ante altare almi confessoris Egidii, constitutiones municipales et statuta municipalia fecerunt et statuerunt [sequentia, ut inde adjiciantur aliis consuetudinibus et legibus] municipalibus dicte ville. Et voluerunt, preceperunt et ordinaverunt [eas in perpetuum] omnes observari hujus tenoris.

II

Aucun habitant, clerc ou laïque, citoyen de Saint-Gilles ou étranger, pour commercer ou pour toute autre cause, ne pourra introduire en ville ou dans le territoire, de vin, de raisins ou de vinaigre non originaires de la dîmerie.

---

(1) Lire : XIII. (2) Le résumé fourni par la version provençale donne la date de 1287, dimanche d'avant la fête de saint Mathieu, apôtre. Cette fête a lieu le 21 septembre. Or, le 14 des calendes d'octobre tombe le 18 septembre. En 1287, où Pâques tombe le 20 avril, la saint Mathieu est un dimanche. Il faut donc éliminer 1287. En 1289, où Pâques tombe le 28 mars, le dimanche d'avant la saint Mathieu coïncide avec le 19 septembre. L'écart d'un jour correspond au 13 des calendes d'octobre. La confusion des deux nombres XIIII et XIII, de la part d'un scribe aussi négligent que le nôtre, est des plus naturelles. En conséquence, la véritable date est le 19 septembre 1289, XIII des calendes d'octobre.

II

Quod nemo audeat ponere vinum, infra territorium Sancti Egidii, natum seu factum extra decimariam et jurisdictionem Sancti Egidii.

Hoc statuto perpetuo valituro statuimus quod nemo, cl[ericus sive] laïcus, incola sive civis ville Sancti Egidii, vel extraneus [habitator, causa] mercandi vel alia qualibat causa, vinum, racemos sive ace[tum] inmictat vel ap[p]ortet seu ap[p]ortari faciat in villam sive suburbia Sancti Egidii, vel ejus toto districtu seu territorio natum seu natos infra jurisdictionem vel districtum dicte ville vel decimaria.

III

Défense d'acheter du vin à d'autres qu'aux habitants de Saint-Gilles.

Il s'agit toujours de vin, de raisins et de vinaigre. La peine infligée aux contrevenants sera la perte des denrées, des récipients et 10 sols tournois, au profit de la cour. Si un étranger, pour son commerce ou son débit, achète du vin, des raisins ou du vinaigre aux habitants de Saint-Gilles, il pourra, soit les leur revendre, soit les exporter au dehors. En temps de pénurie de vin ou de vinaigre, l'abbé ou sa cour, d'accord avec les habitants, pourra suspendre temporairement le présent statut. Le conseil juré, à la requête des marchands et avec la permission de l'abbé, élira deux hommes pour remédier à la situation.

III

Quod nemo audeat emere vinum, nisi ab incolis ville Sancti Egidii.

Item, quod nemo, clericus vel laïcus, civis vel incola Sancti Egidii, audeat vinum, racemos seu acetum emere infra districtum, villam seu suburbium Sancti Egidii, nisi ab incolis et civibus universitatis hominum, clericorum et laycorum ejusdem ville, pena amissionis vini, aceti et racemorum et decem solidorum Turonensium et vasorum statuta, ipso facto curie Sancti Egidii applicanda, contra statuta hujusmodi facientes seu delinquentes.

Sane, si quis extraneus, causa mercandi vel pro suo debito, vinum habuerit [seu] emerit racemos vel acetum a civibus dicte ville, quod possit illud revendere in eadem villa et jurisdictione, vel extrahere.

Verum, propter deffectum vini vel aceti, dominus abbas vel ejus curia, cum consilio consilii hominum ville Sancti Egidii jurati et consensu, dictum statutum possit suspendere vel relaxare ad tempus, prout idem dominus abbas vel ejus curia et consilium juratum hominum dicte ville duxerint ordinandum ;

Eligendis duobus viris per ipsum consilium cum auctoritate dicti domini abbatis, vel ejus curie, cum opportuerit, qui de deffectu hujusmodi cognoscent ;

Predicto consilio congregato quociens opus fuerit, ut moris est, ad mercatorum et aliorum hominum Sancti Egidii facientium [et] vendencium instantiam et requisitionem.

IV

De la prescription des commandements de la cour.

Elle est de trois ans.

IV

De tempore et prescriptione preceptorum curie Sancti Egidii. (1)

Los commandemens hou mandamens del viguier hou juge de Sant Gily, hou lors luoctenens, non duron, synon tres ans apres lo terme ordenat à pagar hou atemperar alz dictz commandemens, sinon que coste per scripturas aver estat innovatz hou renovelatz. Mais, passatz losdictz

(1) Le titre seul dans A. Je donne le texte de C (f[os] 37-38).

tres ans, non poyra l'actor agir ny demandar, ny lo reu ex[c]ipir ny s'en defendre, mais seront prescriptz de dretz et de faitz.

V

De ceux qui troublent les mariages à l'église ou chez les contractants.

Nul ne doit s'opposer par paroles, coups de bâton, soufflets, ou autrement, à ceux qui contractent mariage canonique devant l'Église, ni à ceux qui les assistent. Nul ne doit prendre chez eux des vêtements, étoffes ou objets mobiliers, ni les contraindre à lui donner ou à lui faire (*Folio 26*) quelque chose, sous peine de 10 sols tournois, dont la moitié reviendra à la cour et l'autre moitié à l'aumône commune des habitants. Sur la dite peine, le dénonciateur aura 2 sols et ne sera pas révélé. L'abbé et le peuple n'entendent pas que la charité ou la communauté urbaine acquièrent dans la ville, par ce statut ou autrement, aucune juridiction.

V

De prestantibus impedimentum nubentibus in ecclesia vel in domibus contrahencium

Item, statuimus quod nemo impedimentum faciat sive prestet canonice nubentibus in facie Ecclesie, sive astantibus, ling[u]a, ictu fustium vel palmarum, vel alio quoquo modo.

Neque de domibus eorum vestes, pannos vel aliquid mobile accipiat, neque nubentes aliquo modo cogat ad aliquid *Folio 26* dandum vel faciendum [ipsi], pena X solidorum Turonensium statuta, pro medietate, curie Sancti Egidii, et alia medietate, pro elemo[sina] communi hominum ville Sancti Egidii, contra statutum hujusmodi facientes seu d[elinquentes].

Et denuntiator de dicta pena II solidos habeat, et [tacendus erit]. Non intendentes predictus dominus abbas et populus supradictus quod ca[ritati seu] communitati dicte ville, propter statutum hujusmodi vel aliter, aliqua [jurisdictio] acquiratur in villa Sancti Egidii.

VI

Défense de retirer une bête d'un troupeau sans la licence du propriétaire.

Qu'aucun berger ou gardien de troupeau, qu'aucun acheteur, n'y prenne de bête sans la licence et la présence du maître du troupeau ou de son délégué, sous peine de 100 sols applicables à la cour. S'il est insolvable, il sera puni corporellement à l'arbitraire du juge. Brève indication de formules finales. Le notaire interroge à haute voix l'abbé et le peuple sur le caractère de lois municipales perpétuelles à donner à ces statuts. Ils répondent que telle est leur volonté. Immédiatement l'abbé les sanctionne.

VI

Quod nemo audeat amovere de grege vel armento bestiam sine licencia domini.

Item, quod nullus pastor seu custos ovium pecoris, v[el boum, vel] equarum, vel aliarum bestiarum, vel emptor ab [eo, de grege] vel armento possit vel debeat aliquam bestiam, [emptam quoque] de predictis, de eodem grege vel armento alienare, extrahere vel a[movere] sine licencia et presencia domini dicti gregis vel armenti, vel alterius qui habeat domini dicti gregis vel armenti, potestatem vel mandatum.

Pena C solidorum statuta ipso facto, curie Sancti Egidii ap[p]licanda, contra statutum hujusmodi delinquentes vel facientes [mulctabuntur.]

Et si penam supradictam solvere non poterit, luat in corpore juxta arbitrium judicantis. Et minime curie subjaceat, etc.

Per me notarium, interrogantem publice et alta voce dictum dominum abbatem et populum, si volebant et placebat eis quod dicta statuta sint imperpetuum jura municipalia ville Sancti Egidii. Qui responderunt unanimiter quod sic.

Postmodum et incontinenti dictus dominus abbas et dominus Sancti Egidii predictis statutis suam interposuit auctoritatem pariter et decretum.

Et decrevit et precepit eadem et eorum vim et potestatem imperpetuum in judiciis et negociis decidendis inmutabiliter observari;

Hec omnia predicta consulentibus et expresse approbantibus religiosis viris monachis, etc ; et hominibus Sancti Egidii nominatis.

IX

Solution des difficultés survenues entre l'abbé et l'université de Saint-Gilles.

I

Cette transaction, datée de juillet 1305, est intervenue entre l'abbé Hugues et les syndics. (*Après en avoir inscrit le titre, le scribe laisse en blanc le reste du folio 26, le folio 27 et le recto du folio 28, pour ne commencer sa transcription du texte latin qu'avec la troisième demande des syndics. La version provençale du registre AA.1 de Saint-Gilles permet de connaître les deux premières demandes.*)

IX

Diffinicio questionis habite inter dominum abbatem et universitatem ville Sancti Egidii super diversis questionibus. (1)

I

(1305.) De tempore domini Hugonis abbatis. In nomine Domini Nostri Jesu Christi. Amen.

L'an mil tres cens et cinq et (2) del mes de julhet, fos

(1) Après ce titre, A laisse en blanc le préambule et les deux premières questions de la transaction de 1305. Je donne ici le texte de C (f°s 62-65). Une partie du folio 26, le folio 27 et le recto du folio 28 de A sont restés en blanc, pour réserver une transcription éventuelle. (2) Le jour est omis.

fach l'appointemant et transaction de et sur las causas que seran dictas appres ; et aquo de et sobre las demandas, debatz, questions et plaidejarias que avion longament durat entre los sindicz de Sanct Gily, al nom de la villa et universitat del dict Sanct Gily, d'une part, et monsenhor Hugo, abbat, per se et son monestier, d'autra. Lorsqualz abbat et scindic, alz noms dessusditz, tracteron, fegron, transigiron et pacifiqueron lasdictas questions et debatz en la forma et manieyra que s'en sec.

II

De la dîme des raisins.

On convient que l'abbé prendra pour la dîme le dixième des fruits, c'est-à-dire la dixième charge à la vendange, portable à l'abbaye, suivant les statuts où intervint Gui Fulcodi. Détails de règlementation. Serment des chargeurs de *banastons* ou paniers. Contrôle aux portes de la ville.

II

[De decima racemorum]. (1)

Et premierament losdictz sindicz bayleron et expauseron en escript las causas que demandavon et de que se rancuravon. Et premierement dision que lodict abbat et monestier grevavon fort los habitans de Sanct Gily sur la decima delz razins, per so que, alcunas vegadas, perdian la terça, ou quarta, hou quinta, hou sexta, hou septima saumada, hou altra que la dezema, et la fasian portar aldit monestier, non obstant que non deguesson ny poguesson prendre ny fayre portar aldit monestier, sinon la dezema saumada.

Et la quala losditz habitans deuron donar et bailar, et lodit abbat et monestier non la devon point prendre de

(1) Ce titre a disparu dans C à cette place et est allé se fondre avec le titre de la 2me question, primitivement : *De decimatione racemorum*, et qui est devenu : *De decima et decimatione racemorum.*

lor propria voluntat hou auctoritat, amsy que desion plus amplement estre contengut en una composition facha al temps passat entre lo monestier et la villa.

Al contrari, disia monsenhor l'abbat qu'el ny sondit monestier non avian en ren grevatz losditz habitans, car elses eron, tant per se que per sos predecessors, depuys XL ans et de tot temps que non hy avia memoria d'home al contrari, en possession et saysina de prendre per la decima la saumada que bon lor semblava de las dictas saumadas.

Mais, volen venir en bona pax et concordia en losditz habitans, lodit abbat, al nom dessusditz, et losditz sindicz, aussy alz noms dessusdictz, solempnament convengueron, transigiron et accorderon ansy que s'en sec.

So es que lodit abbat et monestier, de horas en avant, elses ny autres per elses, non prendron per lo decime delz razins, sinon la decima part des fruictz et la dezema saumada per la dicta decima part, et aquo quant vindimian. La quala decima part sera tengut ung chascung delsdictz habitans portar, al mandament deldit abbat et son monestier, hou de lors gens, portar aldit monestier, sans denguna contradiction, car amsy avia estat al temps passat ordenat que la devion portar, coma dision costar per las antiquas compositions fachas entre lodit monestier et scindicz per monsenhor Guido Fulcodi, per aquel temps abbat (1).

Et sy alcung des habitans portava sa vindimia en plusors et diversas bestias, car las unas podon mays hou myns portar que las autras, a estat dict, appointat, transigit et concordat que lodit abbat et monestier auront de chescuna sa dita dezema part, sans que denguna de las partidas hy deyon ho puescon hy fayre hou cometre fraud, deception hou barat.

Et sy hi a dobte quala bestia porta mais ou myns, l'on estara al sagrament d'aquel que fara las saumadas hou banastons, qual que sya, so es sya lou mestre hou senhor de la vinha vendemia, hou son mercenari, ou quelque

(1) Erreur. Jamais Gui Fulcodi n'a été abbé de Saint-Gilles.

autre que sya depputat et comis à fayre lasdictas saumadas hou banastons.

Et aussy a estat dict et appointat que en vendemian hou portan vendemia an las bestias, quant sera al portal per loqual passa sa vendimia, dira et denunciara alz gens deldit abbat hou monestier que la saumada qu'el porta es la deryeira, et que non ha plus de vindemya devers aquel portal. Et aquo affin que sya licite et permes a las gens deldit abbat hou monestier pendre lo dretz de la decima que ly apparten, non obstant la counvention dessus facha, laquala dis que non poyra, lodit abbat hou monestier, pendre sinon la dezema saumada.

Et poyra lodit abbat fayre punir per sa cort aquelses que vendran à l'encontra, et levar et exigir las penas degudas et encorregudas. Et affin que en fazen ladita dezema saumada, deguda coma dict es per la decima, non sy fassa dengung fraud ny barat, a estat accordat et convengut que lodit abbat hou son monestier, hou sas gens, poyran fayre jurar aquelses que devon faire los banastons hou saumadas (1) quel que las deya fayre, so es sya lou mestre de la vindimia, hou sos mercenaris hou los gaudiers (2), que fizalament et egalament et sans barat et fraud delz fruictz coumus, et non point delz plus malvaizes, faran las saumadas par la dita decima degudas, et que las faran egallas à las autras saumadas que aura[n] fachas per lo mestre de la dita vindemia et delz razins que venion appres la saumada preza per lodit mestre, sans alcuna deterioration et à bon arbitre, à bona fe et à bona consencia.

Loqual sagrament seran tengutz de faire à la voluntat et requisition del dit abbat ou de sas gens, totas exceptions et excusations cessans, davant que anesson à las vinhas per fayre banastons ou soumados.

Es vray qu'es estat appointat et accordat que, encontinent appres que lou rectori de laudas de matinas (3) deldit

(1) Ms. : *semadas*. (2) Les jouissants. (3) Les laudes sont la seconde partie de l'office divin. Elles se disent immédiatement après les matines.

monestier aura tocat, deura aver gens alz portalz per recebre lodit sagrament, amsy que dict es.

Et sy non y a dengung per lodit abbat hou monestier per recebre lo dit sagrament, aquelses que seran deputatz et auran carga de fayre losditz banastons hou saumadas, poyran anar fayre losditz banastons hou saumadas sans prestar lodit sagrament, mays toutas devegadas seran tengutz de fayre lasditas saumadas, ansy que dessus a esta dict, aussy ben que sy aguesson jurat.

A estat aussi appointat que dengung que deya fayre losditz banastons et saumadas, sya lo mestre ou autre, non sailha de la villa, sinon per los portalz et luocz acostumatz. Et sy a estat requerit de jurar, coma dict es, non deu sortir jusquas que aya jurat. Et aussy non devon salhir jusquas que lodit rectori de laudas aya sonat ny devant l'hora dudit rectori.

Vougueron aussy et consentigueron las dictas partidas que las causas dessus dictas fosson gardadas et observadas per lo temps advenir, per elses et per lors successors altrament foguessa appointat et ordenat.

Aussy a estat dict, convengut et transigit que lodit abbat poyra, tous los ans hou plusors vegadas, fayre cridar et proclamar per sa cort que ung chescun que deura fayre hou sera deputat à fayre losditz banastons et soumadas, sya lo mestre de la vendimia hou autre, las fassa egallas et sans hy mesclar ren per fraud ny per barat, amsy que a estat dessus dit et convengut ; ny ho fasson fayre per autras entrepausadas personas ; et aquo sur la pena laqualla hy sera messa et ordenada per lodit abbat hou sa dita cort, laquala sera levada et exigida contra totz aquelz que venront contra (1) ladita convention, appointement et transaction, et aussy contra la dicta proclamation, nonobstant toutas frivolas hou frustratorias (2) exceptions, appellations ou raisons que alcun pourra deduire à l'encontra.

Et en la forma et maniera dessus dicta a estat diffinida ladita premiera demanda hou supplication delsditz scindicz.

(1) Ms. : *que*. (2) Ms. : *soustratorias*.

III

De la manière de prendre la dîme.

Pour remédier aux abus de perception, le banaston de l'abbé sera mesuré avec le banaston du débiteur de la dîme.

III

De decimacione racemorum. (1)

La seconda demanda del scindic es que sy alcung deu ung banaston de razins per la dita decima, lodit abbat hou son monestier, hou sas gens, font portar tota la saumada al monestier, et aqui ne prenon ambe una granda banasta que tenon al tinal, tant que volon, en prejudice d'aquel que deu ladita decima, loqual la deu baylar et mesurar en la mesura que a mesuratz lou sieus en la vinha.

Sur la quala demanda hou question, lodit abbat ha volgut et ordenat que, quant alcung de la dita villa deura ung ou plusiors banastons de razins per la decima, lodit banaston hou banastouns seront mesuratz an lo banaston que ont estatz mesuras los razins d'aquel de qui es los razins et la vinha. Et lo recebra lodit abbat, son dit monestier ho sas gens, en lo portal per loqual passara la vendemia, et lo mesurara aquel que deu lodit banaston, hō sas gens, et puys sera portat, del mandement d'aquelses que seront aldit portal per lodit abbat, al dict monestier.

Et lesditz scindicz fogueron contens de ladita resposta, facha coma dict es per lodit abbat. Et l'una et l'autre de lasditas partidas vougueron et concentigueron que amsy que dict es sy fegues al temps ad venir.

IV

De la dîme des jardins.

Les syndics se plaignent de ce qu'on force les habitants

(1) Voir la note du titre de la question précédente.

à porter la dîme de leurs jardins, contre la coutume et le droit. On convient que, conformément à l'ancienne transaction obligeant les habitants à porter la dîme, sauf celle de certaines terres de la Corrège supérieure et des jardins en dehors d'elle, la dîme du blé de ces jardins sera portée. Mais on ne sera pas tenu de porter la dîme des herbes et légumes des jardins. On la donnera seulement sur place, intégralement et sans fraude. Les jardins dont on entend parler ici sont ceux qui s'arrosent par l'eau des puits ou l'industrie des exploitants. Pour les jardins non arrosables, comme pour les autres terres, la question est réglée par la transaction en question.

IV

Folio 28 **[De decimis] ortorum.**

Tercia vero peticio scindicorum est quod nittuntur [compellere homines hujus ville, hortos habentes] in eadem, ad portandam decimam de eisdem, quod facere [nec consueverant, nec] de jure tenentur.

Super qua convenerunt dicte partes, [quibus supradictis nominibus, quod, sicut] in compositione olim facta seu habita inter universitatem et monasterium extiterit, [videlicet] quod homines Sancti Egidii de tota eorum decimaria decimam portare teneantur [ad] monasterium, exceptis quibusdam terris Corrigie superioris, et orti[s qui sunt] extra dictam Corregiam, tamen infra decimariam dicti monasterii ; quod [decimam dictorum] ortorum, cum granum bladi erit ibidem, habentes ipsos ortos [ad monasterium], seu ad alios de dicto monasterio ad quos decima dictorum ortorum noscitur per[tinere], dictam decimam portare teneantur, juxta formam dicte compositionis dudum facte.

Ortolani vero, seu alia herba quecumque, seu legumina domini dictorum ortorum seu tenentes dictos ortos portare minime teneantur. Sed decimam de predictis dare teneantur in ipsis ortis integre sine fraude.

Appellatione vero dictorum ortorum intellexerunt et voluerunt dicte partes expressim intelligi et nominari ortos illos qui adaquantur aqua putei [h]auriendo seu posando per dominos eorumdem seu tenentes eosdem, secundum industriam eorumdum.

Alii vero orti qui non habent puteos seu non adaquantur, ut dictum est, censeantur sicut alie terre de quibus debet prestari decima. De quibus prestetur decima juxta formam compositionis predicte.

V

De l'encan à Saint-Gilles.

Les syndics se plaignent de ce que l'abbé prétend au monopole des ventes aux enchères. Cependant l'ancienne coutume permet à tout homme offrant des garanties de faire des ventes publiques. On convient que l'encan fait partie de la juridiction, et doit appartenir à l'abbé. Celui-ci consent à ce que le vendeur à l'encan ne reçoive, sur les choses vendues, qu'une obole jusqu'à 20 sols ; et au-dessus de 20 sols, 4 deniers par livre tournois.

V

De inquantu ville Sancti Egidii.

Quarta vero peticio scindicorum est quod, cum cuilibet de universitate, secundum usum et consuetudinem antiquam et longis temporibus opportunis observatam, sit licitum incantare, dum tamen esset homo ydoneus, et talis qui incantum firmare possit, dominus abbas, in grande prejudicium dicte universitatis, nititur et conatus est dictum incantum sibi appropriare.

Super qua convenerunt dicte partes quod dictus incantus, cum spectet ad jurisdictionem, eidem domino abbati et successoribus suis, et per eum dicto monasterio imperpetuum remaneat pleniore jure, pro omnibus suis voluntatibus plenarie faciendis.

Maxime cum omnis jurisdictio, tam voluntaria quam contentiosa et quilibet ejus actus, tam de jure quam ex forma compositionis olim facte inter dictam universitatem et monasterium, spectet et pertineat, prout lacius in dicta compositione declaratur.

Voluit tamen dictus dominus abbas quod inquantator, quicumque fuerit, de rebus vendendis per eumdem depositarium, denarios non recipiat nisi obolum usque ad XX solidos. De rebus autem vendendis postquam ascenderint summam XX solidorum, recipiat et habeat IIII denarios de libra Turonensium.

Et ita voluerunt imperpetuum firmiter observari.

VI

De la leude du pain au regard des gens de Marseille, Bellegarde et Saint-Gilles.

Les syndics se plaignent de ce que les gens de Marseille, Bellegarde (*Folio 29*) et quelques autres lieux sont exempts de la leude du pain à Saint-Gilles, tandis que l'abbé et le monastère la lèvent sur les habitants de Saint-Gilles, à leur grand préjudice, car il n'est pas juste que ceux-ci soient de pire condition que les étrangers. On convient que, malgré l'exemption des gens de Marseille et de Bellegarde, exemption contre laquelle l'abbé ne veut rien entreprendre, il pourra, suivant la coutume, lever la leude du pain sur les habitants.

VI

De leuda (1) panis inter homines Massilie, Bellegarde et Sancti Egidii.

Quinta vero peticio scindicorum est quod, cum homines de Massilia et Bella *Folio 29* garda, et quorumdam a[liorum locorum, a leuda panis sint immunes in] villa Sancti Egidii, dictus abbas [et monasterium, non] levantes leudam pro in[opia, levant leudam panis ab hominibus dicte ville, in grande prejudicium [eorum, cum non] videatur equum rationi ipsos debere esse pejoris conditionis quam alii, a quibus leuda non exigitur seu levatur.

(1) A : *leudis.*

Super qua con[venerunt dominus abbas et] scindici quod, cum dictus dominus abbas et ejus predecessores et dictum monasterium sint in p[ossessione] et exercitatione recipiendi dictam leudam, licet dicantur homines [Massilie] et Bellegarde fore immunes a prestatione ejusdem, quod dictus dominus abbas non [contra] facere intendit ; tamen voluerunt et concordaverunt predicti scindici [quod ab] hominibus dicte ville dictus dominus abbas et ejus successores ac dictum monasterium leud[am levare] et exigere possint (1), quia sic a[c]tenus extitit consuetum debite su[bire].

VII

De l'arrestation des habitants de Saint-Gilles.

Les officiers de la cour, temporels ou spirituels, pour injures et délits indifféremment, arrêtent les habitants, puis refusent de les relâcher avant qu'ils ne composent avec eux, leur déniant et enlevant tout délai légal ; ce qui est contre le droit et les constitutions de saint Louis. Tel est le dire des syndics. L'abbé répond sur ce grief qu'il veut que ses officiers fassent bonne et brève justice. Les syndics sont satisfaits.

VII

De captione hominum ville Sancti Egidii.

Sexta vero peticio est quod curiales curie Sancti Egidii, tam temp[orales quam spirituales], pro injuriis [et] delictis capiunt indifferenter homines ville Sancti Egidii, et eo[s relaxare] contradicunt, quousque per transactionem seu compositionem conveniant cum eisdem, in[fitiantes] eisdem seu omnino auferentes dilationes legales ; quod fit contra jus et justiciam, et contra constitutiones sanctissimi Ludovici (2).

Super qua respondit dictus dominus abbas quod vult et

---

(1) A : *possit*. (2) Cf. la charte de confirmation des coutumes de Lorris par Louis le Jeune, Orléans, 1155, § 16 ; et les *Etablissements de Saint Louis*, chap. 118.

precipit curialibus qui nunc sunt et qui pro tempore curiales fuerint, injunget et precipiet sub virtute juramenti prestandi ab eisdem, quod super predictis faciant celeriter breve justicie complementum. De qua responsione dicti scindici, quo supra nomine, reputaverunt et tenuerunt se contentos.

VIII

Que le viguier, le juge ou le greffier ne reçoivent rien pour donner les curatelles et les tutelles. Taxation des écritures pour le greffier et les sergents.

Les syndics se plaignent de ce que, les affaires ne comportant pas de frais à la cour de Saint-Gilles, le viguier, le juge, le greffier, et les bedeaux, messagers ou sergents, extorquent indûment de l'argent aux habitants, à l'occasion des décrets et autres procès, ce qui est contraire à la gratuité de la justice. Le greffier de la cour, principalement, quand il s'agit de canceller, par sentence ou transaction, des enquêtes par écrit, tantôt demande 5 sols, tantôt descend à moins de 12 deniers. Les sergents perçoivent 2 deniers par saisie ou citation, alors qu'ils ne doivent rien prendre. L'abbé répond que sur cette question ses officiers observeront la loi municipale. Puis, voulant la manifester clairement, il prescrit que les viguier, juge et greffier, ou leurs lieutenants, ne prendront rien pour les décrets, tutelles ou curatelles donnés en la cour. Pour chaque mandement, les greffiers de la cour ne prendront que 4 deniers de la monnaie actuellement courante. S'il advenait qu'on revît en circulation la bonne monnaie de saint Louis, ce ne serait plus que 2 deniers. Pour la cancellation des enquêtes, ils ne prendront rien des parties contre la volonté de celui contre qui se fera l'enquête, car ces enquêtes sont plutôt du fait de la cour que du fait du défendeur. Il ne sera rien exigé des parties pour les procédures écrites dans les cartulaires, ou enregistrement des procès, car tout ce qui se passe en la cour doit se développer librement et sans frais. Il est fait exception pour le dixième du litige ou *decima litis*, suivant la coutume ; et pour le cas où un acte venant à être produit en justice, on en demanderait l'incorporation au procès. Il faudrait alors payer l'incorporation au greffier. Les messagers ou appariteurs de la cour recevront 1 denier par citation, et 2 deniers par saisie, y compris la restitution ultérieure du gage au saisi. Ces mêmes sergents auront aussi en tout 2 deniers pour apposer et lever les scellés d'une maison, ou pour opérer une arrestation. S'il leur faut aller hors de la ville pour ces opérations, elles leur seront payées à l'appréciation de la cour. Au sujet des gens arrêtés, la loi municipale sera strictement observée. Les syndics sont satisfaits de cette réponse.

VIII

Quod vicarius, judex aut notarius nichil recipiant de dandis curis et tutellis; et taxacio scripturarum pro notario et servientibus.

Septima petitio est quod, cum quecumque emergencia in curia Sancti Egidii sine dispendio procedere debeant, vicarius, judex et notarius, et bedelli, nuncii seu servientes ejusdem curie, de decretis et aliis processibus habitis in curia Sancti Egidii, ac bedelli seu servientes, de eorum officio exercendo, extorquent peccuniam ab hominibus hujus ville indebite et injuste; cum cuncta que procedunt in curia Sancti Egidii sine premio fieri debeant per eosdem. Et potissime notarius curie, quicumque sit, qui indebite et injuste de cancellandis inquisitionibus que scripte sunt per sententiam vel transhactionem, habet et habere vult quandocumque V solidos, quandoque, gradatim descendendo, ad minus XII denarios. Et nuncii, de pignoratione et citatione qualibet, percipiunt II denarios, et nichil inde habere debent.

Super qua respondit dictus dominus abbas, volens et precipiens curialibus suis qui nunc sunt et qui pro tempore fuerunt quod, super predicta significatione seu petitione, servetur lex municipalis hujus ville.

Verum tamen, volens ipsam declarare, voluit et precepit quod vicarius, judex, notarius, seu loca eorum tenentes, pro decretis, tutellis seu curis (1) dandis in curia,

(1) A : *curiis*.

nichil recipiant seu petant, a partibus decretum volentibus seu postulantibus in contractibus qui (1) rite et debite fieri continget. Et [idem voluit de tutellis et curis, per dictam curiam precipue dandis; nam] lege hujus ville [Sancti Egi]dii dicitur (2) cautum per [quam rationem] curiales se regere debeant.

Item, voluit et ordinavit quod notarii curie, pro [unoquoque mandamento,] non habeant nisi IIII^{or} denarios monete nunc currentis. Et [si advenerit] bonam monetam beati Ludovici currere seu cursum h[abere], pro mandamentis singulis habeant II denarios tantum.

Item, [quod de] inquisitionibus cancellandis, nichil a partibus [habeant] contra voluntatem illius contra quem erit inquisitum; cu[m inqui]sitiones tales procedant pocius ex parte curie quam a parte [illius] contra quem extiterit inquisitum.

Item, quod de processibus in cartulariis faciendis nichil a partibus exigatur; cum gratis et sine dispendio cuncta que fuerint in judicio libere procedere debeant;

Excepta decima litis, sicut est consuetum, prout in lege municipali cavetur; salvo quod si contingerit aliquod instrumentum in judicio productum, et peteretur in processu incorporari, de incorporatione notario debite satisfiat.

Item, quod nuncii seu bedelli curie nostre, de citationibus faciendis, I denarium habeant pro labore eorum tantum;

Et de pignoracionibus II denarios. Et de eisdem II denariis quos habuerint pro pignorando, pignora restituere teneantur pignorato. Et idem volumus observari de eisdem nunciis, de clavationibus domorum, quando ipsos contingerit clavare seu desclavare seu arrestare : pro II denariis inter totum sint contenti; nisi eosdem nuncios extra villam, causa pignorandi, citandi, arrestandi seu clavandi, exire contingeret.

Quo casu volumus laborem eorum augmentari ad cognicionem nostrorum curialium curiam nostram regencium.

(1) A : *que*. (2) A : *dicatur*.

Super eo vero quod eisdem nunciis competit de captis seu arrestatis in nostra curia, tenorem et formam legis municipalis hujus ville volumus per eosdem nuncios et curiales nostros districtius observari.

De qua responcione, declaracione seu interpretacione, et omnibus et singulis superius contentis, predicti scindici, quo supra nomine, reputaverunt et tenuerunt se contentos.

IX

Que nul n'exerce un office de la cour séculière, qui ne puisse être puni par elle.

Les syndics se plaignent de ce que, tandis que la cour du roi proclame ce principe, l'abbé, au préjudice de l'université, tient dans sa cour séculière un greffier clerc qui, non seulement exerce l'office de greffier, mais parfois celui de juge et de viguier, et continuellement en leur absence. Cela ne doit pas être, surtout après la défense faite autrefois par le sénéchal à Raimond Lauret, greffier de la cour, d'exercer cet office parce qu'il était clerc. Lauret fut, à cette occasion, emprisonné au château de Sommière. L'abbé répond qu'il fera observer, sur cette question, le style de la cour du roi de France. Les syndics sont satisfaits de cette réponse.

(*Folio 30*) IX

Quod nullus exerceat officium curie secularis, qui non possit puniri per eamdem.

Octava peticio est quod, cum sit ordinatum per [curiam] domini nostri regis quod nullus curialis exerceat [officium] curie secularis, nisi sit talis qui per curiam secularem [de] criminibus suis puniri posset (1); idem domi-

(1) On trouve dans des lettres de Philippe III, adressées aux clercs Falcon de Laudun et Thomas, et datées de Paris, mercredi vigile de Saint-André 1274, un article 4 déclarant qu'au sujet des clercs, mariés ou non, qui exercent quelques justices, il faut suivre les décisions canoniques. Ces lettres font connaître les répon-

nus [abbas, contra] dictam ordinationem, et in prejudicium dicte universitatis [et] quorumcumque privatorum seu extraneorum, ten[et in sua curia] seculari clericum notarium, qui non tantum notario[rum officio] utitur, sed quandoque judicis et vicarii, et conti[nuo in eorumdem absencia ; quod fieri non debet potissime cum.......... ....Raimundo Laureti, tunc notario curie, olim per dominum senescallum [qui] tunc erat fuerit inhibitum quod officio curie (non) uteretur, quantum esset clericus. Et pro predictis in castro Sumidrii extitit detentus (1).

Super qua respondit dictus dominus abbas quod vult et

---

ses de la cour du roi sur différentes questions. Voici le texte : « Hæc videntur sentire canones, quod clerici moneantur ne artificia diversa exerceant : sed clericos non conjugatos canon moneri præcipit, ex quo gaudere volunt privilegio clericali, ut sæcularibus negotiis, aut turpibus quæstibus se non immisceant, seu non debeant immiscere. Sed quoniam uxorati, etiam deferentes tonsuram, qui sæcularibus negotiis et turpibus quæstibus se immiscent, dum his se implicant, privilegio clericali gaudere non possunt. Et in talibus non est aliqua monitio expectanda » (Cf. Isambert, *Recueil des anciennes lois françaises*, tom. II, p. 654-5).

Des lettres de Philippe IV sur les privilèges et la juridiction ecclésiastique, datées de 1290, contiennent un article 15 exemptant les personnes ecclésiastiques de l'obligation de plaider en cour séculière : « Quod ecclesiasticæ personæ non compellantur in foro seculari, super actionibus personalibus, litigare, quamquam per nostras aut ministrorum literas fuerint obligatæ » (*Ibid.*, p. 684-6).

L'Ordonnance de Philippe IV sur la réformation du royaume, datée de Paris, lundi après la Mi-Carême 1302, tout en confirmant les privilèges des ecclésiastiques, décide (article 19), que les prévôtés du roi ne seront ni vendues ni affermées à des clercs : « Volumus etiam quod si contingat quod aliqua de prepositulis nostris vendatur, aut tradatur ad firmam, quod talibus commendetur personis, que fideles et idonee reputentur et bone fame, et quod sint bene solvendo, *non clerici*, non usurarii, non infames, nec suspecti circa oppressiones subjectorum... » (*Ibid.*, p. 761 et 770).

Voir les lettres ou statut royal de Philippe IV sur les privilèges des clercs et prélats en Languedoc, datées de Paris, 3 mai 1302 (*Ibid.*, p. 739-46).

(1) Tout ce passage sur le notaire clerc Lauret fait défaut dans C.

intendit quod in predictis et circa predicta stillus curie domini nostri Francorum regis observetur totaliter.

De qua responcione dicti scindici, quo supra nomine, reputaverunt et tenuerunt se contentos.

X

De la contrainte pour payer la dîme.

Les syndics se plaignent de ce que l'abbé, pour les dîmes en retard, fait parfois saisir les débiteurs, alors qu'il devrait les contraindre par censure ecclésiastique. On convient qu'il sera loisible à l'abbé, comme secours de droit, de faire saisir par sa cour temporelle les débiteurs de dîmes contumaces ou rebelles, ou de les contraindre par censure ecclésiastique, à son gré.

X

De cohercione decime solvende. (1)

Nona peticio scindicorum est quod, in grande prejudicium tocius universitatis predicte, dominus abbas, seu ejus officiales et monachi, pro decimis quandoque eisdem debitis (2), indifferenter dictos homines, de facto, cum de jure non possint, faciunt pignorare, quod facere non debent ; sed per censuram ecclesiasticam quemlibet compellere debent ad solvendam decimam eisdem debitam ex rebus quibuscumque.

Super qua convenerunt et concordaverunt dicti scindici quod licitum sit eidem domino abbati, gentibus et successoribus suis, ac aliis de monasterio qui decimam recipiunt, in subsidium et juris auxilium, per curiam temporalem homines dicte universitatis contumaces seu rebelles in solucionibus et satisfactionibus ipsarum decimarum, [compellere per pignorationes], si volue[rint], aut per censuram] ecclesiasticam, si [malu]eri[n]t.

(1) A : *solvenda*. C donne ce titre plus longuement : « Quod licitum sit abbati per curiam temporalem compellere rebelles ad solvendam decimam, si voluerit, sive per censuram ecclesiasticam ». (2) C : *non degudas*.

XI

Que le viguier et le juge soient annuels et fréquentent la cour.

Les syndics disent que les officiers de la cour doivent être annuels et assidus, ce qu'ils ne sont pas. L'abbé veut qu'il en soit ainsi, ce qui satisfait les syndics.

(*Folio 31*) XI

Quod vicarius et judex sint annales et curiam frequentent. (1)

Decima petitio est quod curia Sancti Egidii debet esse annalis [et quod vicarius] et judex debent continuare dictam curiam, q[uod non faciunt.]

Super qua dictus dominus abbas, voluit (2) quod vicarius et judex dicte [curie temporales] sint in futurum, prout debent, et dictam curiam te[neant et] regant, prout rey qualitas et occursus negociorum su[orum requirent.]

De qua responcione dicti scindici, quo supra nomine, reputaverunt [se contentos].

XII

De la dépaissance dans les Corrèges supérieure et inférieure.

Les syndics demandent que les habitants soient protégés dans leur droit immémorial de faire dépaître leurs animaux aux Corrèges supérieure et inférieure, comme de faire du bois, du fourrage, de chasser aux oiseaux et de jouir d'autres usages ou *explèches* dans la Corrège inférieure et l'étang de Scamandre. On convient du droit des habitants dans les Corrèges. Détails de délimitation. Mentions topographiques. Tènement de dame Régordane.

---

(1) C'est le titre donné par C. Dans A le titre est différent, mais trop mutilé pour pouvoir être restitué. On n'en voit que la fin : « ..... aut eorum locatenen... facienda ». (2) A : *volens.*

En compensation des pâturages et explèches des Corrèges, actuellement concédés aux habitants par l'abbé, alors qu'ils n'y avaient aucun droit de dépaissance ou d'usage sans sa permission, sauf pour les animaux aratoires, suivant la transaction de 1257, il est convenu que les syndics achèteront pour l'abbé Hugues la moitié des marais et des prés du tènement de dame Régordane, femme de Guillaume Manent, tènement situé dans la Corrège supérieure. Ensuite ils feront don à l'abbé de la dite moitié, de manière à n'avoir aucun droit sur elle sans son consentement. Si les syndics ne peuvent acquérir de la dame Régordane cette moitié, ils en emploieront la valeur à d'autres acquisitions pour le monastère, au choix de l'abbé, si mieux ils n'aiment lui en remettre le prix. Enfin, à l'appui de la compensation susdite, les syndics abandonnent à l'abbé tous leurs droits de dépaissance et d'usage sur une partie d'Espeiran contiguë au tènement de Saint-Gilles, à savoir dans le tènement situé entre le chemin du Ra et le tènement de Saint-Gilles et de Cambon. Détail de la délimitation. Si quelqu'un cultive des terres dans ce périmètre, ses animaux aratoires pourront y dépaître sans fraude et dommage. Chemin que suivront le bétail aratoire et le gros bétail du Grès pour aller boire au Trencat et en revenir. Il est situé entre le bois d'Espeiran et des vignes des habitants de Saint-Gilles. Dans tous les tènements des Corrèges où la dépaissance, le lignerage et la chasse leur sont concédés, la propriété du sol demeure à l'abbé, qui pourra y faire des cultures, des prés, et les mettre en défens, suivant la composition de 1257, dont plusieurs dispositions sont reproduites.

XII

De pascendis animalibus homi[num] Sancti Egidii in Corrigiis superiori [et inferiori.] (1)

Undecima et ultima petitio scindicorum est quod homines [Sancti Egidii] deffendantur in possessione seu quasi

(1) C donne pour titre : « De pascuis Corrigie inferioris et superioris, et quibus et quomodo liceat pascere in eis ».

in qua sunt et asserunt se esse et fuisse ab antiquo paciffice et quiete inmictendi animalia eorum, cujuscumque condicionis sint, et depascendi in tenementis Corregiarum superioris et inferioris, et alignandi (1), et pabulum colligendi, aucupandi seu aucellandi et alias explechandi in Corrigia inferiori et in Scamandrio.

Super qua dicte partes convenerunt et concordaverunt quod liceat in perpetuum, sine contradictione domini abbatis qui nunc est vel qui pro tempore fuerit, et gencium suarum seu monasterii, hominibus ville Sancti Egidii, tenere et pascere bestias suas, cujuscumque generis sint, libere et quiete, sine tala seu dampno tamen segetum, vinearum (2), arborum et pratorum ; quam et quod si facerent, emendant ad cognicionem juratorum et bannum solvent, prout in compositione olim facta inter monasterium et dictam villam plenius continetur ;

Scilicet in toto tenemento Corrigie inferioris et paludibus ejusdem tenementi, prout dictum tenementum movet per levatam que est inter prata domus Helemosine et honorem Raimundi Carbonelli, vocatum vulgariter : Puncta ;

Et protenditur recta linea per eamdem levatam usque ad Galbinum (3) et inde usque ad porqueriam domus Hospitalis Sancti Johannis Jherusalem. Que levata dividet et dividit, et voluerunt eam dividere tenementum castri de Sperano dicti domini abbatis, et tenementum dicte inferioris Corrigie seu paludum. Que levata erit terminus et remanebit media partibus memoratis.

Ac e[tiam] dictis hominibus depascere liceat in tenementis Corrigie superioris, quan[tum] dictum tenementum seu Corrigia protenditur a martelleria dicta s[eu] vocata vulgariter Radulphorum (4), usque ad tenementum Regordane, u[xoris] Guillelmi Manentis, de Sancto Egidio ;

Ita tamen quod homines ville Sancti Egidii, in dictis [tenementis Corregiarum] memoratarum, [in quibus,

---

(1) A : *allignhandi.* (2) A : *veniarum.* (3) C : *Al Gabin.*
(4) C ajoute : *hou des Radulphos.*

presenti convencione] et concordatu, ipsis attribuitur jus pascendi omnia animalia [sua, habeant imperpetuum, sine contradictione dicti domini abbatis seu monasterii, jus accipiendi] eciam fornilham et allignandi et cassandi et alia explechandi, [prout in] composicionibus olim factis inter homines dicte universitatis [et monasterium] per discretos viros dominos Bernardum Dorna et Guillelmum de Codolis, j[uris]peritos, de consilio domini Guidonis Fulcodii, bone memorie, plenius [continetur;] cujus composicionis formam dicte partes voluerunt observari. Residuum vero dicte Corrigie superioris, quod protenditur a palud[ibus dicte] Corrigie usque ad tenementum heredum Raimundi Grossi condam, eisdem domino abbati et successoribus suis, et per eum dicto monasterio, imperpetuum libere cedat, et remaneat pleno jure proprietatis et possessionis, sine omni retentu servitutis, explecha aut quolibet alio jure dicte universitatis, pro omnibus voluntatibus dicti domini abbatis, suorum successorum et monasterii, plenarie faciendis ;

Ita quod aliquis habitator ville Sancti Egidii, cujuscumque status seu condicionis existat, in dicta parte Corrigie superioris, eidem domino abbati et successoribus suis ac ejus monasterio libere remanente, animalia sua non immictat nec inmissa teneat, causa pascendi vel alia quacumque causa seu alias in ipsa parte explechandi, sine expressa voluntate ipsius domini abbatis seu successorum suorum. Ymmo, ab hodie in antea, eidem domino abbati et successoribus suis et dicto monasterio liceat partem dicte Corrigie eidem domino abbati, successoribus suis seu ejus monasterio remanentem, deffendere et gaudere (1) eo modo quo melius poterit ad suum condominium, tanquam suam propriam, pleno jure et non alterius alicujus ;

Prout dicta pars confrontatur cum palude seu tenemento dicte Regordane, uxoris dicti Guillelmi Manentis ; et cum camino quo itur apud Bellicadrum ; et cum honore Poncii

(1) A : *gaudire*.

Chamboni, domicelli ; et cum honore heredum Raimundi Grossi condam ; et cum honore uxoris Guillelmi Salvanni (1) ; et cum honore Johannis de Bria ; et cum ponte *de Forchons*, per quem itur versus Barjacum seu castrum Furcharum.

Et insuper, in recompensacionem pascuorum et explecharum dictarum Corrigiarum (2) superioris et inferioris, nunc concessarum hominibus dicte ville Sancti Egidii per dictum dominum abbatem et suum conventum, cum nullum jus pascendi seu alias explechandi haberent in eisdem Corrigiis seu tenementis, contra voluntatem dicti domini abbatis seu ejus monasterii, nisi cum animalibus aratoriis tantum, prout in compositione dudum facta inter dictum monasterium et scindicos dicte ville plenius continetur, dicti scindici, scindicario nomine quo supra, promiserunt et convenerunt per modum pacti sollemniter facti inter ipsos scindicos et dictum dominum abbatem ad invicem, eidem domino Hugoni, abbati, presenti et recipienti, pro se et monasterio suo et successoribus suis, emere medietatem paludis et pratorum, seu tocius tenementi dicte Regordane, quod ipsa Regordana habet in dicta Corrigia superiori, *Folio 32* [et] ipsam medietatem dicto domino [abbati donabunt], et eam habere et tenere [facient dictum] dominum abbatem et successores s[uos] seu ejus monasterium et causa jam dicta [procurabunt ;] ita quod nullum jus h[abeant] seu habere debeant seu possi[nt, animalia sua] eadem pascendo, seu alias explechando contra dicti domini abbatis et successorum suorum] seu monasterii voluntatem, universitas memorata seu aliquis [habitator ville Sancti Egidii].

Et si taliter tenementum dicte Regordane habere nequiverint (3)..

Et si non podion profitablament aver, de la dicta Regordane, la dicta mitat, prometton los dicts scindicz, per maniere de pacte expres, [et] accorderon que, del pres

---

(1) C : *et en la honor de Cebilhia, molher de Guilhems Salvanh.* (2) A : *Corrigie.* (3) Ici s'arrête, dans A, le texte latin dans ce §. Je le donne en provençal d'après C.

que vol la dicta mitat al regard de prodhomes que serion elegitz del concentiment de las dictas partidas, serian fachas autres acquisitions al nom daldit monestier, al luoc de la dita mitat deldit tenement de Regordana, à la voluntat del dict abbat, de sos successors et de son dit monestier, hou bailhar lodit pres al dit abbat, sy lo ama mays.

Postremo, dederunt et remiserunt dicti scindici, [nomine] quo supra, eidem domino abbati et successoribus suis, in subsidium dicte reco[mpensacionis], ex causa composicionis hujusmodi dictorum pascuorum et explecharum sibi [attributorum] et concessorum, omne jus quod habebant et habere visi sunt, et quod [dicta universitas] habere consuevit in pascendo animalia sua, cujuscumque gen[eris fuerint, et in] allig[n]ando seu aliter explechando in quadam parte de Sper[ano], contigua tenemento quod est inter v[iam qua] itur ad *El Ram* (1) et dictum tenementum ville Sancti Egidii et de Ca[mbono], prout limitibus terminantur; videlicet a capite nemoris de Sperano, quod (2) est versus villam Sancti Egidii; in quo capite concordatum est a[p]poni et a[p]ponetur unus terminus qui respiciet et limitabit recta linea ad terminum coopertum, videlicet terminum plantatum in capite de Cambono (3); et inde sequendo, de termino in terminum, terminos dividentes tenementa (4) de Cambono et ville Sancti Egidii; et inde a dictis terminis usque ad paludes, seu tenementa (5) de Camarinhano et de *El Ra* (6); nullo jure possessionis et proprietatis dictis scindicis seu universitati, vel alicui de eadem, pascendi, allignandi, cassandi, seu aliter explechandi, penitus remanente.

Ymo, liceat eidem domino abbati, successoribus suis et dicto monasterio, ab hodie in anthea, partem dicti tenementi deffendere et gaudere (7) ad omne suum condominium, tanquam suum proprium tenementum eidem et monasterio suo perventum ex causis jamdictis.

---

(1) C: *Eura* (*Eu Ra*). J'ai décomposé la graphie: *elram*, de A. (2) A: *qui*. (3) C: *lo terme plantat al cap del bosc de Cambon*. (4) (5) A: *tenementum*; C: *los tenemens*. (6) A: *elra*; C: *eurra*. (7) C: *apparar*.

Verum, si aliquis terras coluerit in dicta parte dicti tenementi, voluerunt et concordaverunt quod colendo tantum animalia aratoria ibidem ad culturam neccessaria possint depascere in dicto tenemento, sine fraude et tala. Quam si fecerint, ipsam emendent (1) et bannum solvant (2) prout superius est expressum, aliis animalibus penitus exclusis.

Item, fuit actum, conventum et concordatum inter dictas partes, et specialiter per dictum dominum abbatem nunc concessum, quod animalia aratoria et grossa animalia in Greso (3) depascencia, arancia seu existencia, per quamdam viam que est inter nemus de Sperano et quasdam vineas que possidentur ab hominibus ville Sancti Egidii, possint venire et transitum facere ad abeurandum seu adaquandum dicta animalia ad Trencatum, et per eamdem viam redire, sine tala tamen nemoris seu arborum ejusdem. Quam tal[am] si fecerint, emendent (4) eam dicto domino abbati et successoribus suis seu mo[nasterio] de plano, et bannum solvant.

Item, fuit actum et conventum inter [dictas partes] quod, in omnibus tenementis su[pradictis superioris] et inferioris Cor[rigi]arum (5), in quibus dictum jus pasc[endi, alignandi] et cassandi hominibus ville Sancti Egidii nunc est concessum ; t[erre proprietas] non sit publica, sed domino abbati, successoribus suis et monasterio man[eat] pleno jure. Et eidem ac successoribus suis liceat, per se vel [alium] seu alios, ipsa loca redigere (6) ad culturam vel prata, et (7) [appres que los hy aura reduictz, los poyra deffendre et amparar coma sieus propris], et sua gaudere, prout ex vigore dicte compositionis dudum facte, [si voluerit], idem facere poterat. Quam compositionem et contenta in ea voluerunt [dicte] partes in omnibus et per omnia observari.

Et eciam idem dominus abbas, successores sui, seu dictum monasterium, per dictas paludes et pascua,

---

(1) A : *emendant.* (2) A : *solvent.* (3) C : *en lo Gres.*
(4) A : *emendant.* (5) A : *Cor[rigi]e.* (6) A : *reddigere.*
(7) A saute ici une ligne que je remplace par ce que donne C.

animalia sui dicti monasterii et pastorum suorum, cujuscumque sint condicionis, possit tenere et depascere, sicut et alii homines dicte universitatis, non obstante jure pascendi nunc concesso hominibus dicte ville, seu aliter explechandi, prout a[c]tenus extitit consuetum (1).

Et que, sy alcung avia pres à laborage alcuna partida delzdictz tenemens de lasditas Corregas superiora hou inferiora, appres que ne aura gitat (2), l'abbat non poyra point emparar ny deffendre losdits luocz reduictz à agriculture hou en labour.

Et aussy convengueron et appointeron que sy aulcung prenia, en lo[s]ditz tenementz, alcungz luocz per fayre pratz, hy sera licite et permes de deffendre losditz pratz despuys carementran jusques à la fiera de Sanct Gily, en septembre, provegut que (3) herbam aliquam secaverit seu reservaverit, confestim herba ipsa levata seu reservata. Domino abbati, successoribus suis et unicuique de dicta universitate liceat introire ibidem cum animalibus suis quibuscumque, et ibidem depascere seu aliter explechare, sicut in patuis communibus, seu explechis, dicte ville. Nec alicui ipsa prata tenenti (4) sit licitum eadem loca deffendere domino abbati, successoribus suis, et hominibus dicte ville, quin ibi possint depascere secundum formam predictam.

Item, voluerunt quod, si aliquis tenens ipsa prata, infra dictum temporis spacium aliqua animalia sua in ipsis pratis inmiserit, causa depascendi seu aliter se explechandi, quàm confestim, liceat domino abbati, successoribus suis et unicuique de universitate, animalia sua ibidem inmictere et se aliter explechare, sicut possunt in patuis seu explechis communibus. Nec ex quo inceperit tenens depascere seu aliter se de ipsis explechare, non liceat eidem, usque ad sequens carnisprivium, ipsa prata deffendere seu signare (5). Nec alicui liceat stipullas suas deffendere, si que fierent, in tenementis superioris et

(1) A saute ensuite un assez long passage que je donne d'après C.

(2) S.-e : *lo blat*, « après qu'il en aura enlevé le blé ».

(3) Fin du passage omis. (4) A : *tenencia*. (5) C : *senhar*.

inferioris Corrigiarum (1) et [in] paludibus earumdem, hominibus ville Sancti Egidii, nunc concessarum pro explechis ; primo blado extracto, sint expleche domino abbati, successoribus suis, et dicte ville hominibus, ut superius est dictum.

XIII

De la justice de l'abbé.

En cas de contestations entre l'abbé et les syndics, l'abbé devra leur donner une cour ou un juge non suspect, devant lequel ils seront tenus de répondre (*Folio 33*), comme on le voit dans la composition de 1257. On s'en tiendra, sur la justice, aux statuts municipaux antérieurs.

XIII

De justicia domini abbatis. (2)

Item, fuit actum quod, super aliquibus petitionibus quas dictus dominus abbas scindicis dicte ville faciebat, videlicet quod si contingeret scindicos seu homines dicte universitatis, ex aliqua causa seu occasione, questionem habere cum dicto domino abbate, successoribus suis seu ejus monasterio, quod absit, quod dominus abbas deberet eis dare curiam seu judicem non suspectum, coram quo tenerentur respondere, ut coram eorum judice dato per ipsum dominum abbatem, seu successores *Folio 33* suos ; cum dictus [abbas possit dare dictam curiam vel dictum judicem], prout, in compositione seu con[ventione dudum] facta, inter homines dicte [ville Sancti Egidii et] monasterium, per dictos do[minos s]uperius nominatos, asserit dictus dominus a[bbas] plenius contineri.

Transegerunt dicti scindici, [quo supra] nomine, et convenerunt ad invicem, et pactum expressum fecerunt, quod stetur super premissis legi municipali, [compositioni] seu compositionibus inter dictum monasterium et universitatem dicte v[ille dudum] factis per dominos supradictos, cujus seu [quarum] formam in premissis voluerunt firmiter observari.

(1) A : *Corrigie.* (2) Ce titre, dans C seul.

XIV

Que le clavaire ne s'immisce pas dans l'exercice du droit de l'abbé, autrement qu'il n'est réglé dans la transaction de 1257.

On s'en tiendra à la solution de la quatrième question de cette transaction. Elle est relative au ban.

XIV

Quod clavarius non se intromictat de jure pertinenti ad dominum abbatem, alias quàm contineatur in composicione antiqua.

Item, convenerunt [dicte partes] quod clavarius universitatis hominum [ville Sancti Egidii], qui nunc est vel qui pro tempore fuerit, utatur suo officio, et non se intromictat de jure competenti dicto domino abbati seu monasterio in dicta clavaria ; cum ipsius (1) non intersit aliter se intromictere de clavarie officio, quàm in decisione quarte questionis dudum facte inter homines ville Sancti Egidii et dictum monasterium plenius continetur. Quam compositionem seu decisionem, factam super dicto clavario seu ejus officio, voluerunt in omnibus et per omnia fideliter et sine fraude imperpetuum ab ipsis partibus observari.

XV

Approbation des anciens statuts, en ce qu'ils n'ont point de contraire à la transaction de 1305. Celui qui violera celle-ci paiera 100 marcs d'argent. Serment des syndics.

Après cette approbation des anciens statuts, les syndics et l'abbé Hugues confirment la présente convention à peine de 100 marcs d'argent fin par infraction.

---

(1) A : *suâ.*

XV

Approbantur antiqua statuta quathenus premissis non adversantur, et firmantur predicta de tempore domini Hugonis, per scindicos et per eum, sub pena centum marcharum argenti, solvenda per inobedientem obedienti, et per juramentum dictorum sindicorum sub aliis obligacionibus. (1)

Item, voluerunt et convenerunt dicte partes, paciscentes ad invicem, quod compositiones olim facte inter homines dicte universitatis et dictum monasterium, et leges municipales, prout scripte sunt in publicis instrumentis et contenta in eis, in sua remaneant firmitate et per dictas partes serventur illesa et illibata, non obstante presenti convencione, compositione seu transhactione presenti die inter ipsas partes celebrata ; ita quod per istam transactionem seu compositionem non vicientur seu a[n]nullentur dicte compositiones seu leges municipales dudum facte, seu aliqua de contentis in eisdem compositionibus seu legibus municipalibus, preterquàm contenta in presenti compositione, transactione seu convencione, que, non obstantibus composicionibus seu legibus aliis municipalibus dudum factis, voluerunt expresse in suo robore permanere ; ita quod per illas leges seu compositiones, presenti compositioni seu convencioni, seu contentis in ea, in aliquo minime derogetur.

Sed dicte compositiones et leges municipales dudum facte, in quantum huic presenti compositioni et in ea contentis non adversabuntur, per dictas partes inviolabiliter observe[n]tur.

[Quam compositionem seu] convencionem et predictam [transactionem, seu] quidquid] (2) in ea con[tinetur], prefati scindici, pro se et scin[dicatorio nomine], ex una, et dictus dominus [Hu]go, abbas, pro se et successoribus

---

(1) C'est le titre donné par C. Celui de A est écourté : « Approbantur statuta, et confirmantur eciam juramentis, obligationibus, et cum pena C marcharum argenti fini ». (2) A : *Quitquid.*

suis, et [nomine suo et dicti monasterii,] ex altera, promiserunt, convenerunt et per modum pacti ad invicem [inter] dictas partes sollemniter celebrati, et convencionis expresse, pro se et successoribus suis, promiserunt servare, tenere, complere et contra non facere dolose seu [aliqua] machinacione venire seu veniri facere aliquo titulo, ratione seu actione modo aliquo, occasione seu causa ; sub pena centum marcharum argenti boni et fini, invicem stipulata et promissa, [diligenter] solvenda, levanda et commictenda, a parte non obediente et non servante, parti obedienti et servanti in singulis capitulis supradictis ; quociens ventum, dictum, factum, excogitatum fuerit contra predicta seu aliqua de predictis per aliquam partium predictarum. Nichilominus predicta omnia et singula in sua stent et remaneant perpetua firmitate. Pro qua pena solvenda et predictis omnibus et singulis tenendis, etc.

X

I

Les péages de Saint-Gilles.

Il faut noter que l'abbé de Saint-Gilles perçoit, au péage du Rhône, la cinquième partie « del radel ». Il doit être perçu communément, d'un radeau de dix poutres, une poutre ; d'un radeau de vingt poutres, deux poutres ; d'un radeau de plus de vingt poutres, deux poutres seulement. L'abbé prend en outre, des dits radeaux, toutes les rames et le gouvernail. Sur chaque ballot descendant on percevra 2 deniers, sur lesquels 3 oboles appartiennent aux chevaliers [de l'Hôpital] et 1 obole appartient conjointement à l'abbé et aux Templiers. Sur chaque charge remontant par le Rhône on percevra communément 3 oboles, sur lesquelles les Hospitaliers prennent 1 denier, et l'abbé et les Templiers conjointement 1 obole. (*Folio 34*) Article mutilé, comprenant d'autres parties prenantes que les Hospitaliers et les Templiers. On y voit les hoirs de Guillaume Bispe, Bertrand Gui, Bérenger Cambon et l'abbé. Dans tout le péage du Rhône et du port l'abbé prend, à titre de cens et de seigneurie, 2 s. 6 d. On prend 300 sardines par bateau de sardines venant par Le Ra. Chaque bateau d'anguilles, de muges, de maquereaux et autres sargues, venant par Le Ra, paiera cinquante poissons. Le muid de foin paie 21 deniers, sur lesquels l'abbé ne prend rien que par voie de partage (entre les parties prenantes de l'article mutilé).

X

I

Pedatgia Sancti Egidii.

1. Memoria sit quod dominus a[bbas] monasterii S[ancti] E[gidii] percipit in pedagio Rodani, videlicet quintam partem *del radel* (1). Et debet percipi communiter, de radello decem trabarum, una trabs. Et sy radellus est de XX[ti] trabibus, debent percipi due trabes. Et si radellus erat ultra numerum XX[ti] trabium, non debent percipi nisi due trabes.

2. Item, d[ominus] a[bbas] debet percipere in dictis radellis omnes remos et *le govern* (2).

3. Item, in quolibet trocello descendente, debent percipi duo denarii. Et tres oboli sunt de militibus, et unus obolus est de d[omino] abbate et Templariis.

4. Item, de qualibet carga ascendente per Rodanum, debent percipi communiter tres oboli. Et de illis tribus obolis percipiunt milites unum denarium, et d[ominus] abbas et Templarii unum obolum.

---

(1) Il semble que *del radel* signifie, non pas le radeau, mais le péage que paie chaque radeau. L'abbé prend un cinquième de ce péage, plus les rames et le gouvernail. (2) Cf. l'article du péage d'Arles concernant les radeaux, in *Cartulaire de Saint-Victor de Marseille*, p. p. Guérard, t. 1, p. XCIV :

« De radel, si it apud Tricatalliam si desfazia, perciperet pede-
» jarius tons lo govers quibus regitur et rema et talaguias et juga
» et redortas. Et hec vendebantur de minori radel V sol. ray., et
» de majori L sol. ray. »

Folio 34 5. Item, de parte [pedatgii.... .... colligi in unum us................ solidos.............. percipere debent her[edes Guil]lelmi Bispii V s. obolum. Item, Bertrandus Guigo (1), X d. e[t] obolum. Item, Guill[elmus........ Item, d[ominus] Berengarius Camboni, XVII d. et o[bolum. Item, dominus] abbas, tres obolos.

6. Et in toto pedagio Rodani et portus, percipit d[ominus abbas], nomine census et dominii, duos solidos VI d.

7. Item, de sardinis venientibus per Ram in barca, debent [percipi] trescente sardine.

8. Item, de anguillis, mugolibus, variatis et aliis sa[rguis] venientibus in barca per Ram, pro qualibet barcata debe[nt] percipi quinquaginta. Et in omnibus istis dominus percipit prout superius est expressum.

9. Item, in modio herbe, debent percipi XXI d. Et dominus abbas nichil recipit in istis XXI d., sed in divisione.

II

La leude de Saint-Gilles. (2)

Ce sont les usages que prend l'abbé en la ville de Saint-Gilles. Sur chaque ballot (3) de lin de 40 cordes, la corde valant 6 cannes de fabrique, l'abbé prend du vendeur 4 s. 6 d. S'il s'agit d'un ballot de chanvre, mesurant des cordes de 6 cannes de fabrique, même perception. Sur ces 4 s. 6 d., le logeur chez qui est remisée la toile a 6 d. S'il se vend quatorze pièces ou moins, on donnera de la pièce 1 maille. Au-dessus de quatorze pièces, on perçoit la leude comme sur un ballot. L'acheteur donne 1 maille par corde, si la corde vaut moins de 12 s. Au-dessus de 12 s. pour la valeur de la corde, l'acheteur et le vendeur

(1) M. J. Morize (*Annales du Midi*, juillet 1914, *Aigues-Mortes au XIIIe siècle*), montre que les Péages de Saint-Gilles sont de la fin du XIIe siècle. En effet, Bertrand Guigue intervient dans un acte de 1184. Je n'ai pu connaître le très intéressant travail de M. Morize qu'en cours d'impression. (2) Ce texte et les suivants, qui terminent le registre, sont en provençal. (3) Ms. : *trossel*.

donnent 1 denier par corde. Pour la toile de chanvre mesurée par cordes de 9 cannes 1/2, cannes valant chacune 12 aunes 1/2, le vendeur donne 1 sol par six cordes, quantité appelée son ; et l'acheteur donne 2 s. 2 d. pour le même son (1). S'il s'agit de draps de lin, l'abbé prend 3 s. 3 d. du ballot de 60 cannes, quelle que soit la longueur de la canne. Si l'étoffe n'a pas été mesurée en cannes, on compte huit pièces au ballot. « Le color ou deprossetz » blanc paie au ballot, et le ballot donne 3 s. 3 d. Les draps de Beauvais sont aussi mesurés en cordes et paient de même. Les draps de Bruges, d'Arras, de Château-Landon, le bouracan étroit, paient 3 s. 3 d. par douze pièces. De même, les draps de Narbonne, Béziers, Capestang, Ganges et Avignon, mesurés en cannes, donnent 3 s. 3 d. par ballot de soixante cannes ; et s'ils ne sont pas mesurés en cannes, donnent 1 s. par pièce. L'acheteur donne 10 d. par ballot de draps de laine. L'entrepôt des draps de Béziers, Narbonne, Capestang, Ganges et Avignon, est désigné par les bailes de l'abbé. Les logeurs de ces draps reçoivent par ballot de 60 cannes, mesurées ou non, 2 s. 3 d. Pour les draps de Gourdon, Figeac, Arles, Nimes, Uzès et Beaucaire, l'acheteur et le vendeur donnent 1 d. par pièce. Pour les soies et futaines, l'un et l'autre donnent aussi 1 d. par pièce. La livre de soie paie 1 d. Le seigneur (abbé) prend 2 d. par douze pièces de cuir de Cordoue ; 4 d. si le cuir est rouge ; 1 d. s'il a conservé son poil. Les basanes paient 1 d. par douzaine ; 2 d. si elles sont rouges ; 1 maille si elles ont gardé la laine. Les cuirs de cerf et de chevreuil paient 1 d. par pièce s'ils ont gardé leur poil. (*Folio 35*) Les peaux d'anguille, préparées ou non, paient 2 d. le cent. Les peaux de chevreau, préparées ou non, 1 d. Les peaux de lapin et de lièvre, 2 d. le cent. Les peaux de chat et d'écureuil, 2 d. la douzaine. Les peaux de renard, 4 d. la douzaine. Le petit-gris et l'hermine, 4 d. le cent. Les zibelines, 1 d. par pièce. Les loutres, martres et autres peaux semblables..... Les pannes de soie (2), les étoffes

(1) Ms. : *d'aquelas VI cordas al som.* (2) Ms. : *brifers.*

de pourpre, les pailes, les sisclatons et autres étoffes de soie, paient 4 d. par pièce. Le taffetas à bordure paie 2 d. Sans bordure il ne paie rien. La grande guipure (1), 4 d. L' « austrigotz » (2), 2 d. En tous ces cas l'acheteur et le vendeur paient le même droit. S'il y a change de monnaies, l'abbé ne prend le droit de change que d'une seule des parties, à son choix. S'il y a échange d'objets mobiliers, c'est-à-dire que chaque objet soit le prix de l'autre (3), il prend son droit sur chacun. De tous ces usages, les hommes de Saint-Gilles sont exempts (4). Les forains ou étrangers donnent 4 d. du quintal de poivre, de cannelle, de gingembre, de toute sorte d'épices, de garance, de brésil, de laque, d'indigo, d'encens, de poudre d'encens. L'acheteur, comme le vendeur, donnent 3 d. [du quintal] de cire, de cumin, d'alun, de figues, de chanvre, de soufre et choses semblables. Mais les hommes de Saint-Gilles ne doivent rien. Les juifs donnent chaque année au seigneur abbé 100 s. à Pâques. On prend 3 mailles par charge de sel. Chaque setier de farine, tant des hommes de Saint-Gilles ....

II

Lenda Sancti Egidii.

1. Aisso son ly usatge que pren monsenier l'abbas en la vila de San Gili. En trastot trosel lini de XL cordes, que cadauna corda es de VI canas d'obrador, a monsenher l'abas IIII s. VI d. del vendedor. Et si era trossel de canabasses mesuratz à cordas de VI canas d'obrador, dona IIII s. VI d. Et de totz aquelz IIII s. VI d., a l'oste VI d.

2. Veramens, si se vendion de XIIII pessas en aval, [don]on de la pessa, mazalla ; de XIIII en sus, do[non] per rason de trossel. Veramen aquel que comp[ra] dona

(1) *Grans garinsos* = *garnisos*. L'italien *garza* = dentelle de soie.

(2) Peut-être comme *osterin*, étoffe d'Orient (Paul Meyer).

(3) *Ven à pres*, vient à prix (Gaston Maruéjol). (4) *Son sont*. *Sont* = *sumpti* (G. Maruéjol).

de cadauna corde I mesalla d'aqui à XII s. la corda ; et de XII en sus ou d'aqui tr[o]...... [donon de cadau]na corde I d., tan [lo compraire] quan lo [vendeire]. De canabasses m[ezuratz à cordas] de IX canas et [mi]ega, que son XII aunas [et miega,] dona le vendedor, de VI cordas que apella [om som, I s.], el compraire dona d'aquellas VI cordas al som, [II s.] II d.

3. Delz draps linis, del trossel de LX canas pren l'[abat] III s. III d. à qualque cana sian mesurat. Et se canat non erreron, compta om VIII pessas.

4. Le color ou deprossetz blantz dona per trossel, et dona lo trossel III s. III d. Et draps de Belvais atresi son co[r]dat et donnon actrestant.

5. Veramen draps de Burges et de Ras et de Castel-Landon et barracan estreg, so es assaber XII draps, donon III s. III d.

6. Atressi, draps de Narbona et de Besers et de Cabestan et de Gange et d'Avinon, si eron cannat, donon del trossel de LX cannes III s. III d. Et si non son cannat, de cadauna pessa, I d.

7. Le compraire veramens dona del trossel de draps lanis X d. Et es assaber que de draps, de Bezers et de Narbona et de Cabestan et d'Agange et d'Avino son facha pausa per los bailons. Et à la partida dels ostes, que om dones del trossel de LX cannas, fosson mesurats ou non, II s. et III d.

8. Drap de Gordo, de Figac et d'Arle et de Nemse et de Uses et de Belcaire, I d. de cadauna pessa, tant aquel que compra quant aquel que vent.

9. Sayas et fustanis, atresi I d. de la pessa, tant lo compraire qual le vendaire.

10. Et de la lieura de la ceda, I d.

11. Et pren lo se[n]hor de la dotzena de Cordoan II d. Et si es vermels IIII d. Et si es ab pel I d. de la dotzena.

12. Bazanas, I d. de la dotzena. Et si son vermellas, II d. Et si son ab pel, I mezalla la dotzena.

13. Cuer de cers et de cabrol, si son ab pel, I d. cadaum.

Folio 35 ....

14. Pels anguias, lo cent, II d., sian [adobadas ou non].

15. Pels de cabrig, I d., sian [a]dobadas ou non.

16. Conilz et lebre, II d. [lo] cent.

17. Catz et escurols, la dotzena, II d.

18. Pels de volps, IIII d. la dotzena.

19. Gris et erminas, lo cent, IIII d.

20. Cembelins, cadauns, I d.

21. Luria et martrina et autras pels d'aquel semblan...

22. Des brifers et de polpres et de palis et de sisclatos et de tot drap de seda, IIII d. de cadaun.

23. Et cendat à lista, II d., et ses lista, non dona ren.

24. Grans garinsos, IIII d.

25. Austrigotz, II d.

26. Et in totas aquestas causas son esgal li compradors els vendedors.

27. Et si mudasons se fay de deniers, ly senher pren de l'un solamen. Mais el pren d'aquel que volra. Et si mudason se fa de causas à causas et una cadauna ven à pres, pren de cadauna. Et de totz aquest usages son sont li ome de San Gili.

28. De quintal donon forestans de pebre, de canella, de gingibre et de pimentas totas, et de grana et de bressil, de laca, de indi et de encens et de la pols d'el, IIII d.

29. De cere et de comin et de alun et de figas et de cande et de solpre et qualque cause sie, III d., tant aquel que compre quant aquel que vent.

Mais ly ome d'aquesta vila non donon mai[s].

30. Ly Jusieu donon cad'an C s. à Paschas à mossenher l'abbas.

31. En cadauna saumada de sal pren om III me[zallas].

32. Et cadaun sestier de farina, tant delz omes de S[ant Gili].. ......

.... mayson.

III

Les usages de Pella-Morgues.

Tout navire portant trente charges (1) ou davantage, qui passe devant Pella-Morgues, donne 5 s. s'il a une cargaison de vannerie, de poterie ou de paille. Au-dessous de trente charges, il donne 2 d. par charge. Mais les hommes de Saint-Gilles ne donnent rien. Si des étrangers sont associés avec des hommes de Saint-Gilles et qu'ils aient trente charges ou plus, le navire donne 5 s. Le fer paie 1 denier par *coste*. Une meule grande ou petite paie 1 maille. Un navire venant du côté de Montpellier et remontant par Pella-Morgues donne 2 deniers par charge. L'étranger passant devant Pella-Morgues avec du vin, s'il y en a deux muids ou plus, donne, pour tout le vin du navire, une hémine du meilleur. De même pour le vinaigre. Mais un homme de Saint-Gilles ne donne rien. Les forains ou étrangers vendant du blé donnent le vingtième pour la leude. Tout homme, quelle que soit son origine, transportant des poutres par la Durance, donne pour chacune 3 mailles. Un radeau du Rhône, quel qu'il soit, donne 2 s. s'il n'est pas moindre de vingt-quatre poutres. S'il en a moins, il donne 1 d. par poutre.

III

[Aysso] son li usa[tge] de Pella Morgues.

1. Totz [naveg] cargatz de X[XX] cargaz ou de plus, que passa [davant] Pella Morgue[s], dona V s. ; negeus de canast[elas] et d'escueiras o de paillas. Et si porte mens de XXX, dona per cadauna II d. Mais ly o[me] de San Gili ne donon ren.

2. Et si forestans an compania ab homes de San [Gili], et aquels forestans an XXX cargas ou plus, dona V s.

3. Ferres dona cadauna costa I d. ; mola gran o pauca, I mezalla.

(1) Ces charges sont de quatre quintaux.

4. Navilis que ven dous Monpeslier et poja per Pel[la] Moneges dona de cadauna carga II d.

5. Hom estrans que ab vin passa davant Pela Moneges, et si en aquel vin son II mueg ou plus, dona I eimina del mellor vin per tot lo vin que es el naveg, et aitant del vinaigre.

Mais hom de la vila de San Gili non dona ren.

6. Forestans que vendan blat donon lo vinten per leda.

7. Totz hom, d'on que sia, que traves porte per Durensa, dona per cadauna que el sol, son III mezallas.

8. Ratz de Rosa, quals que sie, dona II s. si non eran pas menres de XXIIII traves, que adonc dona per cadauna Id.

IV

Les usages de La Fosse.

Tout bateau passant par La Fosse et allant vers Montpellier ou cette région, donne 12 deniers s'il ne porte point de meules ou n'appartient pas à des pêcheurs. Dans les deux cas contraires il ne paie rien. Les poutres équarries (1) donnent chacune 3 mailles ; et les rondes, chacune 1 d. Si elles sont travaillées à l'herminette (2), peu ou prou, soit dessus, soit dessous, elles paient chacune une surtaxe de 1 d. En tous les usages de La Fosse, Mgr saint Gilles a la moitié, et les chevaliers Hospitaliers l'autre. (*Folio 36*) Article mutilé où il est question de peaux de bouc, de cuirs de bœuf, de poivre, d'encens, de garance, avec 2 s. de péage par charge. Mention de figues, de villes ports de mer, comme Narbonne, Barcelone, Montpellier. Toute nef, busse (3), galée ou sagène (4), venant ici de La Vernière (Jarnègue) (5) ou n'en venant pas, doit, par cotisation de tous les marchands du bateau, 3 livres de poivre et 2 de cannelle, plus 1 maille par charge.

---

(1) Ms. : *platas*. (2) *per so que an aisoladas* (G. Maruéjol).
(3) *birzo*. (4) *sagena*. (5) G. Maruéjol. *Gernica* est une île en face de Beaucaire.

IV

Aisso son li usatge de La Fosse.

1. Totz naveg que passa pe[r] La Fossa et ten ves Monpeslier ou autre luoc dona XII d. si non portava molas ou si non era de piscadors, que adon non dona ren.

2. Et traves platas dona cascuna III mezallas, et las redonas cascuna I d. ; per so que an aisoladas, grans et paucas, sian desobre, sian desotz, I d. per cascuna.

3. En totz los usages de La Fossa a moser San Gili la mitat et li cavalier l'autra.

4. Et totz mercadier (*Folio 36*)....................
otro frems p.......................................[ca-]
duna de la v............ que son.....................
de caduna carg[a].......... s. à son....................
dona cascuna carg[a] .... s. à son....................
dona cascuna c[arga] de len pres.......................
o bocunas ou cue[r] de buou don[a] p[er]....................
car pres aisi con pebre ou encens.........................
o grana dona la carga II s. Et lo plus v.................
son figas VI de la carga. Et si le mercadier.............
vila ou de vila que sia en port de mar, aisi con.........
Narbona o Barsilona o Monpeslier, non do[non ren].

5. Tota naus o birzo, galea o sagena, que intre ad a........... et venga aisi de la Verneihra [o] non venga totz, dono entre totz los mercadiers de la nau III l. pebre et II de canella, et cascuna carga I mezalla.

V

Les usages du port du Ra. (1)

Tout navire dont le naulage est égal ou supérieur à 3 s.

---

(1) Nous avons vu (p. 42 à 49) que le port du Ra est à Mirapeis, ou Mirapetra, ou Espeiran. Dans son beau livre : *Saint Gilles. Essai d'histoire littéraire*, in-8° de 152 p., Paris, Champion, 1914, Miss E.-C. Jones, fellow of Somerville College, Oxford, Docteur de l'Université de Paris, a pressenti, indépendamment de moi, l'identification de Mirapeis et de Mirapetra (V. p. 85, note 2 de son livre).

paie 12 d. à l'arrivée, et autant au départ. S'il s'agit du genre de bateau appelé *carnes*, et que son naulage soit égal ou supérieur à 2 s., il paie 6 d. à l'arrivée et autant au départ. Si le navire n'a pas 3 s. de naulage ou le *carne* 2 s., il paiera à la connaissance du baile. Toute marchandise venant par eau et passant par Le Ra pour aller à Montpellier, donne 2 d. de la charge, comme celle qui passe par La Fosse. Les chevaliers de l'Hôpital ne prennent rien dessus. Si la marchandise vient de Montpellier et remonte le courant (1), elle donne 2 d. par charge. Le fer paie 1 d. par *coste* (2). Une meule paie 1 maille.

V

Aisa son ly usage del port del Ra.

1. Que totz naveg que sia de naule de III s. en amont dona XII d. al anar, et al tornar XII d.

2. Et carnes VI d. al anar et al tornar, que aia naule de II s. en amont.

3. Et se non avia lo naveg III s. de naule nil carnes II s., donoria à cognoguda del bailon.

4. Et totz avers que venga per aigua e ten à Monpeslier per el Ra, dona de la carga II d., aisi con per La Fossa. Et non y an ren li cavaliers.

5. Et si venia de Monpeslier et pujava per aigua, dona cascuna carga II d. Et de ferre, de la costa, I d. Et de mola, I mezalla.

(1) *Et puiava per aigua.* (2) C'est un quintal.

TABLE ALPHABÉTIQUE
DU TEXTE LATIN

Les chiffres indiquent les pages.

A

B

C

D

E

F

G

H

I

J

L

M

N

O

P

R

S

T

U

V

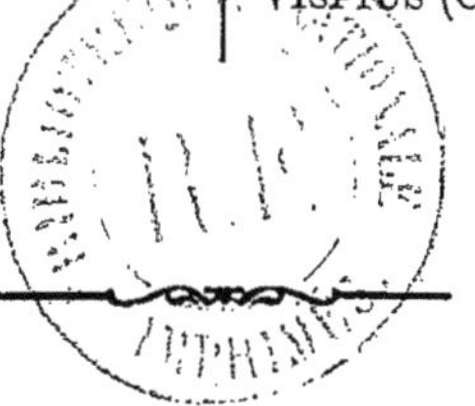

TABLE DES MATIÈRES

(Voir, pour le détail des chapitres dans l'intérieur de chaque grande division, le § II de l'introduction, p. 14 à 24 : Distribution et numérotation des textes.)

Nimes. — Typ. A. Chastanier, 12, rue Pradier.

www.ingramcontent.com/pod-product-compliance
Ingram Content Group UK Ltd.
Pitfield, Milton Keynes, MK11 3LW, UK
UKHW012020240726
13965UKWH00002B/479